Grandeur et Servitude Coloniales

Albert Sarraut

アルベール・サロー

小川了＝訳

植民地の偉大さと隷従

東京外国語大学出版会

植民地の偉大さと隷従　目次

凡例

一、本文中、1から53までの通し番号をつけた註については、「訳註」を参照されたい。

一、本文中にある註のうち、〔 〕内に示したものは訳者がつけたものであるが、特に「訳註」としてまとめるほどの必要はないと思われる小さなものであり、（ ）内に示したものは原著にあるもの、ないし原著の訳をする上でカッコ内に入れた方が良いと判断したものである。

一、本書中の引用・参照文献について原著では頁下部に簡略な形で記されていることが多いが、引用・参照文献が記されていない場合も相当数ある。二〇一二年刊の復刻版においては、原著に記されていない引用・参照文献についても記されている。原著に記載のあるものについては☆1、☆2……と記し、原著に記載がなく復刻版に記載があるものについては★1、★2……として、それぞれ側註とした。ただし、復刻版の註も簡略なものが多く、さらに誤りが幾つかある。特に大きな誤りは訳註の5と6に記したが、その他の小さな誤りについては特に指摘はせず、分かる範囲で修正を施した。

一、原著においても、復刻版においても、各章のタイトルが記されているだけで、第一章、第二章といった記載はないが、本書においては分かりやすくするために第一章、第二章……終章と入れた。

一、「序に代えて」の直後に記した参考文献においては、「これは植民地主義礼讃の書なのか？――序に代えて」の中で参照した文献のみならず、訳註において参照した文献も記されている。

これは植民地主義礼讃の書なのか？――序に代えて

小川 了

本書は、今さら断るまでもなく翻訳書である。翻訳書たるもの原著の著者が主役であること、論を俟《ま》たない。である以上、本書の原著者アルベール・サローの筆になるものを書物の初めに置くのが本来の礼節を弁《わきま》えたやり方であるかと思う。訳者もその点に関しては相当に思い悩みもした。その上で、敢えて原著の翻訳に先立ってこの「序に代えて」を置かせていただくことにはそれなりの理由がある。その理由を端的に言えば、本書のタイトル、つまり「植民地の偉大さと隷従」という表現を目にしたとき、読者はまず「植民地の偉大さ」という表現からして本書は〝植民地主義を礼讃するものであろう〟という印象をもち、さらにそれに付け加えて「隷従」という表現を目にするとき、それは〝植民地化された人々の（宗主国への）隷従〟を意味するものであろうという印象を抱かれるのではないかという問題に関わっている。じつのところ、確かに本書はのちに述べるようにフランス植民地主義の絶頂期に出版されたものであることをまずは認めておかねばならない。フランスによる植民地活動の「栄光」、それを支えるフランス精神の精髄、そういったものが詳述されている。その事実を確認した上でわれわれが注目すべきは、本書中の随所で披歴されている著者A・サローの植民地統治の諸側面に関するじつに真摯な考察であり、事実の検討、内省についてである。サロー自身の言葉を見てみよう。サローは植民地化に反対する人々の言説として、植民地化とは他者を服従させ、その上で従属化された人々に属するはずの富を収奪する行為であって、純粋道徳という観点からしてそれは誤りであると主張することを紹介した上で、植民地化という事業は「抽象的な道徳という観点からして単純に正当化し得ない」ものではあるが、「人間が生きていく上で避けることのできない接触によって具体的に起こる現実の状況をしっかり検討した上で議論」（本書八八頁）をするべきであると述べている。サローは単純に植民地活動を礼讃する植民地主義者なのではない。読者は本書中で植民地活動への反対論者が言うところの議論をいくつも目にするであろう。サローはそれら反対論を吟味し、みずからの植民地現地での統治活動を検討、内省した上でみずからの立場、意見を表明しているのである。その意味で、本書を単純な植民地主義礼讃の書と見なすのは誤りである。そもそもアルベール・サローという人は政治的には急進左派に属する人であって、植民地反対論者から遠く離れた位置にいた人ではない。反対論者たちの議論を熟知した上で〝後《おく》れたる人々〟には手を差し伸べねばならないという信念のもとで自己の世界観を形成している。サロー自身の言葉では植民地活動は「生身の人間として（原住民に）接し、温かみのある、豊饒にして積極的な創造活動」（本書一七四頁）なのである。フランスの植民地活動はとりもなおさずフランス人に特有の資質とサローが言うところの利他の精神に基づく、人類の連帯のための活動なのだと言う。サローはこの人間としての〝善意〟なるものを信頼し、疑っていない。その善意なるものが、善意の対象になっている人々にとって迷惑千万なものになる可能性にまでは思い至っていないようである。われわれとしてはサローが生きた時代の風潮、思潮がいかなるものであったのか、本書を通して読み取るべきであろう。

もう一つの問題、つまりサローの著書表題に含まれる「隷従」という言葉が意味するところについては本書の全体を通して何度も言及されているが、その都度、隷従が意味するところは少しずつ違っている。それらが具体的に意味するところについては、読者諸賢各々が本書を読み進める中で発見する楽しみを味わっていただきたいと思う。ただ、その発見の一助になればという思いもあり、訳註においてそれぞれの隷従が意味していると訳者が考えるところを記しておいた。いずれにせよ、著書表題にある隷従は、植民地化された現地住民が宗主国に隷従するという意味では全くない。その点については、サロー自身が本書の中で明示的に述べている（本書八二頁）。宗主国への隷従といった意味に解釈するのは端的に言えば誤解、ないし曲解である。

上記二点を明言した上で、本書はフランスの植民地主義を礼讃するものではなく、フランスの植民地活動の現場の様子、また植民地現地での統治に実際に従事していたアルベール・サローという人間がどのような内省と葛藤、さらには現実の植民地活動とみずからの世界観との齟齬、矛盾とさえ言えるものを意識しながら、時代の思潮と対峙していたのか、それらについてまず理解の鍵となるいくつかの要点を述べておきたいがために、この「序に代えて」を本書冒頭に置かせていただく次第である。亡きアルベール・サロー師の寛恕と、読者諸賢の了解を賜りたい。

一、今、なぜサローか

アルベール・サローによる本書原著『植民地の偉大さと隷従』（Albert Sarraut, *Grandeur et servitude coloniales*, Paris: Editions du Sagittaire, 1931）の発行は一九三一年、つまり現時点（二〇二〇年）から遡るなら八九年前に発行された一書であり、もはや「古書」という部類に属するだろう。

本書全体をざっと「斜めに」早読みした場合、読者は心のうちに次のような思いを抱かれるかもしれない。つまり、先に記した通り、本書は一面からすればフランス、及びヨーロッパ諸国による植民地経営を称賛し、植民地に暮らす住民の「後《おく》れ」をことさらに強調し、その後れた地域にフランス、そしてヨーロッパ諸国が文明をもたらすことが世界人民の利益のためにいかに重要であるかを説き、その上で、植民地現地の住民たちからいかなる反抗、抵抗があろうともヨーロッパによる植民地支配を何としても死守しなければならない、そのことを主目的に読者に訴える本ではないのか、という思いである。そのような恐れがある著書を現時点でわたしが敢えて翻訳出版しようとしたことの意味、そのことについてまず説明しておきたい。

本書発行の一九三一年、フランスでは国際植民地博覧会がパリ郊外ヴァンセンヌの森にて盛大に開催されている。この博覧会にフランスは文字通り国家の威信をかけて、フランス植民地の偉業、栄光を対外的に誇示すると同時に、他方ではフランス国民に対しフランスの植民地事業の偉大さを強く認識させようとした。本書はこの国際植民地博覧会の開催に合わせて発行されたものであり、フランス領インドシナ植民地連邦総督や植民地大臣というフランス国家の要職を歴任し、フランス植民地理論の第一人者として自他ともに認められていたアルベール・サローにその執筆が委託されたものであった。

したがって、そこで扱われているテーマはフランスの植民地事業の栄光を讃えることが主になっているのは当然である。が同時にアルベール・サローは、その事業に伴う多くの困難（それが隷従という言葉で表されている）を率直に披瀝しているのである。そうすることによってサローはフランス国民にフランス国の植民地事業擁護への奮起を促そうとしている。しかし、現時点で本書を読むとサローが言うところの困難は植民地経営という事業が本来的、内在的にもつ諸矛盾を図らずも示していることがよく理解されるものになっている。つまり、本書を現時点で翻訳出版する第一の意義は、ヨーロッパ諸国（及び一時期の日本）による植民地経営を賛美するためではなく、植民地経営という事業が本来的、内在的に包含せざるを得ない矛盾、そのことについて今一度考え直す機会として本書は貢献し得ると思うためである。

確かにアルベール・サローはインドシナ植民地連邦総督を務め、また本国においては植民地大臣までを務めた人であり、したがって彼がフランスにとっての植民地の重要性、そしてフランスが植民地経営をすることが現地住民にとってもいかに重要なことであるか、確信していたこと自体は疑念を生じさせるものではない。その点については本書中の随所で彼が強調している通りである。しかし、彼は同時に本書中の随所で、当時のフランスでは、というよりすでにその半世紀ほども以前からなのであるが、植民地支配を激しく批判する人々が数多くいたことに言及し、そういった批判に対する反論をせざるを得ないみずからの立場を率直に認め、実際に随所で反論をしている。ただ、その反論には植民地支配について彼自身が苦悩する姿が垣間見えるのである。アルベール・サローという人の中にはみずから信ずるところと、それに対して激しく批判する人がいるという事実を前に真摯にみずからの立場を検討し、吟味し、誤りはないか見極めようとする姿勢がうかがえる。そういった記述を読むと、フランス植民地主義がその隆盛を誇った一九三一年という時期にあって、フランス人の多くが、またフランス知識人たちもが植民地というものをどのように見ていたのか、擁護する視点から、あるいは逆に批判する視点から、どのように見ていたのか、それを知ることができる。

しかし、実際のところ、サローが本書中で一つの章立てをして詳述しているように、彼が本書を執筆していた当時、植民地各地では「揺り戻しの大波」が沸き起こっていた。のちにも述べるが、その大波は世界大戦（第一次）直後から徐々に激しさを増していたのである。フランスについて見た場合、大戦に際してフランスがその植民地から多くの青年を前線での兵士として、あるいは後衛地域での労働者として呼び寄せたことが一つの直接的な原因になっている。サローは本書最終章で、大戦に際しての植民地出身兵士・労働者のフランスへの貢献を高く評価し、大仰に思えるほどに讃える記述をしているが、それは「揺り戻しの大波」を嘆く記述の裏返しであり、彼らを讃えることで彼らに矛《ほこ》を収めてほしいと願う気持ちの表れであるようにさえ見える。

ともあれ、サローがいかに自身の苦悩を表明しようとも、またフランスにとっての植民地の重要性を強調しようとも、歴史の流れを変えることはできない。揺り戻しの大波は、再度起こった世界大戦（第二次）を挟んでのち、植民地の独立として具体的な形をとっていく。一九五五年のバンドン会議、さらにそのわずか五年後にはアフリカで一七もの地域が植民地状況を脱し、独立を達成することになるのである。その時、サローは存命であった。どのような思いで、この急激な歴史の動きを眺め、みずからが記した「植民地の偉大さと隷従」を噛みしめていたであろうか。

この点に関連して申し添えると、先に本書は一九三一年刊の「古書」であることを記したが、じつのところ本書は二〇一二年、パリ在のL'Harmattan社より復刻出版されているのである。二〇世紀が終わりを迎えようとしていた一九九〇年代の後半ぐらいから、フランスのみならず、イギリスなどかつて植民地帝国を誇った国々においては、植民地支配、さらにそれ以前の大西洋奴隷貿易、奴隷制に関する議論が多くなされるようになってきた（詳しくは平野［二〇一四年］を参照）。奴隷貿易、そして植民地支配を受けた側からの補償や賠償、謝罪の要求が高まっていたことと関連しているが、ヨーロッパ諸国では一方でヨーロッパの統合が論じられると同時に、過去への向き合い方について真摯な議論がなされていたのである。A・サローによる本書が復刻出版されたことも、当然このような流れの中での一事象としてとらえられよう。植民地支配を反省的に検討、考察しようとする場合、植民地支配のさなかにあった人がいかなる考えに基づいて支配の正統性を論じ、またその支配にはいかなる困難が伴っていたのかを知るためには原典の再読は当然ながら不可欠であることが多くの人に認識されていたからこそである。サローが言うところの植民地事業の偉大さとそれに伴う諸困難を理解すること、それはフランスの植民地支配がその頂点に達したかと見られた一九三〇年代初めにおいて、支配する側の人々がいかなる認識に基づいて支配を正当化し、にも拘らず支配される側の人々が「支配の正統性」を理解しようとしないのかということに苦しみ、葛藤していた様子をうかがい知るに十分である。

少し視点を変え、旧植民地諸国が現代の時点で達している状況から考えてみよう。

一九五五年、資本主義圏にも共産主義圏にも属さず、非同盟諸国や第三世界諸国とも呼ばれた有色人諸国二九か国の代表がインドネシアのバンドンに会合した第一回アジア・アフリカ会議において、基本的な考え方として反植民地主義が提唱され、実際、その五年後にはアフリカ大陸において一七もの国が植民地状況からの独立を達成した。

バンドン会議開催時において主役の一人であった中華人民共和国は建国から六年を経たばかりであったのだが、その中国は二一世紀に入った今や世界の覇権国になろうとしている。他方、アフリカ諸国はと言えば、このところのＴＩＣＡＤ（日本政府主宰によるアフリカ開発会議）に鮮明に見られるように、現今のアフリカ諸国は援助対象の国々という段階を脱し、活力ある投資対象として、官主導の政策より民間部門の進出が重要と論じられるようになっている。将来を見据えて、対等の相手としてやっていこうという姿勢が重要になっているのである。実際、アフリカ諸地域における携帯電話の普及率の高さは現地（特に地方部）での調査を基本とする文化人類学者らの報告を見ても驚くほどであり、さらにキャッシュレス決済をする人の率が現今の日本よりも高い地域さえあるというのである。

アルベール・サローの手になる本書を読むとすぐに分かることだが、サローの時代においてヨーロッパ諸国が植民地を経営する根拠として挙げられる理由は二つであった。一つは自国の産業発展、及び人々の日常生活に欠かせない第一次資源の供給地として植民地は重要なのであり、そして、多分それ以上に重要極まる根拠として考えられていたのは本国での生産物の捌《は》け口、市場としての植民地であった。一次資源の獲得地、そして自国産品の市場としての植民地獲得にヨーロッパ諸国は死活的重要性を見出していたのである。サロー自身の言葉で言えば、ヨーロッパの列強国にとって「それはまさに生存のための競争であった」（本書一〇九頁）のだ。そういった植民地獲得競争の中で、サローは本書中で日本の台頭に注意を促すと同時に、中国について次のように述べている。「五億人もの人口を擁する中国が、その長い眠りから覚め、日本の例に倣い、というよりも日本からの指導を仰ぎつつ、産業力を増し、広大な土地が生み出す資源とその地下に眠る膨大な資源を活用するようになるとすれば、どうなるであろうか。中国には安価にして、無限というほどの労働力がある。中国がそれをいつまでも眠らせておくことなどあろうはずがない」（本書二四四頁）というのである。これはまさに慧眼という他はない指摘であって、現時点（二〇二〇年）における中国の活力の強さには誰しもが瞠目するであろう。サローの時代、フランスにとってアフリカと並ぶ重要性をもつ一つの植民地域であった中国、その中国は今や世界の覇権国の一つであり、中国がアフリカ諸国のインフラ整備のために供給している資金額は世界一だというのである。

ここに挙げたわずかな事例を見ても分かるが、サローの時代におけるヨーロッパ諸国領であった植民地は現代において驚くほどの変化を遂げている。原著出版から九〇年に満たない時間の中でこれほどの変化が起こっているのである。

その一方で、第二次世界大戦後に至るまで植民地経営を続けたヨーロッパ諸国の現状はどうであろうか。少なからぬ困難、というより混乱、そして展望のなさに直面している観がある。それらの困難のうちでも当面、根本的解決という展望が見えないという意味でアポリアとさえ思える問題が、かつての被植民地諸国や打ち続く戦乱下の諸国（これらの戦乱もかつての植民地状況を遠因としているケースが多い）からの移民、難民、避難民、そして密入国者の到来であるように思える。

これら移民、難民の到来に対して、「国是」として国境を閉ざす国がある。その隣の国では初めのうちは積極的に受け入れたものの、直面する問題の多さ、複雑さにおののいているようである。受け入れ派と受け入れ拒否派の人々が対峙し合うケースも見られる。自国第一主義という言葉が政治家の有力な支持基盤になっている。ポピュリズムを背景にして、独裁とも言うべき体制をとる国もある。そうした中で、かつての被植民地諸国、地域からの人々の流入は止まる気配を見せてはいない。このアポリアを生み出した元凶がヨーロッパ諸国による植民地経営と無縁であるはずはない。アルベール・サローによる本書を読むと、このアポリアの淵源がいずこにあるのかが理解される。現代世界の難問中の難問を理解するためにも一九三一年刊の本書を読むことには意味がある。

他方で、もう一つ別の問題もある。植民地主義という言葉に古めかしさを感じる人が多いかもしれない現代の時点において、しかし、「植民地」が実在しているのも事実なのである。確かに、植民地（英語で colony、フランス語で colonie）という直接的な語は用いられていない。しかし、フランスには海外県（département d'outre-mer）というものがある。アンティーユ諸島中のマルティニック、グアドループ、そして南米大陸北東部に位置するギュイアンヌ（フランス領ギアナ）、及びインド洋上に位置するレユニオン島がそうであり、マダガスカル島北部とアフリカ大陸の間の海上にあるマヨット島もフランス海外県の一つである。特に、マルティニックとグアドループは一六三五年という早い時期にフランスに領有されたことからフランスの「古い植民地」とも言われているものである。県ではないがサンピエール・エ・ミクロンをはじめとする海外准県（collectivité d'outre-mer）とされるものもあり、さらにもう一つ別のカテゴリーとして、フランスの海外領邦（pays d'outre-mer）という特殊な地位を与えられているフランス領ポリネシアとニューカレドニアもある。

これら現代に残るフランス海外領土の多くでは住民側から現時点での独立は求められておらず、フランス領土として残る旨の意志が表明されている。詳しく述べる余裕はないが、そこにはフランスが二〇世紀半ば以降、実施してきた生政治が大きく関わっているであろう。ともかく、「植民地」から「海外領土」へという流れの奇妙さを理解するためにも、植民地統治最盛期とも言える一九三一年発刊の植民地統治理論である本書をまずは精読する必然性がある。

ところで、ここに述べたフランス海外県や准県、そして領邦のうち、フランスの「古い植民地」とされるマルティニック島から、まさに国際植民地博覧会が開催され、サローの本が出版された一九三一年その年に一人の若き留学生がパリに到着している。その名をエメ・セゼールという。エメ・セゼールは国際植民地博覧会には何の興味も示さなかったというが、本の虫であった彼が、当時出版され多大の読者を引き付けていたサローの著書を読まなかったはずはない。パリ到着からわずか四年後の一九三五年、セゼールはやはりパリに留学していたフランス領西アフリカ植民地セネガル出身のレオポル・セダール・サンゴールなどと共に『黒人学生』という新聞を発行、フランス植民地政策の非を論じている。セゼールの植民地政策への批判、攻撃はその後発行された長詩中や、論文中でも繰り返されている。要は、植民地統治が本来的に内包する現地文化の「破壊」に対する絶対的な非受容の姿勢である。

アルベール・サローは本書中でフランスの植民地統治がいかに現地住民の福祉の向上、文化の開明に心血を注いでいるかを強調している。フランスの善意と人類愛を強調しているのである。まさに、それゆえに植民地現地の住民たちがなぜ「揺り戻しの大波」を起こすのか理解できないでいるようである。植民者として、現地住民の文化に混乱を起こしていることが彼にはどうしても理解できなかった。植民地支配の中核にいた理論家は、みずからに課せられた「隷従」から逃れることができなかったのである。

以上、簡略ながら現代という時点でサローの著書を翻訳することの意義いくつかについて述べた。

二．フランス植民地史と本書の位置

次に、この「序に代えて」の本論に入る前にフランス植民地史という大きな流れの中での本書の位置がどのようなものであるのか、その概略を述べておきたい。

本書中でアルベール・サローは、「フランス人の基本的性格、それは利他主義者ということにある」とし、「その精神は国境を越え、人々すべての間で正義、連帯、そして互いに助け合う精神が地球上の全人類社会で実現されることを望む」という。その上で、「特有の知的好奇心の強さ、それあるがゆえにフランス人はより広い、未知の世界への進出を好み、その新世界にも善なるものをもたらさんと欲する」（本書一三二－一三三頁）というのである。ところが、サローは彼の最大の著書であると言ってよい前著（Sarraut 1923: 12）において、フランス人一般の性格、気質はcasanierという言葉で特徴づけられると言っている。基本的性格としては、むしろこちらの言葉の方がフランス人の特徴を表しているのではないかと思われるのだが、自分の家にいるのが好き、出不精である、外の世界を見るよりも自分の身近な世界の内に閉じこもっている方が好き、という性格である。フランスという広大で、かつ平たく、概して雨量に恵まれた肥沃な土地を耕し、身近に穫れる産物で暮らしていればそれで良しということであろう。

その一方で、冒険心に富み、外の世界に関する好奇心に満ちた人々が相当数いること、これもまた当然のことである。一般のフランス人が外部世界に関する情報に触れようとする場合、こういった好奇心に満ちた人々と、外的世界への進出を任務の一つとする軍人に頼るのが常であった。

一五世紀末、コロンブス、ヴァスコ・ダ・ガマによって新世界アメリカと東洋に至る海の道が開かれたのち、一七世紀前半、ルイ一三世治下の宰相リシュリュー、その後を受けたコルベールは海のかなたに多大な富があることを認識し、海外との取引、そして植民地の開拓に乗り出し、フランスはヨーロッパにおける列強国の一つになった。しかし、その後のフランスは全体としてヨーロッパ内での問題に対処する期間が長く続いた。一八世紀末の大革命、その後の混乱も大洋を越える活動にブレーキをかけたであろう。

一八七〇年から翌年にかけてのプロイセン（ドイツ）との戦争に負けたことが一つの転機になった。この「序に代えて」においてのちに詳述するが、敗戦直後、フランスが偉大であろうと欲するのならば、海外への進出、征服は必須のことと人々を鼓舞する思想家が現れる。また、軍人など遠隔の地に出かけ、その地で経験するさまざまな冒険、現地人との接触の様子を文学として世に発表する者が多く現れ、出不精なフランス人一般にしばしの夢を見させるものとして大いにもてはやされもした。軍人を中心に植民地開拓はなされていたのである。

そうして一九一四年、ヨーロッパ諸国は大きな戦乱に入ることになる。その戦乱に際して、フランスはすでに所有していた広大な植民地から人的、物的な「支援」を得ることになった。その支援はフランスが半ば強制的に押し付け、求めたものであったが、戦後、フランス人の多くは植民地の存在、その広大さとそれがもたらす恩恵の大きさを強く意識することになる。フランス人の「内に閉じこもる」性格に変化がきざしたと言えよう。また、気づけば、コーヒーや砂糖をはじめとして自分たちの日々の生活に植民地産の物品はもはや欠かせない状況にもなっていた。

と同時に、この四年余りも続いた大戦に際して、フランス本土に呼び寄せられた植民地出身青年たちの側について見ると、植民地現地ではあたかも横暴な神であるかのように尊大に、格の違う人間として振る舞っていたフランス本国人たちが、本国での戦争の現場において植民地人である自分たちと同じ弱さ、悩みをもつ人間であることを身をもって知り、同時に、では自分たちはなぜ低く見られ、かつ低位者として扱われなければならないのかについて疑問をもつようになった。大戦後、一九二〇年代のフランスにはかなりの数の植民地各地出身者が残っており、またそれら植民地から密航などの手段をもって新たにフランスに来る人も相当数あり、そういった人々を中心にフランスの植民地支配に反対する運動がフランス国内、特にパリで目立つようになる。大戦中の一九一七年に起こったロシア革命の影響も大きかった。また、植民地各地においてもフランスの宗主国としての支配に疑問をもち、反抗的な運動を起こす人が現れるようになっていた。植民地においてフランスがおこなったさまざまな開発計画、現地民への教育、そういったものが現地民の意識を目覚めさせ、知識を高め、そのこと自体がフランスの植民地支配に対する疑問をもたせることにつながっていったのである。現地の開発に力を注げば、そのこと自体がフランスの統治に反対する現地住民の意識を目覚めさせるというジレンマである。

一九二二年、本書の著者であるアルベール・サローは植民地大臣の任にあったが、「フランス領植民地活性化総合計画」という大法案を国会での審議に提出した。フランスが有する広大な植民地、フランス領アンティーユ諸島、西アフリカ、赤道アフリカ、インドシナ、オセアニア、ニューカレドニア各々の開発の現状と今後の開発計画に関する緻密具体的、かつ壮大な計画である。その計画法案は、同年にマルセイユで開催された植民地博覧会に合わせて上程されたものであった。それから約一〇年後、フランスはヨーロッパの他の植民地経営国にも呼びかけて国際植民地博覧会という大祭典を催した。アルベール・サローによる本書が緊急執筆、公刊されたのは、まさにそのような事態が進行しつつあるさなかのことであった。

国際植民地博覧会はパリ市に接する南東部郊外のヴァンセンヌの森にて一九三一年五月半ばに幕を開け、一八〇日の期間後、一一月半ばに幕を閉じたのだが、この間にサローの著書は版を重ねること一〇度に及んだという(Cooper 2012: viii)。わたしがこの翻訳のために個人的に参照したのは第一三版のものであるが、その出版年は一九三一年であるから、同書は植民地博覧会がその年一一月半ばに幕を閉じたのちも、年が暮れるまでの一か月半の間に少なくとも三度は版を重ねたことになる。驚くべきペースで売れ続けたことが分かる。

このようにサローの著書がフランス植民地事業の繁栄、隆盛を誇る博覧会開催に連動するものであるのは確かだが、その内容を一読すれば分かるように、じつのところは世界に広がる植民地のあちこちで現地住民、サローの言葉に従えば「原住民」(les indigènes)であり、かつ「保護民」(les protégés)であるのだが、それら植民地現地人が植民地支配に対抗して立ち上がる気配を見せ、そこに社会主義革命を経たロシアが手を伸ばし、現地人たちに「入れ知恵」どころか、蜂起を目指した策動をするために情勢はいよいよ不穏、フランスは、そしてヨーロッパ諸国は一致して何としても植民地を守り抜かねばならぬ、というものである。つまりはフランス国民に植民地事業隆盛の慶びを共有させるための一書というよりも、危機に直面し始めた植民地防衛のために広く国民一般に奮起を促す書なのである。本書を締めくくる最後の言葉をご覧になるがよい。サローは言っている。「フランスの善き支配、それがもたらす真に道徳的な力」、「その義務完遂の意志あらんことを」、「それはヨーロッパの隷従、同時にそれこそはヨーロッパの偉大さ」（本書三四三頁）と叫んでいるのである。死に瀕した白鳥の雄叫びのように聞こえないだろうか。

アルベール・サローがフランス南西部の町ボルドーにて生を受けたのは、フランス国民が隣国プロイセンとの戦いにあっけないほどの完敗を喫し、アルザス・ロレーヌ地方を奪われ、人々が失意と茫然自失の状態から未だ立ち直れてはいない一八七二年のことであった。奇しくもその前年、つまりフランスがプロイセンに完敗を喫する戦争が終わったその年、失意に沈むフランス国民を厳しく叱り、気を確かにもって立ち直れと鼓舞する一書が公刊されている。サローの著書が植民地博覧会に合わせて緊急出版されたのと同様、こちらも敗戦のショックから立ち直れぬフランス国民を鼓舞する目的で緊急執筆、出版された本であった。

プロイセンに対してフランスが宣戦布告をしたのが一八七〇年七月一九日、その一か月半後には皇帝ナポレオン三世自身が赴いていたセダンで多数の将兵ともども捕虜にされるという一大悲劇が起こり、憤激したフランス国民はナポレオン三世の皇帝位を剥奪した。戦局はプロイセン軍に圧倒されるばかりで一八七一年一月二八日にはパリ陥落、休戦協定が署名されるに至ったのである。その後、抵抗するパリ市民によりパリ・コミューン政権が創設されたものの、同年五月一〇日にはフランスとプロイセンの間に正式な講和条約が調印され、パリ・コミューンも解散、フランスはアルザス・ロレーヌ地方を失い、莫大な賠償金支払いも課せられた。

この普仏戦争直後に執筆された『知的・道徳的改革』(Renan 1871) と題するエルネスト・ルナンの著書には、フランス大革命後のフランス社会のありようを痛烈に批判する言葉があふれている。曰く、普仏戦争直後のフランス人に見られる心性、それは大革命後のフランス人が夢と現実を取り違えて幻覚の中に生き続けてきた結果できたものであり、言うなれば「思い上がり、子どもじみた幼稚な虚栄、規律のなさ、まじめさと勤勉さに欠け、その上正直さにも欠けた日々、頭脳の弱さ、多くの考えを同時にめぐらすことができないという能力不足、科学精神の欠如、うすぼんやりとして、かつまた粗野なる無知の状態」(Renan 1871: 2–3) にあるのがフランス人だというのである。惨憺たる罵倒とも言うべき叱正の言葉、それをもってルナンはフランス人を決起させようとしたのである。

ここでそのルナンの著書に記されることを逐一振り返ることはできないが、いくつかの特徴的な記述に触れることは許されるだろう。というのも、ルナンの著書『知的・道徳的改革』と、サローの著書『植民地の偉大さと隷従』という二つの書の公刊の間にはちょうど六〇年というかなり長い年月があるのだが、これら二書には危機に面したフランスの状況を前にフランス人を鼓舞するために書かれたという意味で共通するものが見てとれるからである。

エルネスト・ルナンの目には、大革命後のフランスはさまざまな面での堕落に満ちた社会として映っている。王政が倒されたのちの民主主義社会、それはルナンから見れば愛国精神のみならず、美と栄光を求める心を失い、他人の成功を妬み、ひたすら小利益を求めて右往左往するだけで、理想というものをもたない民衆が生きる社会である。特に、一八四八年の革命以降に実施された普通選挙（男性のみ）に対してルナンは激しい敵意を示している。彼によれば、普通選挙によって選ばれるのは凡庸なる人々のみだというのである。軍の名誉は完全に失われた。のみならず、人々は科学精神、美を愛する心まで失っている。高貴さを失った社会、そこに残るのは独創性も大胆さもない凡庸さだけである。ルナンにとっては凡庸であること（médiocrité）ほどおぞましいものはないのであり、彼は偉大さ（grandeur）の対極にあるものとしての凡庸さについて、何度も言及している。アルベール・サローがその著書の中で偉大さの対極にあるものではなく、偉大さに伴うものとしての隷従（servitude）に何度も言及しているのとは対照的である。

ルナンは言う。かくのごとき凡庸さに満ちた社会、それは物質的な繁栄の極致に達することはできるかもしれない。しかし、そのような国は自国の外では無に等しい。世界の中で自分の場をもつことなどできないのである（ibid., p. 26）。この言葉には、栄光ある国であろうとすれば海外への進出は必須のことという意味が含まれてはいないであろうか。つまり、植民地開発である。さらにルナンはこうも言っている。勇敢なる者にはその権利として所有物が与えられる。剣の人（軍人）こそあらゆる種類の富の創造者である。軍人は征服したものを守ることにより、保護下にある人々に善を保証する（ibid., p. 32）。こうなると、植民地主義の思想そのものである。われわれはルナンの著に遅れること六〇年後に公刊されたサローの著書中に、これに類した言葉を何度も目にすることになろう。

ルナンは結論的には普通選挙を基盤にした民主主義社会を嫌悪し、修正された形の王政への復帰を説いている。ただし、十分な注意を払うべきこと、それはルナンが報道の自由という原則を大変重視していたこと、そのことにある。ルナンによれば、報道の自由、これこそは完全に守られねばならぬ。それにより権力者の逸脱行為防止が可能となることを述べている。報道への国権の介入は厳格に忌避されねばならぬことを言い、同時に教育現場への宗教の介入に対しても反対を明言している。ライシテ(laïcité)の思想である。人格を強勒にする基盤は自由と、対等な場での議論が保証される社会であること、それをルナンは明言している。

このような見解を表明した上で、ルナンは自分が言うような改革を実行すればフランスは一〇年後には国際的に認められる存在になるであろうと自信のほどを示している。そういった議論の中で、やや唐突に植民地開発の必要に言及しているのである。長くなるが、正確を期するために、該当部分を(一部省略しつつ)そのままに引用してみよう。

大規模な植民地開発、これは間違いなく政治がおこなうべき第一級の必須のことである。植民地開発をおこなわない国は不可避的に社会主義社会、つまり富者と貧者との戦いがなされる国になる。優秀なる人種が劣った人種の国を征服し、その地に定着し、治めることには何らの不思議はない。イギリスはこの種の植民地化をインドでおこなっているが、それはインドのために大いに益となっている。さらには全人類の益、そしてイギリス自身の益になっているのである。（……）同一の質をもつ人種間での征服が非難されるべきであるのは確かであるが、それと同じほど確かなことは劣った人種、あるいは堕落した人種の人々が優秀なる人種の人々によって再活性化されること、これはまさに神の意志に添ったおこないなのである。（……）自然は労働に向いた人種を創造した。それがシナ〔中国〕人であり、彼らには驚くべき手先の器用さがあるが、その彼らに名誉心というものはほとんど備わっていない。彼らに善き支配をほどこしてやる代わりに支配者たるものとして当然受けるべき代価を手にしつつ、正義をもって彼らを統治してやれば、彼らは満足するであろう。土地を耕す人種、それはネーグル〔黒人〕である。彼らに接するにあたっては善良さと人間味をもってなすがよい。そうしさえすればすべてはうまくいく。主人であり、兵士である人種、それがヨーロッパ人である。この人種に対し、あたかもシナ人やネーグルであるかのように苦役を課したりすれば、彼らは反抗するであろう。（……）わがヨーロッパ人に反抗心を起こさせるようなことをシナ人に課せば、彼らは喜んでそれをする。人は誰でも自分に与えられた天分に添ったことをしてさえいれば、すべてはうまくいくのである。経済学者は労働が所有権の起源にあるというが、それは間違っている。所有権の起源、それは征服にある。

(ibid., p. 92–94)

「優秀な人々による劣った人々の征服は正しいことである」という議論、わたしたちはこの言葉をサローの著書中にも見ることになる。なるほど、確かにこの表現、言葉そのものがサローの著書中に現れているわけではない。サローが記しているのは、一八七〇年からその翌年にかけて戦われた普仏戦争後、まさにエルネスト・ルナンが述べていたようにフランスは植民地開発のために海外進出を盛んにし、偉大さとそれに伴う隷従とを存分に味わうようになったということである（本書第四章を参照）。その海外進出を主導したのが、当時、フランスの首相の座を三か月半ほど前に退いてはいたものの、有力議員であったジュール・フェリーであったこと、そして、ジュール・フェリーの植民地開発の推進に強く反対したのがジョルジュ・クレマンソーであったことをサローは記しているのである。それに続けてサローは、フェリーとクレマンソー両者間の論争は誠に激しいものであったのだが、最終的にこの二人の論争者のどちらが勝者になったのかと言えば、その答えは歴史が示す通り、両者ともが勝者であったのだと述べている。その理由としてサローは、一九一四年に始まった大戦（第一次）において、フランスとドイツの激しい戦いが膠着状況に陥り、窮地からの脱出が切に望まれていた時期、「ドイツ側からの侵略を阻止したのは確かに時の首相（兼陸軍大臣）クレマンソーその人であった。しかし、その防衛軍の一翼を担ったのは、その時すでに世を去ってはいたもののフェリー議員が将来必要になると予測していた植民地出身兵士軍であった」（本書一四八頁）からだというのである。サローが言及しているのは、大戦が始まってその直後より西アフリカの村々からほとんど強制的に兵士として召集された多くの若者たちが兵士としての訓練らしきものもほとんど受けないまま、ドイツとの激しい戦いの前線に送り込まれ、フランス兵たちと共に戦ったという事実である。植民地開発を強く推進したジュール・フェリーは、確かにその時すでにこの世の人ではなかった。一方、あれほど激しい言葉で植民地進出に反対を表明したジョルジュ・クレマンソーの方は首相の地位にあり、彼こそが植民地からの兵士徴集を決断したのだから、「おあいこ」だと言うのである。この場合の「おあいこ」はマイナスの意味ではなく、フェリーとクレマンソーの両者どちらかが勝者で他方は敗者であるというのではなく、両者とも勝者であるというプラスの意味である。こういった言い方はサローが、先人であるフェリーとクレマンソーという二人に対し共に礼を失しないようにという思いから記されている観があり、それなりの配慮の結果であろうと考えられる。しかし、わたしたちの心にいささかの違和感を残さずにはいないだろう。その違和感は本書の最末尾でサローが記している次のような言葉と相俟《あいま》って一層強いものとなる。サローによれば、先の大戦において「わがフランスの植民地から一〇〇万に上らんとする数の兵士たちがわがフランス防衛のために駆けつけてくれ」、「彼らのうちどれだけ多くの者が彼らの上官の眼の前で自分たちがもつ勇猛果敢さ、英雄心、犠牲心をいかんなく発揮したことか。彼らは公正さと善良さをもって自分たちに接してくれる白人の上官を心から愛し、敬い、その上官のためなら命を投げ出すことさえ厭《いと》わないことを身をもって証明してくれたのである」（本書三四二 - 三四三頁）というのである。西アフリカの村々で平穏な日々を送っていた若者たちを無理やりドイツとの激戦の地に送り込んだ側として、いかにも身勝手な言葉と言うべきではないだろうか。

ともあれ、サローがその著書中に具体的には記していないフェリーとクレマンソーとの間に交わされた激論について、ここで触れておくことには意味があろう。本書中でサローは何度かにわたって当時のフランスにおいて植民地に反対する論者がかなりの数に上って存在していたことに触れ、その都度、植民地事業を擁護する自分の見解を披瀝し、植民地事業がいかに苦難とそれに見合った栄光に満ちたものであるかを詳細に論じているからである。

フェリーとクレマンソーの間に交わされた植民地をめぐる激論、それは一八八五年、つまり先に見たようにルナンがその著書中で「優秀なる人種が劣った人種の国を征服し、その地に定着し、治めることには何らの不思議はない」と記してから一四年後のフランス国会議事場内でなされた。その年七月二八日の国会討論においてフェリーは、勤勉なる労働者に満ちたフランスはその製品の販売先を必要としていることを述べ、ゆえに植民地開発がフランス経済に必須であることを強調している（Robiquet 1897: 200）。たとえば、中国には四億人からなる市場があるというのである（ibid., p. 202）。フランス経済が生き残るための販路としての植民地、このような議論をわれわれはサローの書中に何度も目にする。しかも、サローの時代の中国には「五億人からの消費者」がいるのである。こうして、経済上の観点から植民地開発の必要性を強調したのち、フェリーは「人道的、かつ文明化の観点から」の問題として、カミーユ・ペルタン（急進左派議員であり、クレマンソーと親しかった）に言わせれば「〝大砲をもって押し付ける文明とは一体何か。それは形を変えた野蛮ではないのか。劣った人種の人々と言われるその人たちもあなた方と同じ権利をもつ人々ではないのか。彼らはその地にあってみずから律して生きているのではないのか。彼らがあなた方を（植民者として）喜んで迎え入れたとでも言うのか。あなた方が勝手にその地に行ったのだ。そして、そこで暴力を振るっている。文明化などしてはいないではないか〟と言われるのであろうが、わたし（フェリー）に言わせればそれは政治でも歴史でもなく、ただの観念論に過ぎない」(ibid., p. 209) と述べたのち、「声を大にして言わねばならない。はっきり申し上げましょう。優秀なる人種は劣った人種の人々に対して権利をもっているのですよ」(ibid., p. 210) と明言している。

国会でジュール・フェリーによる上記の演説がなされた二日後、七月三〇日、ジョルジュ・クレマンソーは激しい口調でフェリー批判の演説をしている。

優秀なる人種、劣った人種、それを言うのはたやすいことですよ。わたしとしてはこう申しましょう。高名なドイツ人学者によりますれば、〔普仏〕戦争でフランスが負けたのはまさにフランス人がドイツ人に比べて劣った人種だからですよ。（……）ヒンドゥーの人々は劣った人種だそうですが、彼らの誠に瞠目すべき文明は人類誕生の昔に遡るものですよ。シナ（中国）人は劣った人種だと言うのですか。彼らの文明たるやどれだけ古い昔に遡るものか計り知れぬものであります。植民地化によって人々を文明化するということでありますが、植民地支配者の記録を少しでも繙《ひもと》いてご覧になるがよい。正義と文明化という口実のもとで、どれだけの残虐にして恐るべき犯罪行為がなされたことかお分かりになるでしょう。ヨーロッパ人がどれだけの悪を現地にもたらしたことか。酒、阿片、こういったものをまき散らしたのですよ。優秀なる人種は劣った人種の人々に対して権利をもっているなどというのはあり得ない。われわれが文明の度合いを高めるなら、われわれは正義と公正さのうちにとどまらねばなりません。それこそがわれわれが命をかけてなすべきことです。文明という偽りの名のもとに暴力を振るうのはやめましょう。権利だ、義務だなどと口にするのはやめましょう。あなた方が言う征服とは科学の誤った使い方であり、それをもって人間を奪い、拷問にかけ、その人がもつあらゆる力を無にしようとするものです。それをもってあなた方は文明化だと口にするのです。（Winock 2007: 164–165）

フェリーとクレマンソーの言葉をここに引用したのは、どちらかに肩入れしようとするためではない。特に、現在の時点に身を置いて、たとえばクレマンソーの反植民地主義の考え方に軍配を上げたりするのは現代という時点での考え方を単純に表明するだけだと言わねばなるまい。両者ともがフランスの「栄光」のためを思えばこそ、この激しい論を戦わせたのに違いはない。一方のフェリーが経済的利益と文明化という「人道的」な理由を挙げて植民地化の必要を強調しているのに対し、クレマンソーは植民地統治の現場の状況はフランスに栄光をもたらすようなものではないという観点から反対を表明している。当時のフランスにあっては、いやこの議論がなされてからほぼ半世紀がたっているサローの著書公刊の時にあっても、フランス国民の多くはフェリーの考え方に近いものをもっていたはずである。クレマンソーが言うように、当時の植民地支配者が残している統治現場の記録によれば、今の時点で考えれば驚くほどの冷酷さをもって現地民支配はなされていた。しかも、それらの冷酷と思える統治の仕方が誇りをもって語られ、読者の側もそうするのが正しいやり方だとして受け入れていたのである。

実質的な植民地支配を実行する前に、現地民の「平定」作業をしなければならない。平定とは武力をもって現地民を制圧することである。たとえば、一九世紀半ばにセネガル内陸部の平定にあたったデュボックという将軍の回想録が一九三八年に公刊されている（Général Duboc 1938）。その回想録は全三九八頁に細かな活字がぎっしり詰まったものであるが、ほぼ全部がすさまじいばかりの暴力の行使の記録になっている。住民から物品、家畜の掠奪、抵抗すれば有無を言わせぬ焼き討ち。この回想録の公刊は一九三八年と、サロー自身の著書公刊より七年も後のことであることを鑑みれば、サローが「昔はそのようなことがなされた」と言っているとはいえ、一般読者の多くはサローの時代でも植民地における征伐、討伐の記録を興味をもって読んでいたということでもあろう。

そういった現場報告の記録はいくつもあるが、煩雑さを避けるために二つの記録にだけ言及しておこう。一つはフェリー／クレマンソー論争がなされた一八八五年より三五年ほども以前の西アフリカ、セネガルにおけるフランスによる統治のありようについて現地人自身が記しているものであり、もう一つは一九〇〇年代初めの時期に植民地として平定された西アフリカ、コートディヴォワールについて統治の責任者であったフランス人が残している記録である。

セネガルに関する記録は、現地人であるものの、ヨーロッパ人との混血者であるボワラ神父が記した『セネガル素描』に見られるものであるが、そこでボワラ神父は次のように言っている。繰り返すがボワラ神父が述べているのは一八五〇年ごろのセネガルの様子である。

> セネガルの民衆はフランス人によってこの地域が発見される前の状態と何ら変わるところのない生活を送っている。人々の生活様式、慣習に何らの変化もなければ、進歩もない。逆に、相当数の人々はヨーロッパ人との接触によってそれ以前には知らなかった悪習に染まるようになっている。酒である。以前、酒は全く知られてはおらず、またイスラム教によって禁じられていたのである。人々は素朴、かつ健康的な日々を送っていた。しかるに今日、ワーロ王国、カヨール王国、バオール王国、さらにシン王国とサールム王国にあっては酒はもう日常必需品である。王侯貴族はもとより、王の戦士たちやグリオは酒浸りである。たしなむというのならまだしも、過度に、へべれけになるまで飲むのである。(……) これが文明化と言えるであろうか。
>
> (Boilat 1984 [1853]: 466–467)

他方、コートディヴォワールについてフランス人行政官G・アングルヴァンは次のように言っている。

夢物語のようなことを心から信じて、それが仕事であるかのようにユートピア的なことを言う人や、実際の統治の責になく、したがって何の責任もとる必要のない人々は別にして、現場で統治の責任を負っている人で、誠実さをもってその責にあたっている人の中に、われらが権威、われらが保護監督の任務を遂行するにあたって、優しさと寛大さをもって事にあたっている人など一人もいないのである。当の相手の原住民たるや未開の人々、野蛮と言うべき日々を生き、あたかも楽しいスポーツであるかのごとく戦いにあけくれるような人々なのである。

(Angoulvant 1916: 22)

こういった現地民に対する厳しい扱いをする行政官が多かったことについては、植民地は多くが熱帯地域であり、その任務は病気の恐れや不慮の事故への恐れなどからフランス本国では敬遠されるのが普通であり、行政官としての能力に一段劣ると見なされていた人が多かったこと、また本国でのポストから左遷されて植民地に送られる人がいたこと、本国では何をやってもうまくいかず、とにかく金を稼ぐことだけを目的に植民地行きを選ぶ人、さらにもっとあからさまに言えば何らかの罪を犯して本国では暮らしにくい状況にあった人などがいたこと、そしてもう一つ、軍人上がりの人が多かったことなども関係しているのだろう(Cf. Cohen 1971: 13–15 & 23–26)。

サローは本書中で、植民地勤務は敬遠されるものであったこと、またいろいろな選抜試験に落ちた者が最後に行き着く仕事であったことを認めている（本書二六七－二六八頁）。しかし、アングルヴァンのような考え方は厳しく排除している。「無下《むげ》に現地住民に厳しく」あたったり、「むやみに自分の個性を発揮」したりすることを戒め、そういったやり方が現地民に受け入れられないと分かった時点で修正するというような未熟な経験主義は排せよと明言している（本書一六〇頁）。その上で、普仏戦争から半世紀ほどたった時点で、植民地学校の生徒、これから植民地での統治の任にあたろうとする生徒たちの前でおこなった講演を再録する形でみずから考えるところを披瀝している（本書一六一頁）。この部分は、思うに本書の白眉とも言える部分であって、サローという人の中でさまざまな葛藤があったであろうこと、しかし、「運命の皮肉」とでも言うべき経過の中で植民地統治の最高責任者にまで上り詰めたサロー自身の考えが述べられている。文明化という標語の裏でさまざまな誤りがあったことが率直に述べられている。サローの考えの中には基本的に白人種の優越という考え方が見え隠れしているのは事実であるが、最高責任者としてのサローが間もなく植民地統治の一端を担おうとする若者たちに述べる言葉には率直さがある。

ところで、サローが本書冒頭部で触れている国際植民地博覧会については先にも言及したが、この博覧会が開催された一九三一年という年がもつ意味についてもう少し詳しく見ておこう。

その年、五月に幕を開けた国際植民地博覧会は文字通りフランス植民地事業の隆盛ぶりを誇示する場であった。その規模の大きさ、展示物の壮大さなどについてはインターネット上にいくつも公開されている当時の写真などをご覧いただきたい。一八〇日に及んだ開催期間中、四枚綴りの入場券が八〇〇万枚以上も売れ、総入場者数は三三四八万九〇〇〇人であったという（Ageron 1997: 505）。第一次と第二次の両大戦間期のフランスの学童たちが使う教科書には「第三共和国の栄光、世界二大植民地勢力の一つであるフランス、五大陸に広がるフランス、フランス共和国の栄冠としての植民地、西アフリカに生きる一四〇〇万のフランス人、そして何よりも総面積一二三〇万平方キロ、総人口一億一〇〇〇万人に及ぶ帝国の一員としてのわたしたち」（Cf. Ageron op.cit., p.493; Bouche 1982: 98）といった表現があふれていたのである。

フランス共和国の栄冠としての植民地、それを寿《ことほ》ぐ場としての国際植民地博覧会はフランス植民地事業の最高到達点を示すものとして語られる。この博覧会に関する論文の多くがそのタイトルに apogée や apothéose といった言葉を含んでいることが多いのだが、これらフランス語の二語はいずれも「頂点、至上の栄光」といった意味をもつ語である。

いずれにせよ、国際植民地博覧会が開催され、それに合わせてサローが本書を執筆、公刊した一九三一年という年がフランスの植民地活動においては一つの大きな節目であったのは間違いない。その前年は復古王政下のフランスがアルジェリアに侵攻、征服してから一〇〇年目にあたり、その年もフランスにとっては記念すべき年ではあった。しかしその反面、フランス国内ではアフリカや「古い植民地」からフランス、特にパリに移り住んだ人々による反植民地運動が形を成し始めていた。そこには、当時アメリカ合衆国で影響力を増していたナイアガラ運動から発展した全米黒人地位向上協会（NAACP、W・E・B・デュボイスが主導）やマーカス・ガーヴィーによるアフリカ回帰運動、そして文芸家によるニグロ・ルネッサンス運動などに関わっていたアメリカ合衆国のエリート黒人などが頻繁にフランスを訪れていたことも関わっている。同時に、フランス人美術商によるアフリカ芸術の「発見」がなされ、広く社会的に認知、受け入れられるようになったのも大戦（第一次）後のことである（柳沢、二〇一八年を参照）。フランス人一般の間でも、ドイツとの戦いで命を落とし、あるいは重い傷を負ったアフリカ人兵士に対して感謝する気持ちと、それに伴って同じ人間であることとの再認識といった感情が広く共有されるようになっていたのである。アメリカ出身の黒人ダンサー、ジョゼフィン・ベイカーがジョゼフィーヌ・バケルというフランス風の発音で呼ばれ、その扇情的なダンスとともに大評判を博したのも黒人の人間像を広く世に広めることに寄与したであろう。アンティーユ出身の作家ルネ・マランによるフランス領アフリカ植民地を舞台にした小説『バトゥアラ』がゴンクール賞を受賞したのも、大戦後のフランス社会の一端を示す「事件」であった。

アンティーユ出身の黒人、アフリカ出身の黒人たちは各々、同胞向けの新聞などの広報紙を次々に公刊していた。これらの新聞ではフランスの植民地政策を直接に正面から批判するというよりも、植民地政策そのものは受け入れつつも植民地現地での統治のあり方を批判するものが多かったが、やがては「われわれをチャールストンとか奇妙なダンスを踊って喜ぶ集団に仕立て上げようとしている白人政治家どもに喰らわす一発の平手打ち、それがこの新聞だ」（Dewitte 1985:

155）と黒人であることを正面切って主張するものが現れるようになった。

三．本書に見られるいくつかの特徴

1．植民地主義という語について

本書を一読するとすぐに気づくことの一つに、本書がフランスの植民地事業を正面から論ずる一書であるにも拘らず、植民地主義、つまり英語風に発音すればコロニアリズム（colonialism）となるが、フランス語ではコロニアリスム（colonialisme）と清音で発音される語、これが本書中にほとんど見られないという事実がある。われわれが現在の時点で考える場合、「植民地主義」という言葉には、強国と自認する国が、弱小と考えられる地域を武力をもって侵略し、そこでの開発事業をおこなうが、それは強国自身の利益増大を主目的としておこなわれるものであるといった否定的な意味合いが込められているのが普通である。したがって、この語は植民地活動について否定的な見地から論じようとする側の人々が好んで用いる語であるように思われる。この点についてては、フランスでも事情は同様であり、コロニアリスムという表現はすでに一九世紀の時点で、植民地開発、植民地事業に反対の立場を明白にしていた左派の人々の間で用いられるのが普通であった。アルベール・サローによる本書中、colonisation（植民地化，ないし植民地開発、植民地事業などを意味する）という語、及びcolonial(e)、colonisateur(trice)、colonisant(e)などの形容詞形が頻繁に現れるのは当然であるが、その一方でcolonialisme（植民地主義）という語についてわれわれはただ一度しか目にすることはないのである。それは第一章の「問題の所在」を論じる中での文章、「フランスの植民地主義を全体としてのヨーロッパ諸国による植民地開発状況と切り離して検討することはできないのだ」（本書八〇頁）という一文においてのみである。わたしの勝手な判断であるのかもしれないが、この部分、サローは思わず筆が滑り、「フランス植民地主義」（colonialisme français）という表現を使ってしまったのではないかと思われる。実際、その同じ文章中で「ヨーロッパ諸国による植民地開発状況」と言っているのであり、ここで「フランス植民地主義」という表現を使う特段の必要性はない。「フランスの植民地事業」（colonisation française）、あるいは「フランスの植民地開発」（développement colonial français）と言い換えても何の問題もないことを鑑みると、サローのちょっとした不注意による勇み足の観がある。いずれにせよ、フランス植民地事業を論ずる本書中で「植民地主義」という表現が一度しか用いられていない事実はそれなりに意味があることである。サローは、この語が植民地事業に反対である人々が多用するものであることを十分に知った上で、この語の使用を避けているのだと考えられる。

2. フランスの植民地統治＝利他主義に基づくという主張

本書中でサローはわたしが「利他精神」、または「利他主義」と訳したaltruismeという言葉、またその派生語である「利他主義者」（altruiste）という言葉を数度にわたって使っている。たとえば、サローによればフランス人の基本的性格は「利他主義者ということ」（本書一三二頁）である。また、現在（サローの執筆時）の植民地支配は「その根本において高度な利他精神、つまり人類の連帯という確固たる信念に基づいて」（本書一六三頁）なされているという。ただし、サローはこの利他精神に基づく植民地支配という境地に達するまでに「長い時間をかけ、熟慮を重ねてきた」と言い、植民地支配の当初にあっては「人間がもつ尊厳への考慮が欠けていた」ことを認めている。植民地支配における「利他精神」、こういった考え方、言い換えると肌の色や髪の毛の様態は言うまでもなく、社会制度や文化がフランスのものといかに異なっていようとも、人間としては同じなのであって、そのことを認めた上で、それぞれの社会や文化が各々の考えるところを基盤に自己同一性（アイデンティティ）を発揮し、各々の進路を進めばよい、それを助けるのが植民地統治のあり方であるという考え方にたどり着くのは大戦（第一次）後のことである。たとえば、西アフリカ諸社会の民族誌学の研究者であり、植民地行政のあり方について行政官に助言する人でもあったモーリス・ドラフォスは「自分自身に正直であろうとするなら、われわれを植民者としてアフリカに向かわせたのは利他主義の精神などによるものではなかったことを認めざるを得ない」と記している。宗教伝道者は別として、われわれフランス人がアフリカに赴いたのは自分たちが権威者であることを認めさせるためであったというのである。具体的に言えば、フランス産品の捌け口としての植民地であり、同時に一次資源の獲得地としての植民地であった。

また、他国が進出するより先にその地を征服したいという欲望、あるいは国家と自分自身に栄光をもたらしたいという名誉欲に基づく行為であった。いずれにせよ、その地に暮らす人々の幸福増進に寄与したいという「理性的、かつ真実の意志」など「みじんも」なかったというのである(Delafosse 1921: 146)。

やや胡乱《うろん》、かつ分かり切ったことをもち出すようだが、辞書的な解釈をすれば利他主義とは、すなわち他者の幸福を第一に考えて行動することである。ドラフォスもサローもフランスが植民地開発に乗り出した当初、その行動のありようは到底「利他主義」に基づくものではなかったと認めているわけである。その一方で、サローはフランス人の基本的性格は利他主義者であることとし、本書執筆時のフランス植民地統治のありようは高度な利他精神に基づくものであると断言している。個人間の関係という次元において、他者に善であろうとする行為がその他者にとっては迷惑であるということ、これはわたしたちの日常生活においてしばしば起こることである。善意の押し付け、それは押し付けられる方にとっては甚だ迷惑なことである。それが個々人間の関係をはるかに超えて、社会間の関係という次元で、ある社会に対して善であろうとする行為がその対象社会の人々にとっては大変な迷惑、つまり社会としての自己実現を害するものになるということも当然起こり得る。その意味で、サローがフランスの植民地統治のあり方としての利他主義にいささかの疑問ももっていないらしいことは大いに気がかりな点であるが、そういったやや形而上的な思惟はひとまず措くとして、現実的に見て、サローの本書執筆時において、フランスの植民地統治は利他主義に基づいたものなどと本当に言える状況であったのだろうか。

一九三一年、植民地博覧会開催を記念して『八世紀に及ぶフランス植民地とフランス人の生活』と題する本が出版されている。序文を書いた人も含めると八人の専門家が各章を執筆し、フランスによる植民地化の当初の時期から現在（一九三一年）までの活動とフランス本土の人々の生活のあり方を総覧する内容である（Deschamps *et al.* 1931）。その最後の章では一八七九年以降のフランス植民地活動についてまとめられている。執筆者は西アフリカでのフランス植民地教育史に詳しく、一時期は植民地学校の校長をも務めたジョルジュ・アルディである。このアルディが執筆した、いわば当時の現代フランス植民地と本国人の生活に関わる四九頁に及ぶ章を見ると、確かに当初の「同化主義」政策、つまりフランス本土の各種の行政機構をそのまま植民地に植え付けようとする政策から「協同主義」政策、つまり植民地現地の諸制度がフランス本土人の目からすればいかに異様に見えようとも、それは現地の人々が彼らの歴史の中で育て上げたものであって、それを尊重しつつ、植民地現地人と協調しての社会開発を目指すものに変わったことが強調されてはいるが、サローが何度も言及しているような「利他主義」という言葉を目にすることはない。そこで目に付くのは、植民地がフランス本土にもたらす益が強調されていることなのである。アルディによれば、植民地産品が突然、本土にもたらされないような事態が起これば、「フランスはその基本的なありようを失い、想像もつかないほどの貧窮、素朴な生活に落ち込むであろう」（ibid., p. 227）という。コーヒー、紅茶、各種香辛料、砂糖を筆頭に、食品については各種の食用油からコメや熱帯産果物など、フランス人一般の日常生活に必需品となっているものの多くが失われる。マホガニーなどの建築や家具用の木材、それに鉄道線路用の枕木材が不足する。リン鉱石、ゴムも必需品だがそれらが失われる。銀行業も植民地金融に依存する部分が大きいがそれが失われることになる。また、アルディは正しくも指摘しているが、科学の領域を見ても海洋学、鉱物学、地質学、植物学、動物学、生物学、医学、農学、人類学などの領域において、それぞれの学問は植民地経営により大きな発展を見せたのである。植民地を舞台にした植民地文学というものも多くのフランス人を楽しませたのだ。アルディは植民地文学についてピエール・ロチの名を挙げる一方、一九二一年にゴンクール賞を受賞したルネ・マランの名を挙げてはいない。マランが黒人であることに関連しているのだろうか。ともかく、アルディが言う通り、二〇世紀に入って三〇年になるフランスにおいて、植民地産品なしの生活はもはや想像することすら難しい状況になっていたし、フランス産品の捌け口としての植民地も絶対の必要であった。その点についてはサロー自身が本書中で言及している通りである。サローが言う「利他主義」とフランスが得ていた「利己」益とはどれほど平衡がとれていたのだろうか。

ただし、植民地統治に関して、サローの時代になって突然に利他主義という言葉が現れてきたわけではないことは一応、注意しておく必要があろう。サローの著書において、利他主義という言葉と並んで、「連帯（solidarité）」という言葉が時に応じて用いられていることに注目する必要がある。最も典型的と思われるのはサローがフランス人の基本的性格としての利他主義についての論じている部分での連帯への言及であり、サローはフランス人の精髄としての普遍志向を述べ、それが利他主義、そして世界のすべての人々の間での助け合い、つまり連帯へと結びつくことを述べている。この連帯について、政治領域における連帯という概念は人民統治の基盤にあるべき政治的合理性であって、それは結果として連帯が生まれるというのではなく、それがなければ統治はうまくはいかないという必要条件であり、その概念はフランス本国の政治領域で一九世紀の間に醸成されたものであることが指摘されている（Wilder 1999）。植民地統治における利他主義にせよ、連帯にせよ、本国での統治においてすでに長い歴史的背景があって、サローは言及しているのである。根拠もなく、サローが突然、もち出した概念などではない。

3．強制労働について

先の節で述べたことを理解した上で述べると、植民地経営における利他主義の実質性の有無に関しては、もう一つの問題がある。植民地現地における労働徴発、言い換えると強制労働の問題である。サローは森を切り開き、鉄道を敷設し、道路を建設する仕事が現地人にとって重労働であったことを認め（本書一九〇頁）、また、人々が村から遠く離れた土地で働かなくてもよいように、また子どもが働かせられることのないように配慮したとわざわざ記している（本書一九二頁）。その上で、植民地における「強制労働」を非難する人がいるが、強制労働などさせてはいないと断言している。

しかし、この点についても相当の疑問が残るのである。植民地での行政官を長く務め、一時期、植民地学校の校長をも務めたロベール・ドラヴィニェットの著書中に、植民地博覧会開催に合わせて一九三一年に発表された公式統計が記されている。そこでドラヴィニェットは植民地での道路、鉄道、港などの建設のためには当初から現地人が使われたことを述べ、労働は強制的に現地人に課されたことを記している。一九二一年から一九三〇年に至る一〇年間にコートディヴォワール植民地だけで八万四一〇七人が村から五〇〇キロほども離れた土地で働かせられたという。他の仕事に従事させられた人も合わせると一九二〇年から一九三〇年に至る間に一八万九〇〇〇人が働かせられている。「最も元気に満ちた、総人口の二〇分の一の若者が家族から引き離され、結婚もできず、自分の畑での仕事もできない状態」で働かせられたと記している（Delavignette 1950: 113. なお、この本はもともと一九三九年に *Les vrais chefs de l'Empire*, Paris: Gallimard, 1939 として発行されたのだが、それはフランス軍部の指示により一部手が加えられ、書名を *Service africain* として一九四七年に発行され、それをもとに英訳し、一九五〇年にロンドンで発行されたものである。なお、*Service africain* は第二次世界大戦中のドイツ占領下のフランスでは発禁処分を受けている。また、Meynier 1990 も参照）。ドラヴィニェットはコートディヴォワール植民地での強制労働を告発した総督が本国に召還された上、免職されたことを記している。一九三七年に至って、つまりサローの著書発行から六年が過ぎた時点で、健康な成人男性は一年のうち畑仕事が空いている時期に一〇日間、労働に従事せねばならず、労働現場が居住地から五キロ以上離れている場合は食事は行政府の負担とするという改正がなされたが、年に一〇日という期間が守られることはなく、居住地から五キロ以内という制限は居住地から徒歩で五日以内の距離に変えられたという。

サローは強制労働はあらゆる見地からして不当だと認めつつ、「まずは生きよ。哲学は二の次だ」というやや場違いの観のあるラテン語の諺をもち出して、あたかも強制労働は植民地現地の人にとって「食う」ための一つの手段であるかのように記している。実際、腹を空かしている人にはまず食べさせる必要があるとして、「これはある種の必要悪である」（本書一九五頁。ただし、原文 il faudra y amener l'indigène［原著一三九頁］を厳密に直訳すると、〝原住民をその仕事に連れていく［その仕事に従事させる］必要があろう〟となる）と述べているが、いかにも言い逃れの観を免れない。ともあれ、道路や鉄道、港の建設がいずれは植民地現地の人々に大いに役立ち、またサローが述べているように遠く離れた地に住む人々の間での交流を促し、それが社会変容を促すことにつながるのは間違いない。しかし、それは道路や鉄道、港の建設が結果的にそうなるということであって、フランス植民地行政当局が企図したのは各地で生産されたものを円滑に運び出し、フランス本土向けに送り出すために是非とも必要であったというのが偽りないところだろう。

ちなみに、サロー自身が彼の前著の中で述べているのだが、コートディヴォワール植民地において内陸部で生産された四二〇〇トンの穀物を港に運ぶために一二万五〇〇〇人×二五〇万日分の労働が必要であったという。しかも、船を待つ間、港に留め置いたために腐敗などで廃棄する他ないという場合が多くあったというのである（Sarraut 1923: 60）。

サローが本書を執筆した一九三一年とはアメリカ発の金融大恐慌の影響がヨーロッパにも押し寄せ、その影響は当然ながらヨーロッパ諸国の植民地にも及んだ年である。フランス領植民地の西アフリカにおいても住民への重税と畑での強制労働はむしろ強化されていたのだ（Cf. Wilder 1999: 45–49）。

もう一つ、付け加えておくと、大戦（第一次）後の国際労働機関（英語でＩＬＯ、フランス語ではＢＩＴ）においては植民地における強制労働についての議論が盛んになされていた。一九三〇年六月一〇日から二八日までジュネーヴで開催された第一四回総会での主議題はまさに「強制労働」そのものであった。フランスからの代表団は五人で構成され、そこには西アフリカのセネガル植民地から初の黒人代議士に選ばれたブレーズ・ジャーニュやフランス労働総同盟の事務局長も参加していたのだが、フランスは強制労働禁止協約の採決にあたってはベルギー、ポルトガルと並んで棄権している（Cf. Fayet 1931: 213–231）。当時のフランスにとって、植民地における強制労働は今なお必要なことと認識されていたと考えざるを得まい。

四　ロスロップ・ストッダードへの「心酔」

さて、いささか気が重いことではあるのだが、この「序に代えて」の中でどうしても触れておかねばならないことがある。本書を一読するとすぐに気づくことの一つとして、サローはアメリカ人歴史著述家であるロスロップ・ストッダードの著書『白人の優越に対抗する有色人の上げ潮』(アメリカでの英語版原著の出版は一九二〇年。フランス語訳が出たのは一九二五年、パリ在のPayot社からである。フランス語訳のタイトルは *Le flot montant des peuples ae couleur contre la suprématie mondiale des blancs* であり、英語版の原タイトル *The Rising Tide of Color against White World-Supremacy* を直訳したものになっている。サローはフランス語訳を読んだと思われる)に強い影響を受け、ある部分ではストッダードにほとんど「心酔」せんばかりに同調していることが読み取れるという事実がある。この点は、やや大袈裟な言い方をすれば、ちょっとした謎のようにも思えることなのだが、政治家としてフランスの急進左派政党に属していたサロー、そのサローがなぜストッダードの言葉にこれほどまでに同調しているのだろうか。その点について少し考えてみる必要がある。そこで、まずは、サローがストッダードのどういった言葉に同調しているのか、ざっと見ておかなければならない。

ストッダードの著書『白人の優越に対抗する有色人の上げ潮』への言及が最初に現れるのは本書第二章の終わり部分である。この章でサローはフランスによる植民地化の過程を大まかに振り返る作業をしているのだが、その章を終えるにあたって、アジアの「小さな黄色人〝ジャップ〟ども」が大熊ロシアを倒したことをもってヨーロッパが真に驚愕したことを述べたのち、世界大戦という大破綻に突入してしまうことを述べている。ただ、それ以前の四世紀間に白人は地球上のほぼすべてを手中にするというほどの大成功をおさめたと言うのだが、そこで唐突にと言っていいような形でストッダードの著書を引き合いに出すのである。サローによれば、その著『白人の優越に対抗する有色人の上げ潮』は「偉大なアメリカ人著述家（un grand écrivain américain）」による「刮目すべき著書（très remarquable ouvrage）」であるという。サローの表現ではストッダードの著書には「ヨーロッパが内在的に有する優れた資質、それに基づいてヨーロッパ人が成し遂げた世界への勢力拡張が事細かに」（本書一二〇頁）記されているというのである。

その後のいくつかの章でサローはフランスが植民地事業を通して成し遂げたことを詳述しており、その間はストッダードへの言及はないが、第七章に至って「揺り戻しの大波」を語る部分から再びストッダードの名が現れる。エジプト人法律家ヤヒヤ・サーディクがヨーロッパ諸国の分裂状態を嘆き、この状態が続けばやがて世界は大きな破滅に向かうであろうという予言的な言葉を述べている部分がストッダードの著書から引用されている（本書二四七頁）。そうして、最後の章「白人の責務」に至るのだが、そこではストッダードの著書にはアメリカ人特有の思考法が反映されていることを認めつつも、「彼の思索は多くの資料を探索し、深い考察を重ねた上で得られたものであって、われわれに多くの示唆を与えるもの」とし、「真に傾聴に値する」（本書二八一−二八二頁）と言うのである。ストッダードは白人による植民地経営が有色人との衝突をもたらし、その衝突は白人にとっての脅威となることを述べている。ストッダードの言では、有色人が白人にもたらす最大の危険は「われわれ白人の経済的繁栄を脅かし、われわれの優越性を失わせるというにとどまらず、われら白人種の存在そのものに傷をつけ、われらが子孫の純粋性を汚し、白人種の存立そのものを脅かすということにある」という点にある。こういった考え方は国内に黒人を多く有するアメリカ人に特有のものであることをサローは強調している。同時に黄色人の流入を恐れるアメリカについて述べ、膨大な数の有色人の存在をストッダードが真剣に恐れていることを述べる（本書二八二－二八三頁）。サローはこれらストッダードの言葉を引用しているのであって、サロー自身がこのように考えているのか否か、この部分を読むだけでは判然としないものがあるのは確かである。しかし、経済的領域において白人がもつ権益を有色の人々が侵害する危険を論じている部分に関する限り、サローはストッダードの言葉を引用しつつ、そこに自分自身の考えを代弁させているのは間違いない。

このように、サローは本書を執筆する際、その要所要所において（一九三一年刊の原著二二二頁での表現では Dans l'ouvrage auquel je me suis maintes fois référé つまり、「わたしが何度も言及してきた著作」となっている）ストッダードの著書に示唆と影響を受けていることが分かるのである。ロスロップ・ストッダードとはどのような人物であったのか、検討しておく必要があろう。

ロスロップ・ストッダードという人物をその著作の内容からして歴史家として位置付けることには無理がある。サローがたびたび言及しているストッダードの主要著作である『白人の優越に対抗する有色人の上げ潮』やその二年後に刊行された『文明に対する反逆（*The Revolt against Civilization*）』などを一読するとすぐに頭に浮かぶ言葉は「優生学者」、さらには「白人至上主義者」という言葉である。アメリカの雑誌『ハースツ・インターナショナル（*Hearst's International*）』一九二三年一月号が暴露したところによると、ストッダードは特にアメリカ南部を中心に激しい黒人差別・襲撃をしたことで知られるクー・クラックス・クラン（Ku Klux Klan）のメンバーであるのみならず、同組織の思想的支柱であったというのである。ハースツ・インターナショナルの記事中にはストッダードがクー・クラックス・クラン宛てに出した手紙のコピーや、同組織幹部が組織員にストッダードの著書を読むよう要請している文書のコピーも示されているといい、記事の信憑性は担保されていると言っていいだろう（Yudell 2014: 42）。

『白人の優越に対抗する有色人の上げ潮』は一九一四年に始まった世界大戦を白人世界内での内戦としてとらえた上で、こうして白人同士が殺し合いをしたことが有色人（特に褐色人と黄色人）が勢力を増すことを助け、世界における白人の覇権を脅かすことになるのを憂えるという視線で執筆されている。この視線がサローの著書に通底しているのである。

ストッダードの著書に見られるもう一つの特質は、弱肉強食を当然とする考え方である。同書の第二章「黄色人の世界」の記述からその一つの例を見てみよう。

> 日本の北部、北海道には農耕に適した土地が多くあるが、その多くは未だに入植されていない。（……）中国にはさらに多くの入植可能地がある。モンゴルと中国領トルキスタンの多くは砂漠地帯ではあるがその広大な領域内には肥沃な土地が十分にあり、道路や鉄道が敷設されさえすれば数百万の中国人が暮らしていけるであろう。満州地域での中国による入植につ

いては、日本がそれを妨げようとはしているものの急速に進行している。そして、寒冷地ではあるが広大なチベット高原地域には多くの可能性がある。（Stoddard 1920: 44–45）

この文章は一見したところ開拓の可能性が残されている地域を挙げているに過ぎないように見えるかもしれないが、そうではない。空白地であるかのように見える土地にも暮らしている人々はいる。そういった少数者については一顧だにせず、強い者はそのような土地を開拓すべきだというのがストッダードの言であり、そこには弱肉強食の論理がおそらく、著者本人は気づかぬままに当然のこととして明示されている。

強者と言った場合、二つの観点がある。肉体的に強い者と知的・精神的に強い者である。ストッダードに言わせると白人は知的・精神的には強いが肉体的には黒人に劣る。それもはるかに劣り、このままではやがて黒人に数的に凌駕されるという。ストッダードの考えには白人以外の人種に対する偏見が顕著に見られるが、なかでも黒人に対する差別意識には驚くほどのものがある。三〇〇頁を超す彼の著書を通してストッダードが結論的に強調しているのは、白人世界は有色人によって脅かされているということである。先史時代からの長い歴史を経る中で、白人は人類社会の前面に躍り出、そうして人類社会で覇権を振るうにふさわしいものであることを証明したという。こういった言説はサローの著に何度も見られることを今から述べておこう。

白人は時間をかけて人類に共通する文明というものを築き上げてきた。約四世紀前に海洋に乗り出すという独自の機会を作り出し、地球各地に乗り出した。未踏の地に彼らの優れた血を残し、数の上でも、支配という観点からも他の誰にも負けることはない優秀さをみずからのものとしたのである。それからさらに三世紀後、白人はさらなる大きな前進をすることになる。それが一九世紀であり、それは新しい発見の世紀であった。今度は科学の王国への進出である。それまで知られていなかった自然のさまざまな力が発見され、想像を絶するエネルギー量が人類の益に供されるようになり、距離は短縮され、地球上の人類は白人という唯一の人種の覇権のもとに、普遍的な文明のもとに生きるようになったのである。

(ibid., p. 299–300)

このような文章を目にするとき、サローはストッダードに大きな影響を受けて執筆したのではないかと思わざるを得なくなる。

ただし、これに続いてストッダードが「かくのごとき目を見張るほど顕著な業績、それはひとえに優越した遺伝形質によるものであり、成し遂げられたものを維持するためには人種的な価値を絶対的に守らねばならない」(ibid., p. 300) といった言辞を弄するとき、サローは明らかに身を引いている。サローは日本人を「ジャップ」とあたかも戯れであるかのように記すかと思えば、アフリカ黒人について「一般に、アフリカ黒人は怠惰で鈍間《のろま》、その上ものぐさで将来に備えて行動することも知らない。こちらの大木の陰に座り込み、おしゃべりに何時間も過ごすかと思えば、あちらの木の陰で寝転ぶという具合。歌うかと思えば踊り、キセルに火をつけ、疲れたら眠るという次第である」（本書一九四頁）と述べる。また、「これらの人々はわずか五〇年前、いや三〇年前まで野蛮というしかない社会に暮らしていたのである。そこでは生きた人間が犠牲に供されたり、人肉食までおこなわれていたのだ。こういった人々は長い、長い間に及ぶ闇の時代を生き、その中で形作られてしまった精神の堕落の中にいたのだ。そこにわれわれがやって来たというわけである」（本書二二三頁）といった文章でフランス人、ないしは白人に課せられた文明化への「責務」を強調してみせたりもしている。しかし、その黒人について「黒人は、少なくともこれまでのところは「後れたる兄弟」であった。しかし、だからといって優秀なる人種は劣った人種とは当然別扱いされるべきものだと、黒人を前にしたヨーロッパ人はそれがあたかも教義であるかのごとく頑《かたく》なに言い続けるべきであろうか。このような教義を口にするのはアングロ・サクソン人特有のものであるかもしれない。われわれフランス人はそのような教義を認めるものではない」（本書三二九頁）とじつにはっきりと断言しているのである。黒人について「後れた」と言いつつも「兄弟」と明言している点、これはストッダードに見られた人種区別観とは質的に異なる。われわれ白人自身と、その質において変わるところはないとはっきり言っている。その点に関してはサローの前著中においても明確に述べられており、彼自身の言葉を記すと、「人間の尊厳、その能力は肌の色の濃さの違いなどに左右されるものではない。個々人がもつ心のあり様（la valeur de conscience）、その人がもつ人としての徳のあり方による」（Sarraut 1923: 100）と明言しているのである。

サローは本書中で何度もフランスによる植民地事業の精髄について論じているが、それは利他主義にあると言い、また博愛の精神こそがフランス植民地事業の根幹にあると言っている。また、連帯という言葉を本書中でわれわれは何度目にすることか。サローは明言している。「わがフランスの統治原理として公言し得る唯一のもの、それは「植民地事業、それは人間としての連帯に関わるものだ」ということ、これのみである」（本書一六五頁）。サローは彼の前著においても明言しているのだが、植民地と本国との関係は主従のそれではなく家族の結びつきとしての連帯だ（ibid., p. 113）というのである。では、本書中でサローが考えている連帯とは何か。「それは自然環境の違いに起因するさまざまな困難を乗り越える努力を惜しまず、世界の人々が等しく進歩の果実を味わい、物質的、精神的に豊かな生活を享受し得るようにし、もってより良き生を全うできるようにする、これである。植民地化とはこれをもって偉大な事業になるのであり、それなしには正当化し得ないものなのだ」（本書一六五頁）。そう述べた上で、次のように断言している。「こういった他文明の過去の栄光を前にして、そして日本という国が今現在われわれの眼前に示している輝きを前にして、それでもなおヨーロッパ人は劣った人種というものがあるのだと口にし、肌色にまつわる偏見を意固地なほどにもち続け、彼らを貶めようとするのであろうか」（本書三二九頁）。

サローという人がストッダードのような優生学を云々《うんぬん》する人とは決定的な次元で考えを異にしているのは明らかである。

ストッダードは優秀な人種と劣った人種間での血の混じり合いは何としても避けねばならないと考えている。優秀なる人種というものは長い時間をかけて、同種の人々の間での血の混じり合いを重ねることで、現在ある優秀な人間になったのであって、そこに劣った人種の血が混じると、その（劣った質の）血はやはり長い時間の経過の中で多数派となり、そうして数の上で優勢であるがゆえに、必ず（少数派である）優秀なる血を打ち負かし、劣った質のものに変化せしめるという。優秀なる人と劣った人との間での混交によって生まれる子どもは必ず劣った質の方を受け継ぐというのである（Stoddard 1920: eg. pp. 300–303）。ストッダードはじつにはっきりと述べている。「われわれは今や知っている。人間は（その程度において）決して皆同じではないし、将来もそれは同様である」（ibid., p. 306）。

ストッダードは白人を至上の位置に置いた上で、白人の優秀なる血を守ることとの絶対的重要性を述べるのだが、先述した彼の著書である『文明に対する反逆』（この著には副題としてThe Menace of Under Manつまり、「劣等人の脅威」という真に怖気《おぞけ》立つような言葉が並んでいる）は、白人という同一人種の中にも優秀な人と劣った人の群れとがあり、ロシア革命はその劣った人々による反逆であり、その影響はロシアのみならず、世界の優秀文明を脅かすものとして位置付けるものになっているのである。

ややくどくなるかもしれないが、次のような「奇妙な」事実もある。サローが本書中で「ガブリエル・アノトー氏の見事な著書」として言及し、その冒頭部の文章を引用してもいる著書『フランス植民地帝国（*L'empire colonial français*）』は、実際はG・アノトーだけの単著ではなく、それぞれの専門領域の二五人の著者が共同執筆したものであることを訳註5に記した。この著書の中に「原住民政策（La politique indigène）」という一章がある。この章の執筆者ガブリエル・ド・ジュベールという人は初期のフランス植民地政策としての「同化」を批判しながら、それが現実には何かと言えば顔を出すことを述べている（De Joubert 1929: 153）。その上で、協同主義とも言われる「原住民政策」について結論的にこう言っている。ド・ジュベールによれば、さまざまに異なった人民（植民地原住民）の進歩の度合い、その社会の様態に応じて、進歩をどのように実現するか原住民にも分かるように実施すること、その際、権威主義的に規範を押し付けたりすることがないようにするという。権威主義の押し付け、そのようなやり方はわれわれフランスの「寛大な」やり方に反するものだというのである（ibid., p. 156）。その上で、ド・ジュベールは「われわれフランス人は何か特別な役割を果たしているとか、神から託された使命を果たしている」（ibid., p. 157）などとは考えていないという。そうして、ロスロップ・ストッダードの著書『有色人の上げ潮』を引き合いに出し、アメリカ的考え方を批判しているのである。ストッダードの著書には「白人は有色人に対抗すべきであると焚《た》きつけ、そうすることこそが文明を守るための方策である」ことが論を尽くして記されており、その著を注意深く読めば、ヨーロッパの北方人、アングロ・サクソン系あるいはスカンディナヴィア系白人は「特権的にして、神に選ばれた人種であり、その他のすべての人種の人々は第二級人である」と書かれている（ibid., p. 157）として手厳しい批判をしているのである。ド・ジュベールはフランス人はこういった考え方をしないとし、時にはパリでも誤った考えをもつ人がいるのは事実であるものの、「植民地においてこのような人種偏見、ある種の人種の人々への侮蔑感をもっている人はいない」（ibid., p. 157）と明言している。

　サローはド・ジュベールが言うフランス人とアングロ・サクソン系人との考え方の違いを一方では受け継ぎながら、ストッダードという著者を称賛もするという矛盾を見せている。では、サローという人はアングロ・サクソン系人とは異なるものの、その根本においては一九世紀のフランスで一般的であった人種主義者ではあったと言うべきであろうか。一九世紀的人種概念というのは人の生理的な特徴、たとえば肌の色であり、目鼻や唇の形と、人の「質」、さらにはそれらの人々によって作られた文化の「質」までもを連関させて論じようとするものである（この点に関してはAlain Ruscioがその著書［2002］中で数多くの事例をもとに文字通り余すところなく記している）。その人種概念に照らしてみた場合、サローは一九世紀的人種主義者とまでは言えないと思う。サローが本書中で他の人種の人々との「連帯」ということを頻繁に述べていることを想起すべきである。一九世紀的人種主義者にとって、白人と異人種間での「連帯」は最も忌避すべきことであったはずである。ただ、サローはフランスが植民地化した地に暮らす人々の「後れた」状態については何度も述べている。そういった文章を読むフランス人一般読者は、自分たちの文明は「後れ

た」状態にある人々のそれにはるかに勝るものであり、であるならば、その「後れた」人々には
フランス文明をもたらすという恩恵を施す必要があると必然的に思うであろう。植民地化という
事業はフランス人にとってまごうかたなき善なのである。この文明の程度の違いという考え方、
それは人種的な違いという考えに結びつきやすいのも事実ではないだろうか。サローは本書中で
何度もヨーロッパ文化の至高性、白人文明の精髄について強調し、それを植民地の人々にもたら
すべきだと述べている。彼が言う文明の程度の違いという考え方には、それを人種の違いに起因
すると根拠づける危険が確かに潜んでいる。その意味では、サローは一九世紀的人種主義とは立
場を異にしつつも、しかし人種主義者の一人ではあったと言うべきであろう。

本書中、特に最終章においてサローはヨーロッパが生んだ子とも言えるアメリカが自己本位的
な振る舞いをすることに不満を示し、ストッダードの考え方は特殊にアメリカ的であると述べて
いる。さらには、「アングロ・サクソン人の特質として、論理的であるというのは彼らの最大の
長所などとは到底言えないことはわたしもよく理解している」（本書三〇七頁）と、ほとんど罵倒
に近いようなことまで記しながら、ストッダードの白人至上主義があからさまに表れている著書
に強い肩入れをする姿勢は、大袈裟に言えばやや入り組んだミステリーであるようにさえ思える
のである。

五、植民地開発のジレンマ

この「序に代えて」を終えるにあたって、サロー が本書中で披歴している植民地化に伴うジレンマについて触れておきたい。植民地化により、現地住民に施す教育、そして現地の開発、そういったものが植民地を解体に向かわせる力になるというジレンマである。

本書中でサロー自身が述べていることだが、ヨーロッパは、いやヨーロッパだけが何世紀もの時間をかけて、発明・発見を成し、思考を重ね、科学的探究を続け、結果として自然を馴致し、知の宝庫を形成し、技術を発展させ、そのお陰でそれ以前に比べれば何十倍、いや何百倍ものスピードと効率の良さをもって生産できるようになった。かくして、あふれんばかりに生産されたものはその販路を求める。そして、これからがサローの発言として重要なのだが、ヨーロッパは販路拡大のために軍事力をもって国外に進出し、そのお陰で経済が発展するが、そのためには植民地現地における政治面での拡大が必須事項だという。ここで言われている政治面での拡大とは植民地現地における社会の安定ということである。そして、サローは言う。「政治面での拡大は現地民の精神的、知的な発展、進歩なしには不可能である」(本書二三三頁)。換言すれば、植民地現地民への教育体制の確立、その拡充こそ、植民地現地の政治面、経済面での発展、ひいてはフランス本国の経済発展に必須のことだと言っている。

サローは植民地現地における現地民への教育について、これこそがフランスが成し遂げた最も高貴にして、最も称賛に値するものであると述べている。教育によって現地民の知的な能力開発をすること、それはその地における他の事業、たとえば保健衛生や公共設備建設などあらゆる領域での開発に寄与するものであることを述べている。しかし、そう述べた後で、学校教育というものは分析的精神、批判的精神を涵養するものでもあり、学校教育で批判的精神を身につけた人々は宗主国の言語で書かれた新聞や書籍を読んでさらに知識を増し、その知識を植民地政府のあり方に対する批判の刃《やいば》として活用する、と述べている（本書二五二－二五三頁）。つまり、現地民への教育は植民地事業の最も重要な仕事である反面、まさにその仕事そのものが自分たちがしていることへの反抗者を生むものになるという悩ましい現象について述べているのである。この点は、じつのところ一九世紀末の時点ですでに指摘されていたことであった。一八八九年、パリで開催された各地のフランス領植民地の行政官会議において、当時、世界のさまざまな地域を旅行し該博な知識を有する異色の心理学者、社会学者として知られていたギュスターヴ・ル・ボンは、イギリス領インドにおいてイギリスが教育によりエリート養成をした結果、そのエリートたちが反イギリスの思想を抱くようになり、植民地支配に反抗したこと、それと同様にフランス領植民地においても現地民に西洋的教育を施した結果はどうなるかといった趣旨の講演をしているのである（Cohen 1971: 40）。

サロー自身もその前著において、植民地における教育が衛生領域や経済領域、さらに軍事領域についても非常に重要であることを強調しているが、その中で中途半端なエリートを養成し、彼らにそれ以上の高等教育を与えないといった政策をとると、それらの人々は他の国の教育機関に赴き、そこで高等教育を受けたことに恩義を感じる一方で、フランスに対しては敵意をもつようになる危険があることを述べている（Sarraut 1923: 95–101）。

結局のところ、植民地における教育は最も重要なことであり、それは高等教育についても言えることなのである。しかし、高等教育を施せば、エリートたちはいずれは宗主国の支配下に置かれていることに反発するようになる。これは、植民地事業に伴う解決不能なアポリアと言うべきものなのだろうか。サローは自分たちが現地人に施した教育は正しいものであったのかを自問しているように見える。この問いは反語的に「いや、もしかするとわれわれはそのような教育を施すべきではなかったのかもしれない」といった答えを期待してのものであるかのようである。しかし、敢えて現在の時点でその問いに答えるとすれば、それは言うまでもなく「正しかった」のである。アポリアなどでは全くない。そこには植民地化という事業がもつ根本的な矛盾が潜んでいる。優れた植民地統治を実行すれば、植民地は消える。このことは、その後の歴史が教えるところでもあって、矛盾解決のためには脱植民地化する以外にないという結論に至っていることを歴史は教えている。

このように考えてみると、二一世紀を迎えた現在においてもフランスが海外領土、海外県という形で「植民地」を維持し続けていることには奇妙な観を覚えざるを得ないものがあるのも事実である。そのことを記した上で、いよいよサローの著書を読もう。

参考文献

小川了著、『第一次大戦と西アフリカ――フランスに命を捧げた黒人部隊「セネガル歩兵」』、刀水書房、二〇一五年。

平野千果子著、『フランス植民地主義と歴史認識』、岩波書店、二〇一四年。

藤永茂著、『『闇の奥』の奥――コンラッド・植民地主義・アフリカの重荷』、三交社、二〇〇六年。

水野一晴・永原陽子編著、『ナミビアを知るための53章』、明石書店、二〇一六年。

柳沢史明著、『〈ニグロ芸術〉の思想文化史――フランス美術界からネグリチュードへ』、水声社、二〇一八年。

柳沢史明・吉澤英樹・江島泰子編著、『混沌の共和国――「文明化の使命」の時代における渡世のディスクール』、ナカニシヤ出版、二〇一九年。

Ageron, Charles-Robert, 'L'Exposition coloniale de 1931. Mythe républicain ou mythe impérial?, In Pierre Nora (sous la direction de) *Les Lieux de mémoire*, Paris: Gallimard, 1997, pp. 493–515.

Angoulvant, G., *La pacification de la Côte d'Ivoire 1908–1915*, Paris: Emile Larose, 1916.

Boilat, David, *Esquisses sénégalaises*, Paris: Karthala, 1984 [1853].

Bouche, Denise, 'Quatorze millions de Français dans la Fédération de l'Afrique occidentale française?', *Revue Française d'Histoire d'outre-mer*, Vol. 69, No. 255, 1982, pp. 97–113.

Cohen, William B., *Rulers of Empire. The French Colonial Service in Africa*, Stanford: Hoover Institution Press, Stanford University, 1971.

Cooper, Nicola, 'Introduction', In Albert Sarraut, *Grandeur et servitude coloniales*, Paris: L'Harmattan, 2012, pp. vii–xlii.

Delafosse, Maurice, 'Sur l'orientation nouvelle de la politique indigène dans l'Afrique noire', *Renseignements coloniaux et Documents*, 1921, No. 6, pp. 145–152.

Delavignette, Robert, *Freedom and Authority in French West Africa*, London: Oxford University Press, 1950.

De Joubert, Gabriel, 'La politique indigène', In *L'empire colonial français*, Paris: Plon, 1929, pp. 152–158.

Deschamps, Paul et Joannès Tramond, Maurice Besson, J. Ladreit de Lacharrière, André Reussner, Georges Hardy, Paul Roussier, Préface de Léon Bérard, *Les colonies et la vie française pendant huit siècles*, Paris: Firmin-Didot et Cie, 1931.

Dewitte, Philippe, *Les mouvements nègres en France 1919–1939*, Paris: L'Harmattan, 1985.

Docteur Calmette, 'La sauvegarde des races indigènes', In *L'empire colonial français*, Paris : Plon, 1929, pp. 143–151.

Fayet, Charles J.,*Travail et colonisation. Esclavage et travail obligatoire*, Paris: Librairie Générale de Droit et de Jurisprudence, 1931.

Général Duboc, *L'Épopée Coloniale en Afrique Occidentale Française*, Paris: Editions Edgar Malfère, 1938.

Meynier, Gilbert, 'Deuxième partie. La France coloniale de 1914 à 1931', In Thobie, Jacques et Gilbert Meynier/ Catherine Coquery-Vidrovitch/ Charles-Robert Ageron, *Histoire de la France coloniale 1914–1990*, Paris: Armand Colin, 1990, pp. 69–209.

Renan, Ernest, *La réforme intellectuelle et morale*, Paris: Michel Lévy Frères Editeurs, 1871.

Robiquet, Paul, *Discours et opinions de Jules Ferry*, Tome V, Discours sur la politique extérieure et coloniale (2e partie), Paris: Armand Colin, 1897.

Ruscio, Alain, *Le Credo de l'homme blanc*, Bruxelles: Editions Complexe, 2002.

Sarraut, Albert, *La mise en valeur des colonies françaises*, Paris: Payot, 1923.

Stoddard, Lothrop, *The Rising Tide of Color against White World-Supremacy*, Charles Scribner's Sons, 1920.

Stoddard, Lothrop, *The Revolt against Civilization: The Menace of Under Man*, Charles Scribner's Sons, 1922.

Wilder, Gary, 'The Politics of Failure: Historicising Popular Front Colonial Policy in French West Africa', In *French Colonial Empire and the Popular Front*, Tony Chafer and Amanda Sackur (eds.), London: MacMillan Press, Ltd., 1999, pp. 33–55.

Winock, Michel, *Clemenceau*, Paris: Perrin, 2007.

Yudell, Michael, *Race Unmasked: Biology and Race in the Twentieth Century*, Columbia University Press, 2014.

1914年、インドシナ植民地連邦総督としてカンボジアのアンコールワットを訪れるアルベール・サロー（左端の人物）　写真提供：Getty Images

植民地の偉大さと隷従

第一章　問題の所在

偶然というものはなかなか不思議であり、かつまた巧妙な助言をわれわれに与えてくれもするものだ。今、わたしの眼の前に広げられている新聞の面に並ぶ二つの記事、一つは「パリ国際植民地博覧会」という見出し、そしてもう一つは「ヨーロッパ国家連邦の創設か」というもの、これら二つの記事は一見したところ互いに何ら関わりをもつとは思われないかもしれない。しかし、少し見方を変えてみると、これら二つの記事には互いの間に関連があるとも思えてくる。いや実際、確かにこの二つには関連があるのだ。これら二つの記事で述べられていることがどのような関わり合いをもち、その関連の中で双方がどのような一つの構図を織り成しているか。その構図こそはわたしがこれまで何度も熟考してきた構想を具現し、それをより強めるものであるかのように思われる。

多くの読者からすれば、これら二つの記事が並んでいるからといって特段の感慨を覚えるというわけではないかもしれない。しかし、これほど意味深いことはそうそうあるものではない。この二つは一方が命題、他方はその結論という関係にある。これらの記事を前にして、わたしにはヴィクトル・ユゴーが言ったあの言葉が思い出される。「一方は他方を殺すことになるのか、それとも互いに助け合うことになるのか」という言葉である。長く、かつ栄光ある歴史をもつヨーロッパ、そのヨーロッパはみずからの内に抱える不協和音を今後さらに悪化させることになるのか、それともヨーロッパ精神の不朽の真髄を発揮し、皆が待ちわびている一つの連邦体制にまとまった上で、ヨーロッパがもつ他に比するもののない文明と、世界各地に広げた植民地を支えに作り上げた力、及び威信を守り抜くことができるのか。問題はそこにある。

要するに、われわれは今それほどまでに重大な事態に直面しているということだ。ことはヨーロッパの物心両面の運命に関わっている。ヨーロッパは生き延びられるか、あるいは衰退に向かうのか。世界各地での植民地事業を漸進的に推し進め、今やその存在なしにはみずからの生存そのものまでが危ぶまれる状況にあるという意味で完全なる隷従状態[1]にあるヨーロッパ、そのヨーロッパは大戦〔第一次世界大戦のことである。本書公刊は第二次世界大戦の前であるから第一次と断る必要はない〕によりずたずたになった各国間の絆を何とか立て直し、ヨーロッパ精神というものを発揮した上で「植民地という創造物」が及ぼす影響力とその構造とを守り抜かない限り、やがて死に至るかもしれないのだ。ここでわたしが口にした「植民地という創造物」、その歴史とそれが達成し得た成果とを壮大な規模で展示している場、それこそがパリ、ヴァンセンヌの森を舞台に開催されている国際植民地博覧会なのである。

本書が目的とするところ、それはまさしく上に述べたことを詳しく説明することにある。ヨーロッパ文明の魂、そのヨーロッパ文明が豊かに受胎し受け継いできたものの遺産、そして今後のヨーロッパの命運、それらが今まさにヨーロッパ自身が成し遂げた偉大な事業の結果として皮肉にも生まれた出た二重の危機に直面している。ヨーロッパがその創造的、かつ革新的な力に満ち、秩序だった才能を輝かせ始めた当初から、そしてとりわけヨーロッパが海洋に乗り出し、地球の全貌を明らかにし始めたあの目覚ましい世紀以降、この地球の重心とも言えるわれわれ白人種によって構成されるヨーロッパは地球全体の運命の流れを変えた。ところが、まさにヨーロッパが成し遂げた革新そのものが、それを生み出した精神と力の源に向かって対峙し、対抗しようとする動き、しかも世界次元での動きを生んでいるのである。いわば大波の揺り戻し、文明の逆流であり、ヨーロッパによって秩序づけられ、力を与えられたエネルギーそのものがヨーロッパに向かって反撃しようとしているのだ。

ヨーロッパの精髄、そしてその力は政治的、経済的、知的に拡大するダイナミズムによって二つの異なったタイプの植民地を生んだ。これら二つのタイプの植民地は、各々がもつ巨大な歯車を今まさにかみ合わせている。その様子はまさに万力が二つの口金で締め付けるかのようにヨーロッパを締め付けているのである。

強力に締め付ける二つの口金の一方の側、それはアメリカである。アメリカこそヨーロッパが生み出した最高傑作、ヨーロッパが世界の処々に生み出した子どもの中でも最高の出来のものである。アメリカはヨーロッパの血そのものから生まれた子である。ヨーロッパのさまざまな人々の内に流れる血、血の中の血球、彼らの能力、彼らの本能、彼らの反射神経、そういったものが見事なまでに融合してアメリカは生成してきた。近年、北アメリカが目を見張るほどの勢力として登場してきたこと、その裏にはヨーロッパ人の生命力と勤勉の力がある。ヨーロッパの創造力、ヨーロッパの科学がアメリカに発想と発見、そして驚異の技術力を与え、それを基盤に若きアメリカは強い創意と野望によって当初の何倍もの力をもつものになった。若きアメリカは生徒が教師の示す小さな図式を拡大図の技法にのっとり何倍にも大きくして見せるかのように、古き大陸ヨーロッパの思想、発想を何倍も大きな巨大な図形に育て上げた。アメリカの自然、人々の歴史が才能の開花に一役買ったという面もある。つまり、大西洋と太平洋という二つの大洋に保護された大陸とも言うべき巨大な島嶼は外敵からの侵入を受けにくく、そのあふれるほどの自然の豊かさは費消されることもないまま保たれてきた。ヨーロッパが大戦により消耗、疲弊したのに対し、アメリカはそのヨーロッパの資産をもとに非常に短期間のうちに見事なほどの産業設備を完成させたのである。もとはと言えばヨーロッパ産のものである技術によって力をつけたアメリカは、今や古き大陸ヨーロッパを支配し、今度は自分たちがヨーロッパを植民地化しようと言わんばかりの勢いである。ヨーロッパの少数精鋭にして良質な人道主義とは違って、あくまでも量で勝負せんとする物質主義で対抗してこようとする。この点についてはジョルジュ・デュアメル氏の著書★1に余すところなく記されている通りである。

そして、ヨーロッパを締め付ける万力のもう一方の側の口金、それはもう数百年来ヨーロッパによって植民地化され、支配されてきた膨大な数の人々の反乱、いやむしろ蜂起の動きである。この人々はヨーロッパの文化、ヨーロッパ人の勤勉さ、その知識を学ぶ中で少しずつ目覚め、伝統の束縛をほどき、組織だった社会を形作るようになった。未だ形は明確にそれと断言するほどではないとはいえ、発酵は進み、独立に向かう意識をもつに至ったのである。大西洋地域から太平洋地域まで、大洋の島々、大陸のあちこちで山から上る狼煙《のろし》のようにそれらしい動きが見られるようになってすでに久しい。黒色人、黄色人、褐色人〔中近東などのアラブ人〕、要するにすべての有色人種、ヨーロッパ人が長い間をかけて情熱を傾けてきた人々の間にざわめきが感じられる。それは、注意深い人々の目にはすでに先の大戦以前から予兆として映じていたことであるが、大戦以降、その動きは拡大し続けている。わたしたちは過去一〇年ほどの間、現在の事態がもたらすことの重大性について注意を喚起してきた。そうしてきた人は数多くはなかった。それもあって、わたしたちの注意喚起がどれほどの人々の耳に届いたか、心もとないものがある。聞き入れてくれた人々についても「だからどうだというのだ」といった反応が多かったのも事実である。

★1 Georges Duhamel, *Scènes de la vie future*, Paris: Mercure de France, 1930

あのアルフレッド・ファーブル＝リュス氏（彼の著作のいくつかについてわたしは心から高い評価をしているのだが）にしてからが、最近の著作[☆2]において「西洋の没落という言葉が流行語のようにはびこっている」と言ってすましているのである。今にも噴火しそうな火山の上で気楽にワルツでも踊っているかのようではないか。ともかく、ヨーロッパは大戦後の疲弊に沈むあまり、ヨーロッパ文明の核心、言い換えるとヨーロッパ全体の運命を脅かすかもしれぬ危険に気づいていないかのようである。オリエント地域〔中近東地域〕、インド、そして極東アジア地域で見聞されるあれこれの動き、それは確かに見たくはないことかもしれない。しかし、これは現今の最も深刻な事態に関わるのである。今世紀〔二〇世紀〕最大の重大事態であり、ヨーロッパにとって、そして今やアメリカにとっても、喫緊の、心に重くのしかかり続ける状況と言うべきなのである。

この問題は、遡れば一五世紀から二〇世紀にかけてヨーロッパがその政治的、経済的、精神的な力を最大限に世界各地に広げたという事実そのものの中にすでに胚胎されていたことである。ヨーロッパが地球の広範な地域に白人種の覇権を広げていったという事実、それはヨーロッパ文明が内にもつ独自の力、ダイナミズムを広げていったということでもあるのだが、まさにその事実そのものが怠惰な眠りの中に日を送っていた植民地の人々の中に少しずつ意識の覚醒をもたらし、自分たちには何ができるかという感覚を目覚めさせ、支配者の優越を疑い、それとともに支配者のもつ特権への尊敬を失い、ついにはこれら無数の人々はヨーロッパ人がもたらした武器を手に、ヨーロッパ人が教え込んだ法律に基づく秩序ある生活に反旗を翻すようになったのである。

このように、いきなり結論めいたことを述べると面喰《めんく》らわれるかもしれない。しかし、わたしは意図してそうしているのだ。善をなそうとする人の寛大さに報いるに反乱をもってするとはいかなる所存か。問題はそこにある。ヨーロッパ人による植民地化、それはあらゆる植民地において豊かなる変革、創造的な主体性、生産的活動、そして富をもたらし、より良い生活を生み出す能力を付与するためのものではなかったというのか。それは広大な不毛の土地を肥沃な土地に変え、あらゆる形の富を最大化し、人類に益する資源を豊富に増やし、それらを流通させて、世界の人々に多大の利益をもたらすものではなかったのか。

ヨーロッパによる植民地化はまさに上に述べたことすべてを成し遂げた。それが実現した結果は間違いなく称賛されるべきものである。そのことについては本書の記述を通して徐々に明らかになろう。しかし他方で、因果関係について丹念に分析すれば見えてくることなのだが、植民地化という活動は文明化するという大前提に含まれるべき二つの活動を必ずしも万全には果たしてはこなかったという事実についても述べる必要が出てくるだろう。すなわち、文明化とは人類にとっての理想的事業、つまり物質的な富の増大と、それにも増して人間の精神的豊かさの発展を促す、言うなれば物心両面の豊かさに関わることである。当初の植民地事業は確かにヨーロッパ文化の伝統にのっとりそのようになされていたのだ。海のかなたの遠隔の地に、文明化という荷

☆2　Alfred Fabre-Luce, *A quoi rêve le monde*, Paris: Grasset, 1931

物の中に物質的な力のみならず、ピエール・ミルが言うところの精神力複合といったものを含ませて運んだのだ。しかしながら、状況がそうさせたと言うべきか、いやもっと率直に言えば当座の、すぐに目に見える満足を求めたがゆえに、植民地事業においては技術的側面が精神的側面に勝っていたと言わねばならない。つまり、精神に種を蒔《ま》くより、大地に種を蒔く方を優先してしまったのである。経済的利益を得ることを優先したがゆえに人間精神の発達についてはおろそかになった。植民地開発という大事業は大きな利益を上げた。がしかし、それは精神を欠く機械のような設備でしかなかったのだ。植民地の原住民は自分たちの意識を花開かせ、ヨーロッパ精神の寛大なる玉の露を受けたいと望んでいたにも拘らず、ヨーロッパ文明はみずからの優秀さを誇るあまり、厳密にして頑《かたく》な、鋼のように輝きもするがその一方で柔軟性、融通性、優しさに欠け、真情を吐露するところなく、精神や夢といったものを感じさせないものとして人々の目に映ったのである。その結果、有色人たちは幻滅し、機械のように容赦なく動く堅苦しさの前に跪《ひざまず》かされ、ついにはその軛《くびき》から解放される日を夢見るようになってしまったのである。外地から来た支配者たちがもつ秘密を奪い取り、それをみずからの力として自立のための梃子《てこ》とし、みずからがもつ富は自分たちのためだけのものにしようと考えるようになったのだ。

じつのところ、植民地事業に対するこの大きな揺り戻しの波、その兆候は大戦前から観察されていたことではある。しかし、ヨーロッパがその大戦を経験する中で、その動きははっきりした形で目に見えるようになり、事態は悪化した。ヨーロッパでの大戦の衝撃は地球上の各地に広がり、ヨーロッパはその内部的な一体性を失ったばかりか、世界を支配し、秩序づける基盤となる道徳的な支配に必要な威信というものも失った。有色人種を前にして、われわれ白人種は自分たち白人の利益が関わっているような状況においてはいつでも内部的な不和はひとまず脇に置き、まずはヨーロッパ人としての一体性を前面に出してきたものだ。しかし、今やわれわれは無残にも引き裂かれ、分断され、全体的な秩序を失い、それゆえに何世紀もの間保ってきた力を失い、弱体化した。大戦を経験し、われわれは活力ある労働層を失った。そして富は散逸し、世界一の工業地域という立場も失った。それ以上に、ヨーロッパ外の人々がヨーロッパ文明の精神的・道徳的価値に対して強烈な疑義を呈するようになったという事実がもつ意味は大きい。実際、われわれヨーロッパ人は自分たちこそ世界に優越する人種だと誇りながら、四年以上にもわたって残忍にも互いを殺し合ったのである。ヨーロッパの栄光は特にアジアにおいて甚だしく傷つけられた。過去においては、ヨーロッパの偉大さに対してアジアの頽廃と言われてきたものだ。ところが今や事態は逆だ。アジアはよみがえり、ヨーロッパは衰退に直面している。どうしてこのようになったのか。長い間続いたヨーロッパの支配、それはヨーロッパがみずからの内に備えた組織力のたまものだったのだが、いかなる状況のもとにそれは崩れていったのか。外部防衛壁への侵攻はすでに以前から始まってはいたが、その侵攻は今や壁の内側までも脅かすようになっている。現在、われわれは自分が住む家そのものの安全さえ保障されているとは言いがたい。ポール・ヴァレリー氏も言っている。「ヨーロッパはその優越性を保持し得るのか。ヨーロッパは地図上に見られる姿そのもの、つまりユーラシア大陸の端にちょこんと載せられた帽子に過ぎないものになるのか。あるいは、人々の目に映る姿、すなわち世界の中枢、真珠の輝き、巨大なる身体の頭脳として存在し続けられるのか[★3]」。

ヨーロッパは質において他に勝る存在であった。ところが、今やヨーロッパはその精神と身体の両面において量、あの膨大な数、あの巨大な塊、それに脅かされている。左にはアメリカ経済という巨大な塊、右にはアジアの膨大な数の人、というわけだ。これら両側面とも、もとはと言えばヨーロッパ自身がそれらを植民地化したことによって、今日に至って政治的、知的に自身を脅かす危機として降りかかってきているのである。

文明逆流の衝撃！　このことほど深刻に、かつ幅広く、われわれをして沈思黙考せしめる事態が他にあるだろうか。まずは率直に、真摯に、われわれの心の内に問いかけてみよう。しかし、それは内に閉じこもるためではなく、行動するため、つまりヨーロッパによる植民地化を救済する道、方策はいずこにあるのか、それを知るべく行動するためである。

本書の使命はそこにある。わたし個人の長い植民地経験から得られた考察、それを述べることになる。当然、わたしはわが国の国益、運命を考慮の中心において論ずることになるが、とはいえヨーロッパ文明全体を視野に入れて論ずるつもりである。要するに、分析の対象としてわたしはフランス植民地についてのみ論じようとするのではない。視野をフランス植民地だけに限定などしたら、問題の所在を読み誤ることになる。それはフランス自身のためにならないし、事態を混乱させる結果になるだろう。

実際のところ、フランスの植民地化事業はそれだけを単独に論じ得るものではそもそもないのである。それはヨーロッパ全体の拡大運動の一環をなすものであり、全体の中での一つの表現型なのであって、したがって孤立したものとして論ずるのではなく、全体と連動して動くものとしてとらえなければならない。ヨーロッパが外部への進出を始めるのは一六世紀の始まりと時を同じくするが、フランスも同時期からその動きに引き込まれるように植民地化の事業に乗り出し、偉大さと隷従を味わうようになるのである。ヨーロッパが地球の隅々にまで活動範囲を広げていくのに並行して、フランスもその道をたどった。部隊の進行にはつきもののことであるが、フランスの植民地事業には躓《つまず》きもあれば、障害もあった。現在もそれはある。フランスはその事業の過程で地球上のすべての大陸に足を踏み入れ、あらゆる人種と接してきた。あらゆる地域、あらゆる人種と接してきたがゆえに、その事実はフランス自体のあり方、進み方に当然ながら影響を与える。フランスは植民地化事業に関わる白人種全体と運命を共有し、また白人種の支配に対抗して起こる反動一つひとつとも無関係ではない。それゆえに、フランスではなく他の宗主国が犯した誤りが、その植民地の隣にたまたまフランス領植民地が位置するという理由だけで不幸な影

★3 Paul Valéry, La crise de l'esprit, *Athenaeus*, No. 44, mai 1919

響を受けることもある。たとえば、極東地域においてイギリスが犯した誤りがわがフランス領インドシナの統治に影響を与えたり、イスラム教徒に対するイギリス支配の誤りがアフリカにおけるわが統治のあり方に影響を与えたりもするのである。

繰り返すが、フランスの植民地主義を全体としてのヨーロッパ諸国による植民地開発状況と切り離して検討することはできないのだ。ヨーロッパの拡大により膨大な数の有色人に及ぼされる影響がフランス植民地帝国の構成のあり方そのものに強い影響を与えるのは言うまでもない。というのも、フランス植民地帝国の特質はこれら膨大な数の人々を所有し、支配するという事実そのものの中にあるからである。イギリスはオーストラリアやカナダのように植民地支配者と現地住民とが同一の人種に属するという植民地をもっているが、フランスの場合はそうではない。北アフリカ地域だけがかろうじてそうである。わがフランスが領有する植民地を見よ。インドシナにせよ、西アフリカ地域、あるいは赤道アフリカ地域にせよ、さらにマダガスカルにせよ、いずれもそれらの地域にはもともと現地住民が暮らしており、その土地をみずからのものとして所有していた、そういった土地である。そこに暮らす人々を植民者の権威に従わせるのは決して容易ではない。その上、気候は多くのフランス人の入植に適しているというわけではない。これらの地に住む黒人にせよ、黄色人にせよ、褐色人にせよ、彼らは共通の祖先によって結び付けられた共同体の中に生きている。同時に、彼らは隣接するヨーロッパの別の国の植民地に生きる人々と長い付き合いをもって暮らしており、そこで起きる出来事の影響を不可避的に受けてもいる。フランスではない別の植民地帝国の支配下にある地域で起こる出来事が、あたかも液体が半透膜を通して外部に浸透するようににじみ出て、影響を与えるのである。われらの領土において、「人種の覚醒」といった現象が起こるのも、上に述べたような全体的な事情から判断しない限り理解し得ないのである。

これまでに述べてきたことから読者は本書の目指す方向性、特に植民地化、ないし植民地統治[2]という言葉にわたしがどのような意味を付与しているかについて了解されたことと思う。わたしが本書で述べようとしていることをよりよく理解していただくために、わたしは植民地統治に関わる特殊な専門用語を使わないようにしている。一口に植民地や保護領といった言い方をするが、その正式な定義には幾通りかある。しかし、ここではそれらに深入りはしない。無用に重々しい言葉を使わず、より理解しやすい記述を心掛けたいと思うからである。植民地化《コロニザシオン》という用語によってわたしが意味するのは、要するに人がある地に入植することによって異なった人種間に相互の関係性が生まれ、その接触によって力関係、意識のあり方が変わる。より具体的に言えばヨーロッパによる支配とそれへの原住民集団の反応が生ずる、そのあり方のことである。植民者と被植民者、これら両者間に生ずる政治的、経済的、社会的、精神的な関係とその結果、さらにはそのことが人類の将来に及ぼす広範にして遠大な影響、それを考察すること。これが差し当たっての本書の目的である。その考察は間違いなく厳しいもの、いや悲劇的なものになるかもしれない。

われらが属する人種の人間にとって、すなわちヨーロッパ精神の持ち主にとって、その考察は誇りと同時に不安をもたらすことにもなろう。それは植民地をもつことの偉大さと、植民地をもつことの隷従に関わることだからである。

植民地化とは高貴な活動であるが、過去において、いや現在においてさえ、それを激しく非難する人々がいる。もし、万が一にも、この本がそういった批判者の目に触れることがあるとすれば、その人は本書のタイトルが意味するところを「植民地帝国主義の偉大さと植民地化された人々の隷従」などといかにも性急、かつ早合点な解釈をして、秘かな喜びに打ち震えることだろう。これこそ大いなる誤解である。わたしが言う「偉大さ」と「隷従」とは同一の側、つまり植民者側に付きまとう偉大さと隷従のことなのである。「征服者は自分がおこなった悪事の一部を償わねばならない。私は次のように征服権を定義する。人間性に報いるために、莫大な負債を常に支払わせるところの必要で、正直で、不幸な権利である」[☆4]というモンテスキューの言葉がわれわれの舌に苦い味を残さずにはいないように、偉大さにはそのこと自体に付随する隷従というものがある。その事実を深く認識する必要がある。

植民者がみずからに課す事業の高貴さと奥行きの深さ、同時にその遂行に際してみずからに降りかかるありとあらゆる種の代償、危険、予測しがたい落とし穴、言うなればキプリングが奇しくも口にした「白人が背負うべき重荷」、それこそがこれからわたしが縷々述べようとしていることなのだ。メダルの表も裏も余すところなく述べていこう。植民地事業とは強者のエゴイズムだ、あるいはみずからの利害関心だけに基づく行為だと考える人に対しては、人類の福祉のために植民地事業が果たした文明化と進歩のための役割について詳しく述べよう。他方で、この事業遂行に随伴してくるさまざまな隷従についても隠すことなく、さらには植民者がみずからに降りかかるものとして明確に意識している危険についても隠すことなく記そう。普通は忘恩と忘却とが一緒になって隷従の周りを取り巻き、沈黙を守らせているものである。植民者のイメージとして、わたしはあの悲劇的最期を遂げたクリストフ・コロンブスのことを何度となく思い出したものである。彼が発見したのはまさに前途洋々たる新世界であったのにも拘らず、人々にそれを理解されることはなく、彼はとある小さな旅籠で、みずからを縛り付けた鎖が壁にかかっているのを見ながら死の床についたのである。

植民という事業、壮大にして、かつ偉大なこの事業ほど未だ十分に知られていないことが他にあろうか。新聞や各種の書籍で語られ、説明されているにも拘らず、である。多くの人々はいくつかの派手な業績、外地の珍しい出来事、あるいは外地産のさまざまな食品の中でもとりわけ貴重なものを通してしか植民地を理解していない。これらのいかにも華やかな輝きの裏には世界の人々の旧来の伝統にとらわれた生活のリズムをくつがえすほど力強く、劇的、かつ活力ある現場

☆4 Montesquieu, *Esprit des lois*, 2e partie, livre X, chapitre IV, Genève: Barrillot et fils, 1748〔訳は『法の精神』上、野田良之ほか訳、岩波書店、一九八九年による〕

わの活動というものがある。それをこそ語らねばならないのだ。世界の諸人民の運命に関わり、われわれの生活を根本から変えるほど意義のある植民地事業、このことを一体何人のフランス人が正しく理解しているだろうか。過去四世紀を通して、ヨーロッパ人のみならず、世界の人類に政治的、経済的、社会的観点からして根底的な大変化、大革新をもたらした社会現象、すなわち近代資本主義、産業革命、経済的帝国主義、これらはすべて植民地活動こそを起点にしているのである。現代の文明活動において植民地事業こそが地理上の発見を次々に成就させ、新大陸への進出を可能にし、そのことによって人々に新しい経験をさせ、新しい資源をもたらしたのである。これに比肩し得る事業が他にあろうか。植民地事業こそが偉大なる国家の運命を定め、国力の基盤を豊かにし、その将来を確かなものにしたのだ。植民地活動によって新しく偉大な国家として国際社会に登場した国もある。入植活動が現地民との間に衝突を生み、それまでは知られていなかったような深刻な混乱や紛争を惹起したことがあるのは事実である。ではあるが、植民地活動は諸人民間に一体性を生み出す契機になったのであり、諸人種が協調し、世界の広い次元での連帯を形成する道を用意することになった。諸人種の協調、世界次元での連帯、これは現段階では未だ不確かな、将来に託された希望に過ぎないかもしれない。希望の表明、それはわたしが序の言葉として本章を通して述べてきたこととは異なるのではという印象を与えるかもしれない。しかし、人類は未来永劫、闘争と暴力に明け暮れるものだなどとどうして断言できよう。人類がついに平和を達成し、調和と安定を手に入れたいと願うのであれば、まずはその前段階として諸人種、そして諸国が接触と合意を重ねることによって真に互いを知る、そのことこそが不可欠ではないか。見慣れた風景から距離をとり、好奇心と関心に駆られるまま地の果てまでも足を延ばし、かくも多くの見知らぬ人々が暮らす地にわれわれの視線を広げる、そうしなければわれわれ自身の日々の命さえ保証はできない、そのような時にわれわれは生きている。植民地事業こそがそれを可能にしたのだ。そこでは確かに良いことも、逆に不幸なことも起こった。ここでは人種間の融合があり、あそこでは伝統、文化の違いから互いに相容れず、激しい衝突が起こりもした。だからといって、将来ともに不和、仇敵であり続けるということでもあるまい。植民地事業、それはなまなかなことではすまない難事業なのである。わたしが言うところの植民者の隷従、それには危険と苦渋とが伴う。植民者は国の栄誉と利益のために外地において、考え方も心的傾向も自分たちとは一八〇度違うというほどに異なった人々の間で八方手を尽くして日々努力しているのだが、国民はそれを容易には理解しないのである。

ここで述べたさまざまな困難、そういったものにもっと光をあてなければならない。植民地事業、さらにはその事業が将来的にもたらすであろう偉大な結果についてもっと多くの国民が知る手立てになるべく十分な光をあてること、それが本書の目指すところである。本書がその一助になるとすれば、筆者の喜び、これに勝るものはない。

第二章　ヨーロッパによる植民地開発の発展

ヨーロッパ人による外部への拡大活動が偉大さと同時に、まさにその偉大さゆえの隷従という事態に直面するという事実を知るとき、人は植民地化などという事業は本来必要だったのかとか、予見し得る事態への認識不足ではないのかと批判し、あれやこれやと議論したくなるものである。それは植民地事業に反対する立場の人々に格好の話題を提供することになる。現在起こっている揺り戻しの大波を目にし、人々は「それ見たことか」と言わんばかりにみずからに理のあるところを唱える。他者を服従させ、収奪する行為、それは純粋道徳という観点からして誤りであり、今起こっている大波はまさにそれへの懲罰だというわけである。

この種の反論はすでに起こったこと、その結果、現在あるものを今になって批判するという意味で不毛である。しかし、そう言ってしまえば議論は終わりであり、これまた不毛でしかない。

議論はできるし、またすべきである。植民地化という事業を抽象的な道徳という観点からして単純に正当化し得ないとしても、[3]人間が生きていく上で避けることのできない接触によって具体的に起こる現実の状況をしっかり検討した上で議論はするべきなのである。そうすれば抽象化がもたらす効果よりもより強い力でわれわれに迫って来るであろう。こうして明晰に説明すれば、「そもそもヨーロッパは植民地化という事業をするべきであったのか否か」という問いに答えることができるであろう。

　人間の活動には拡大ということが必然的、不可避的に伴うものである。それは人間生活の具体的現実を直視すれば理解される。ヨーロッパ人は自己保存本能、自己の安全維持の本能からして、一つの必然として外地を植民地化するという事業に乗り出した。本能に基づく行為であるということの一つの証左、それは当初の拡大がどのような構想により、どう展開するかといった思惑など何一つなく、自然、必然の行為としてなされたに過ぎないということ自体にある。もし、それに例外があるとすれば、古代ギリシャにおいて束の間のことであったとはいえアレクサンダー大帝の帝国拡大は企図されたものであったということぐらいである。現代における拡大はそれが最も盛んな時期にあってさえも、準備万端整えた上で全体的構想のもとに、政治的結果を見越して理路整然と秩序をもってなされたとは到底言えないのである。それどころか、人間が生きていく上で次々と起こり、増大していく必要、それに応じる形で、いわば「自動的に」拡大が生じてきたのだ。言い換えると、人間が生きていく上で必要が生じ、人はその必要を満たそうとする。必要は、それに従う他ないという意味で隷従を生む。その隷従が拡大へ向かう次の行動を起こさせる。征服欲によって拡大したというより、必要が生む隷従[4]がそうさせるのである。あらゆる植民地化はこうして始まった。当然、ヨーロッパ人による植民地化もこのようにして始まったのである。そのことを、ヨーロッパによる植民地経験を原初にまで遡って説明したいという誘惑にかられるのは確かだ。しかし、それをもって本書でわたしが主張したいと考えていることの導入部とするには、あまりにも微に入り細を穿つことになるだろう。本書でわたしが旨《むね》としているのは現代の植民地事業〔原著での強調〕、具体的に言えばヨーロッパ諸国人と遠隔の地における膨大な数の人々との現代の時点での接触の問題を詳しく論ずることであって、植民地化の歴史そのものを詳述することではない。

　ともあれ、数千年に及ぶかという人類の植民地活動について詳述はともかく、ヨーロッパ人がどのように植民地化というものを始めたのか、段階を追って説明することは無益というわけではない。そうすることによって植民地化という事業が人間にとって絶対的に不可避であり、それだけに誰に強制されるわけでもなく、必然的に始まったということ、また一旦始まればそれには独自の動きというものがあるということも理解されるだろう。地球上での自然資源、つまり富の配分は地域によって異なり、人々がもつ資質というものにも違いがあるのである。さまざまな人の能力や適性には差があり、気候の影響も異なる。自然の動きには気まぐれというか、不当とも言えるようなものがあり、こういった気まぐれによる損害や不当を正し、全体の利益にするために何としても不可欠とされた事業、それが植民地活動であることを理解する必要がある。

原初的には人間の本能には不定形ながら強い衝動がある。それはガブリエル・アノトー氏の見事な著書（*L'empire colonial français*）[5]で言われている通りであって、「植民地化はあらゆる人間社会に不可欠な必要として生まれた。ここではない別の地に移動していきたいという意志、これはより遠くに足を延ばそうとする人間の最も自然、かつ根本的なものである。ヒトがヒトとして活動し始めた当初から、ヒトは新しい土地に〝入植〟した。ヒトは自分が生まれた土地の外へ向かい、未知の土地、さらに別の未知の土地へと足を延ばしたのだ」。個人の本能、それは血族の本能となり、さまざまな血族の集合体の本能からさらにもっと大きな全体集団の本能となって、今度はそれが各個人の本能により良く応えようとする。その集団内の個々人すべての必要をより良く満たそうとする全体意志がそうさせるのである。自己保存の本能、それはヒトに未知の空間、未知の土地を求めて海をも越えさせる。存在し、みずからを守り、生存の維持を図り、子孫の繁栄を願う意志がそうさせるのだ。集団の本能、それはみずからが一つのまとまった集団としての意識をもつと、そのことを力として新しい土地に向かい、その新しい土地を知り、その地をみずからのものとして所有し、そうすることによって安全を確保し、その地でもっと自由に羽ばたき、自分たちに必要なものすべてを手に入れたいと願う。自分たちの土地にはないが別の土地にはある、しかもそれを手に入れたい、ないし必要とすると思う場合には新しく接触した人々との交換を通して、あるいは力を頼りに、是が非にでもわがものにしようとする。これは集団の本能と言うべきものである。

ここで述べた自己保存本能、それは人類が二足歩行を始め、みずからの住まいとする洞穴の入り口に立って外を眺め、みずからの食料となる動物のほかに、自分に似た存在を認めたとき、これを同類の他者と認識し、彼らとの交換、あるいは力づくでの奪取によってみずからの生存をより確かにし、さらにはみずからの身を飾り、より目立つ存在になりたいと願う、そのような本能である。先史時代、マドレーヌ文化の時代、つまり後期旧石器時代の遺跡によってもヒトはその頃からすでに移動を始めていたことが分かるし、海から遠く離れた地域で発見される貝殻を見ると、それらが多くの人の手から手へと交換によって遠方の地まで運ばれたに違いないことも分かる。そういった人々の生活が何世紀にもわたって続いたのである。気候の変化、また人々の必要にも変化が起こり、ヒトは原初的な〝入植〟活動をするようになる。それが新しい土地への進出であり、やがて移住につながる。これこそ植民地化の初期段階である。それは一つの大陸内の広範な地域に及び、さらには別の大陸にも延びていく。自然環境、また社会的環境があまりに厳しい土地に住む人々は、自分たちが住む土地よりも環境的に優れている土地で暮らす人々が自分たちより弱いと思えば、その社会に力をもって侵入する。その時、距離は問題にならないだろう。遠隔の地への進出も辞さないのである。自然豊かな地にあるがゆえに他の人たちよりも進歩の速度が速かった人々は新しい技術をもとに他者を侵略し、その地に新技術と同時に人々がそれまで知らなかった新しい富の形をもたらすであろう。モンテスキューも言っている。「風土の相違によって、諸国民は、相互に他国民の商品を大いに必要とするようになっているのである。(……)同じ風土のもとにある人民は、自分たちのところにほとんど同じものがあるから、異なる風土のもとにある人民との間におけるほど相互間での通商の必要はない★1」。

時が経過し、誠にゆっくりとしたスピードではあるがさまざまに異なった人種の人々が接触を重ね、人類の原型を形作っていく。人々は苦労を重ね、自然の秘密を解き明かし、そうした遅々たる歩みの中で文明というものが生まれ、こうして人々はより良い存在のあり方というものにたどり着いていく。それに伴い、新しい必要が生じる。その必要に応じて人は新しい資源、新しい食べ物、より多くの食料、より使いやすい道具が手に入る土地へと進出する。初めのうちはあちこちさまようように移動する人々の踏み付け道に過ぎないものが、やがて多くの人々が隊列を組んで移動する定まった道といったものになる。それが何世紀も、何世紀もの間繰り返されるうちに、小道であったものはしっかりした道路の網目になり、巨大な大陸であるアジアとそのアジアの突端に小さく位置する半島状の地域、大西洋に面する地域だが、それを結ぶものとなる。こうしてできた地域がのちにヨーロッパと呼ばれるものになる。ユーラシア大陸の西の突端に位置するこの岬と大陸中心部との間では数千年にわたって大量の人々の行き来があり、それは今なお続く両者間での侵攻、反撃、衝突といった歴史を成している。「人類誕生の揺籃としてのアジア」という説があり、ここでその説の妥当性云々《うんぬん》を論じようとは思わないが、ハーバート・ゴーウェン氏[6]によると現在の文明世界の礎となる原初的文化が形成されたのは今から少なくとも九〇〇〇年ほどの昔、アジアにおいてであったようである。アジアで人口を増やした人々はそこからより良い気候、より多くの牧草のある地を求めて移動したが、その際、当然ながら自分たちがもつさまざまな新しい文化要素を携え、それを新しい土地にもたらしたのである。いずれにせよ、ジャン・ブリュヌ氏の言によれば人類の歴史が形を成し始める当初の時期においてはアジアとアフリカから地中海地域へと移動する人々の流れがあり、ティグリス川、ユーフラテス川、さらにはナイル川の渓谷部から古代ローマのラテン系人が住む島嶼部へと移動する人々の流れがあったようだ。[☆2]現在からは何世紀も昔に遡った時期のことになるが、これら島嶼部地域は長い間にわたって現在のヨーロッパの中心であったのであり、人々は増え、アジアとアフリカ、そしてヨーロッパをつなぐ海の回路となり、さまざまな人々がさまざまな物資を交換する場になっていった。

交換は人に利をもたらす。しかし、みずからが住む地域でその利を手にできるのであれば、その方が楽である。植民という行為はこうして生まれる。その手本となる行為をヨーロッパ人に教えたのは古エジプトの人々であった。彼らはもともと住んでいた砂漠地域を離れ、ナイル川渓谷

★1 Montesquieu, *Esprit des lois*, 4e partie, livre XXI, chapitre IV, Genève: Barrillot et fils, 1748〔訳は『法の精神』中、野田良之ほか訳、岩波書店、一九八九年による〕

☆2 Jean Brunhes, *La géographie de l'histoire*, Paris: Félix Alcan, 1921

部に進出、ナイル川河口部のデルタ地域を干拓し、森林部を切り開いて古代都市を形成、そこを拠点に現在のシリアからアラビア地域、さらには現ソマリア地域、他方では現インド地域へと進出し、ヒマラヤスギ、金、銀、銅、象牙、そして各種の香味・香辛料、ゴム、樹脂、高級木材などを手にしていった。今から四〇〇〇年以上昔のことになる。物資の交換は平和裏になされもしたであろうが、力にものを言わせて物資を手に入れるというやり方の方が多かったであろう。こうして強者は弱者の地に居座る。これが植民の始まりである。そこにもともと住む人々、あるいは近隣に住む人々からの反撃、彼らとの衝突は頻繁に起こったであろう。主導権争いである。交易に長けると同時に武人でもあったバビロン人と、もっぱら武力を恃《たの》み、常に主《あるじ》であろうとして戦いを好んだアッシリア人との間では互いに自分たちの場を守るための戦いが頻繁に起こった。バビロン人は真に交易を良くし、アジア地域、地中海地域へと進出、ヨルダン西部からシナイ半島にかけて暮らしていたアラブ系の人々などもキャラバンを組んで交易に加わった。ジャン・ブリュヌ氏の言では次の通りである。「運搬の道具や装備が未だ十分とは言えなかった古代の人々にとって地中海は誠に優れた交易の場であった。多くの半島が突堤のように海に突き出し、簡素な船で回遊するのに適していたし、島々の多さも航海を容易にした。これらのことがヨーロッパからアジアへの航路を開く助けになったのである」。このジャン・ブリュヌ氏に大いに示唆を与えた『フェニキア人とオデュッセイア』★3というヴィクトル・ベラール氏の手になる誠に興味尽きることのない二巻本があるが、その中でベラール氏はオリエント地方への人々の航海の歴史、つまり遠い昔に遡る原初の時代からアカイア人と名乗っていた古代ヘラスの人々〔古代ギリシャ人〕が現れるまでの歴史をつまびらかにしている。それによるとヘラス人以前の地中海ではフェニキア人が各地への植民活動を盛んにおこなっていた。これらフェニキア人はエジプト、ないしメソポタミア南部のカルデア人にある時期は従属し、また別のある時期にはその同盟者あるいは仲介者、取引相手となった。彼らは天文学を弁《わきま》え、それにより難なく海に乗り出したのである。レバノン南部のティールやサイダ、あるいは北部のビブロス出身者たちはキリスト紀元より三〇〇〇年、いや多分四〇〇〇年も前からエーゲ海の島々をはじめとする各地に交易基地を作り、東方地域から隊商によって送られてくる品々をヨーロッパに送り出していた。これらの品々には貴金属類、各種の香辛料、象牙、高級な麻布や絹布が含まれていた。他方、エジプト文明の影響のもと形作られた古代クレタ文化に生きる人々もエーゲ海開発に一役買い、ギリシャ、ペロポネソス地域アルゴリダを征服、この地域をおさめた。これに対し、大陸側ギリシャの民は反撃、海に乗り出し、クレタ島を征服、ティリンスやミケーネといった町を建設し広い地域を影響圏におさめて交易や戦争を繰り広げたのである。フェニキア人との戦いに勝利をおさめたギリシャ人たちは広く地中海域に植民し、アテネを中心にした広域ギリシャ海洋国家というものを作り上げた。それは当時、一つの宇宙を成すような広大なものだったのである。

★3 Victor Bérard, *Phéniciens et l'Odyssée*, Paris: Armand Colin, 1927

こうしてできたギリシャ、その歴史は植民の歴史と言ってもよい。もちろん、その歴史は起伏に富む。平和裏の植民もあれば、武力をもってする侵攻、侵入もあり、攻撃があればそれに対する反撃があった。西洋と東洋のぶつかり合いであり、征服があれば、激しい反征服もあったのである。ダリウス帝のペルシャはマケドニアに進出、クセルクセス王の軍はギリシャに侵入、サラミスとプラタイアの戦いで勝利をおさめたグラエキア、すなわちギリシャは海域を支配する帝国となった。フィリッポス大王の後を受けたアレクサンダー大帝は「ギリシャ的なるものを世界に広め、それをすべての文明の基礎とせしめん」☆4という壮大なる夢を実現すべく各地にその征服の手を広げた。アレクサンダーは交易のための植民都市を各地に作り、海洋交易網を充実させることで西洋とアジアを結び付けようとしたのである。アレクサンダーの遠征軍は実際インダス渓谷にまで達した。彼の考えではペルシャをヨーロッパとアジア地域、つまりインドと現中国とを結ぶ橋のようにしようとしたのである。これは実に壮大な夢であった。エドゥアール・エリオ氏が述べているが、「権勢におごり、驕奢をほしいままにし、その一方で怠惰に眠るアジアの無数の人々をギリシャ文明の種をもって豊かに花開かせよう」としたというわけだ。彼のやり方は他者、それも野蛮とされていたアジアの人々を力をもって圧するというものではなく、ギリシャ文明の恩恵を伝えつつも現地の民との友好を第一義にすることにあった。彼が望んでいたのは西洋と東洋とが真の友好のうちに一つに溶け合うということであった。その観点からすると、アレクサンダーこそは「協同」の精神にのっとった征服者、指導者であった。「協同」の精神、のちに詳しく述べるが、これはまさに現代の植民地統治の基本にある精神なのである。

アレクサンダー大帝、それは轟《とどろ》く雷鳴のごとき英雄であった。この大帝のおかげでギリシャはヨーロッパからアジアへの道のみならずアフリカへの道をも切り開いた。しかし、海洋帝国としての威容を誇ったギリシャにもやがてローマの前に屈する日が来る。ローマもやはり海洋植民国家として力を伸ばし、その力は地中海、ヨーロッパ世界を圧するようになるのである。ローマ帝国の偉大さ、広大さはその実質的権力が及んだ地域を考えれば理解されよう。地中海を中心軸に西は大西洋岸から東はユーフラテス川に及び、北にはのちにイギリスとなる島、そしてライン川とドナウ川に沿って南下し、エジプトから北アフリカ一帯、砂漠の縁辺地域まで広がるのである。

ローマ帝国にあっては植民地を必要とする精神が遺憾なく、かつ明確に発揮された。ローマ支配下のヨーロッパはみずからの安全、集団としての自己保存の観点から常に植民地拡大の必要に迫られていた。アフリカ、そしてアジアから膨大な数と量の品々が運び込まれた。人々の日々の食料としてのみならず、奢侈のための品々も数多かった。小麦、ブドウ酒、食用油、さまざまな魚をはじめとする海産物、貴金属、高級木材、宝石類、綿布、絹布、香辛料、香料、さらには闘技用の野獣に至るまでがエジプト、アフリカ沿岸地域、エチオピア、シリア、小アジア地域、黒海地域などから運び込まれたのである。ローマ帝国支配下のヨーロッパ自体の経済は繁栄してい

☆4　Édouard Herriot, *Sous l'olivier*, Paris: Hachette, 1930

たとは言えずとも、植民地経済の豊かさがそれを補った。ローマは勤勉精神を発揮し、外地にあふれる豊かさをもってみずからの不足を補った。ヨーロッパが素晴らしい創造精神を涵養したとすると、それは古代におけるギリシャ、そしてローマの働きを基礎とする部分が大きい。しかし、ヨーロッパにはみずからの創造精神を発達させる自然的基盤は十分ではなかった。

先にも述べたが、ローマ帝国による植民地化にはのちのヨーロッパによる植民地化の基礎が凝縮して示されている。そのことは、ずっとのちのことになるがナポレオンの「国家間の政治は地理学によって説明される」という言葉にも表れている。地球上におけるヨーロッパの地理学的位置、それを見ればヨーロッパは外部への飛躍を根本的に必要としていることが理解されよう。自然はヨーロッパに資源を存分に与えたとは言えないのである。気候、土質、地下資源、それらいずれの観点からしても他の大陸に比べてヨーロッパは恵まれているとは言いがたい。太陽光にしてからが十分ではない。熱帯地域の土質の豊かさを見よ。ヨーロッパのそれは到底比肩しがたいのである。地下に眠る資源、貴金属類、化石燃料、ヨーロッパはそれらにも欠けているのだ。

ヨーロッパ人は農業に専心しているが土壌そのものは人々の要望に応えてはいない。かくして、ローマ帝国はエジプト、及び北アフリカ地域からの小麦の輸入なしには存続し得なかった。近代のヨーロッパにおいて人口の増大は著しく、その人口増により人々は飢饉に苦しんだ。一九世紀中葉、特に西ヨーロッパ地域において起こった大飢饉を見よ、また一八四六年にアイルランドで起こった大飢饉を見よ。こういった大災害は新大陸のカナダ、アメリカ、アルゼンチン、そしてオーストラリアなどの穀倉地域からもたらされる食料によってやっと救われるようになったのだ。

このような自然産物の不足、そのことがまさにヨーロッパ人の創造精神を促したのである。ヨーロッパはみずからが住む地の自然の不足を補い、みずからの生存を維持するために征服し、あるいは交換し、科学的発見をする必要があった。必要がヨーロッパをしてその創造的精神、起業的精神の発達を促したのである。貧窮が労働力の最大限の活用、技術開発、勤勉、熱意を促した。こうしてヨーロッパは他に類を見ない科学的発見の場となり、その適用の最適工房となって、みずからを世界に誇り得る場としていった。ヨーロッパはみずからに備わった資源をうまく活用して、他地域の資源を利用できるようになった。ヨーロッパに金、銀はない。しかし石炭はある。ヨーロッパは技術力を活用して石炭を産業の基盤とし、製造技術、輸送技術の基礎となし、地球上のあらゆる地域からあらゆる地域への輸送を可能にし、人類の運命を変えたのである。産業革命は人口の増加をもたらした。そしてヨーロッパはその人口増加をさらなる発展のための起爆剤にしたのである。

これからおいおい述べていくことではあるが、この人口増大という現象、これにはまず人々の自己保存の必要が関わっているのだが、じつは安全保障という観点からも必要なことであった。先にローマ帝国の栄華について記したが、その栄華にも陰りが生じてくる。その時、ヨーロッパは恐るべき事態が迫っていることに気づくのである。アレクサンダー大帝が夢見た広大なアジア、さらには世界に及ぶ政治的、経済的な覇権、そしてローマ帝国の野望、それらに後退の兆しが見えてきたのである。アジアの勃興が目覚ましくなるのである。ギリシャ、そしてローマの海洋帝国がその力を失っていく。中世期になるとアジアの野蛮勢力との衝突によりローマ帝国は崩壊、それはヨーロッパがみずからの内に閉じこもる結果をもたらした。人々は窮乏に耐え、みずからの内で生産するものだけに頼って生活することを余儀なくされた。とりわけ激しかったのはイスラム圏からの反撃であり、それによりヨーロッパはあれほどに拡大していた勢力圏を失い、植民地化していた地域からの攻撃にさらされたのである。

アッチラ王に率いられたフン族の攻撃はライン川からドナウ川にまで至る広大な地域に及んだ。その後、ムハンマドのイスラム勢力がヨーロッパを脅かす。アラビア半島に始まったイスラムはシリアからペルシャ、エジプト、キレナイカ半島部へと勢力を広げ、小アジアからアルメニア、エーゲ海域の島々、そして北アフリカ地域へと力を及ぼした。ウマイヤ朝時代、イスラムは東では中国に達するばかりに、西には地中海からヨーロッパへ、そして北アフリカ地域、モロッコ、バレアレス諸島、そこからスペインへと広がり、ピレネーを越えるとローヌ川一帯を荒らし、さらにガスコーニュ地方、ボルドー地方をも勢力下におさめ、ポワチエまで進出、そこでフランク王国のカール・マルテル大帝との戦いに敗れるまで拡大し続けたのである。アラブ人たちは大西洋からインダス川、カスピ海、南ではナイルの瀑布地域にまでその勢力を広げ、戦いの中で彼らの文明をもたらしもした。イスラム勢力の覇権は五世紀間にわたって続いた。その間、イスラム王朝の内部では争いもあったが、しかし、縁辺部でのトルコ人の勃興、サハラ地域に起源を発するムラービト朝の勢力拡大もあり、再び力を盛り返した。それはヨーロッパにとっては恐るべき事態であった。トルコ人はビザンチン帝国のヨーロッパ人に対して聖戦をしかけ、シリアを奪い、パレスチナを攻撃、エルサレムを奪った。他方、スペインではキリスト教勢力はレコンキスタと呼ばれる攻撃によりトレドを奪還するが、ムラービト勢力はイベリア半島に手を伸ばし、カール・マルテル大帝の力を弱めた。これに反撃したのが十字軍であり、のちにも詳しく述べるがフランスは最初の植民地帝国を形成するに至った。

アジアがヨーロッパに向けた反撃はトルコ人によるものだけではない。モンゴル人はロシアを通り、ポーランドからハンガリーを抜け、オーストリアにも進撃した。オゴタイ大帝の死という突発事がなかったならヨーロッパ文明全体が危機に陥る事態にまで至ったであろう。さらに、イスラム勢力の攻撃は続いた。今度はオスマン帝国の攻撃であり、彼らはアナトリア高原から西洋に進撃、モンゴル軍とぶつかった。コンスタンチノープルを陥落させ、それによりビザンチン帝国を崩壊に至らせた。さらにバルカン半島に侵入、イタリアにも勢力を伸ばした。その間、スペインではレコンキスタが功を成し、一五世紀末、フェルナンド王とイザベルは最後のイスラム君主を敗退させたのである。時に、クリストフ・コロンブスが初のアメリカ到達を実現する数か月前のことであった。

オスマン帝国がその絶頂に達していたのもその頃である。その勢力は東西ではユーフラテス川からジブラルタル海峡まで、南北ではドナウ川からナイル川に至る範囲に及んだ。アジアへも伸長し、軍事的にも商業的にも成功していた。ヨーロッパ勢力は力を失い、オスマンはインド交易を手中にした。これによりヨーロッパはアジアへの道を塞《ふさ》がれたのだった。オスマンはヨーロッパを脅かしつつ、広くアジア地域一帯に勢力を伸ばした。ペルシャ、アフガニスタン、インド、マレー半島、ジャワ、インドシナ、そして中国までもが勢力下におさめられた。ヨーロッパ人の嗜好にとって必需となっていた東洋の各種の香味・香辛料の中継地であったバグダッド、そこにオスマン軍が侵入し、地中海及び黒海地域へのルートは閉じられた。オスマンのスルタン、セリム大帝はマムルーク朝エジプトを撃破し、かくしてヨーロッパはエジプトをも失った。それまでに確立していたヨーロッパとアジアを結ぶ交易ルートも大きなダメージを受け、ヨーロッパ人がアジアからの物品を手にするには大変な高額を支払わなければならなくなった。イスラム勢力はこうして非常に長きにわたって地中海地域を二つに分断し、両者は仇敵であり続けたのである。ローマ海域は海賊の跋扈《ばっこ》するところとなり、交易基地は荒らされ続けた。ヨーロッパにとってアジアへのルートを奪還するためにはオスマンの勢力を何としても打ち破る必要が身に迫っていた。

ヨーロッパに大転換が起こるのはこうした状況下であった。クリストフ・コロンブスとヴァスコ・ダ・ガマの登場である。彼らの功績はそれまでの勢力配置の流れを一挙に変えたことにある。イスラム勢力によってインドへの航路を遮《さえぎ》られていたヨーロッパは新たに西側への航路を発見する。他方、東側に対してはヴァスコ・ダ・ガマがアフリカの南端、喜望峰を通ってアジアに達する航路を発見するのである。西側、東側、双方の航路には多大の危険が伴った。その危険の大きさはそれだけ一層ヨーロッパ人に将来の希望の大きさを予感させるものであった。このルートを確保すれば巨大な富が手に入れられる。これは壮大な夢の実現に向かう政治的、経済的な一大叙事詩であった。躊躇するスペインのイザベル女王の前で、コロンブスはその船出こそレコンキスタを受け継いでなされるべき大事業であり、恐るべき勢力として存在しているイスラム勢力に打撃を与え、キリストの福音を新しい地域へ広めることによってキリスト教ヨーロッパの一大帝国を実現するものであることを説いた。そのことは同時に、中世ヨーロッパの諸大学において多大の研究がなされていた新しい土地への関心も相俟《あいま》って、ヨーロッパが再び世界の巨大な交易網の中でみずからの中心的な位置を定めることにつながるものであった。よく知られることではあるが、コロンブスが求めていたのはアメリカの発見ではなかった。彼はインドへのルートの確立、そこからさらにマルコ・ポーロが伝えるところの黄金の地キャセイ〔中国〕、さらにはジパングへのルートを確立することだったのである。コロンブスはみずからが到達した地はインドであると思い込んだ。それほどにマルコ・ポーロが伝えた東洋は富と宝物に満ちた土地であったのだ。それはともかく、コロンブスはヨーロッパが喉から手が出るほどに欲していた多種の食料と黄金をスペインにもたらした。当時、ヨーロッパの国々は近代国家としての形をどうにか整え始めていた時期であり、国家としての統一のためにも、またこうして形を成し始めていた国民のためにも外部地域との交易、それこそが国家の富をなすものだと理解されるようになっていた。それはコロンブスが新大陸を発見する直前の時期、つまり一五世紀半ばの頃からであるが、重商主義、つまり商業交易を国家が後押しして推進する、そのことこそが国の富を増大させ、形を成し始めた国民の生活を豊かにする、そのような主義、活動であった。外部との交易によって財をなし、国を豊かにする。その際、貴重金属、つまり金、銀が重要である。というのも、これらの貴重金属は富の基準であり、交易の際の交換財としてますます重要性を増していたからである。かつての物々交換から貨幣を媒介にした交易に移行するに際し、金、銀がもつ重要性は一挙に増した。ヨーロッパ各国はみずからの金銀保管庫が空になることを恐れた。ミシュレの言葉では「財務当局も人民もただ一つのものを欲している。金《きん》だ[★5]」である。錬金術なるものが発達した。ヨーロッパのすべての国はみずからの産物をできるだけ売り、金を手に入れることに執心した。各国ともに金の不足を恐れた。そこに新大陸からの金銀財宝を満載したガリオン船が帰ってきたというわけだ。こうして、スペイン、ポルトガルによる新大陸、新航路の発見は一六世紀の間、ヨーロッパに商業活動、商業網の増大をもたらし、それまで知られていなかった土地のさまざまな産品と産業活動のための必需品をもたらした。これらの産品を享受し得たのはヨーロッパのみであった。というのも、これらは海路によってもたらされたのであり、陸上ルートであればオリエントの妨害にあうはずのものが海上であるがゆえに障壁もなく、また一隻の船で運ぶ量も隊商たちによる陸上運搬とは比較にならないほどの量を運べたからである。

ヨーロッパにとっては、陸上のルートを拡大するよりも海洋に乗り出す方がはるかに利点が大きかった。千年も続いた陸上でのアジアの圧力も、海洋の前では無力だったのだ。海洋への進出は、しかし、それまでのヨーロッパが想定し得なかった重要な結果をもたらすことになる。この大変化こそコロンブスの卵と言うべきものであり、世界に革命をもたらすものだったのである。アメリカ大陸そしてインドに向かうスペイン、ポルトガルのカラヴェル船、それはヨーロッパのみならず世界次元での経済の大転換をもたらすことになった。これこそが近代資本主義を生み、そこからさらに現代の帝国主義へとつらなる大きな転換であった。

最近出版されたアンリ・セー氏の著書[☆6]、この著においてセー氏は一六世紀に始まったヨーロッパ人の海洋への進出と海外での植民活動が現代の資本主義と植民地活動にいかに大きな影響を与えたかについて余すところなく記述しており、誠に興味深いものになっている。その著に記されている通り、植民地開発こそが世界経済のあらゆる面に打ち消しがたい影響を与え、その発展にいかに大きく寄与したものであるか、それが存分に分かるのである。海外交易による資本主義の開花、それは商業の拡大を促し、ヨーロッパに海外で産出される一次産品を大量にもたらした。

★5 Jules Michelet, *Histoire de France*, livre V, Chapitre 3, Paris: Hachette, 1833–44
☆6 Henri Sée, *Les origines du capitalisme moderne*, Paris: Armand Colin, 1926

このことはヨーロッパ内での産業化を促し、機械工業を発展させ、それらの機械は産業革命を引き起こすことになったのである。こうして経済による帝国主義が決定的な完成を見ることになった。

これらのもとになっているのが植民地活動なのである。その始まりはヨーロッパ人が海洋に乗り出したという事実、そのことにあった。新しい土地が発見され、そこに人が住むと新しい活動が始まる。それらは一連の活動であり、大きな結果につながる。すでに十字軍がオリエント地方に進出した時期から巨大資本がヨーロッパにもたらされ始めていた。しかし、アメリカ大陸の発見、続いてインド亜大陸への進出、それらはそれまで知られていなかった新しい品々、新しい富を運ぶ巨大な交易網を形成し、世界次元での商業・交易を創造し、ヨーロッパにおける経済活動の大発展を促した。産業は発達し、一六世紀から一九世紀にかけて巨大資本の蓄積、機械化の促進、産業革命の誕生と発展を形成していった。それらが二〇世紀の経済帝国主義のもととなるのである。

始まりはガリオン船と呼ばれるスペインが開発した大型の帆船とそれらがもたらした香辛料であった。スペイン、及びポルトガルの船隊はアメリカ、インドに交易の基地を作り、その地で産出される砂糖、木綿、コーヒー、絹、タバコ、藍、木材、高級家具用木材などがヨーロッパにもたらされた。これらだけでもヨーロッパの富を巨大化させるに十分であったが、そこに金、銀という貴重金属が加わり、ヨーロッパの富は一挙に膨大なものになったのである。それらの金、銀といった財宝はメキシコ、ペルー、グレナダ、そしてチリの現地諸王がため込んでいたものをコンキスタドールが略奪したもの、ないしは金鉱を発見し、それらをヨーロッパに持ち帰ったものであった。

金銀のあふれんばかりの蓄積、一次産品のあふれるばかりの流入。これがさらに高価値商品の流入を促す。産業は発展し、そうして製造された品々が第一次産品産出地域に運び出される。あふれんばかりの財宝がヨーロッパの富、資本をさらに増大させ動産を増やす。労働市場の活発化、利益の増大、商産業領域におけるさまざまな創造と拡大が実現された。株式制度が発明され、それによって巨額の資本を手にした産業は一層の発展をし、海外植民地との交易を増大させる。植民地貿易はじつに膨大な利益を生むものであったのだ。商業の発展は産業の発展を促す。その産業発展は商業貿易に新しい手段をもたらし、一層の発展を促す。植民地住民はヨーロッパ製品の利便性を十分に認識し、そのことはさらにより多くの需要を生む。他方で、植民地とヨーロッパの間には商業契約があり、ヨーロッパ製品を植民地現地で生産することは禁じられている。かくして、ヨーロッパ製品は生産すれば生産するだけ売れるのである。植民地で生産されるのは農産品を主とした一次産品のみである。そして、植民地で産出され、ヨーロッパに運ばれた一次資源の加工技術も飛躍的に発展していった。

新しい産業技術の誕生を促した産品、それは木綿と絹、特に木綿である。これこそが近代資本主義誕生の直接の契機となった産品であった。木綿加工のための新しい機械は労働集約、産業革新を生み、そのことは産業資本主義の誕生へとつながった。植民地で産出される木綿、そして絹も、大量に加工する技術としての新機械を生み、労働力の集約を必要とした。そして、これらの事実は大産業の誕生につながった。もともとは植民地で産出される絹を撚糸する機械から始まった技術は、次いで木綿加工に適用され、その後飛躍的な規模で開発される機械技術の誕生につながった。一八世紀に始まったこの機械工業は、たとえばイギリスにおいていくつかの有名な工業地帯を生んだ。その前の世紀に至るまで、漁業を主とする寒村に過ぎなかったリバプールは植民地交易における主要な港町となり、それ以降、産業が中心になるとランカシャー木綿工業地帯へと発展していった。フランスの場合も似ており、ノルマンディー地方の港町は木綿輸入により発展し、ルーアンのような都市の誕生につながった。西インド諸島で産する木綿をインドで加工させ、フランスに運ぶといったこともおこなわれた。

初めのうち明らかに優勢であった商業部門はやがて産業部門の隆盛に押されるようになる。産業部門では機械生産が主となる。すると生産量が大変なスピードで増大する。生産した品は売り捌《さば》かなければならない。この事情により、産業部門は生産した大量の品の販売を商業部門に託すのではなく、みずからの力で売り捌く必要が生じてくるのである。要するに産業部門自体の商業化が起こるのだ。販売路の拡大が必然的に生じる。こうしてヨーロッパ経済においては産業部門での生産が商業部門の活動に勝るようになる。これが一八世紀に起こった産業革命であり、それは一八世紀末から一九世紀にかけて科学的な大発見、大発明がいくつもなされるのと相俟って飛躍的な発展を遂げるのである。たとえば、繊維部門での機械の発明、改良、発展には目覚ましいものがあった。火力利用の機械は蒸気利用の機械へと進化する。製鉄部門では石炭より火力の強いコークスを利用した炉により鋼鉄生産が主となる。こうしてできた鋼鉄利用の建築、また水圧利用のプレス機などが発明された。船舶の動力源は蒸気機関となり、蒸気を利用した鉄道も生まれる。やがて電気が主力となっていくだろう。

驚くべき生産力の増大。そして驚くべき生産物流通システムの増大。これらの生産物は当然ながらヨーロッパ内にとどまるものではない。より多くの消費者を求めて海外の市場、世界規模での市場へと運び出されるのである。産業革命には広い空間が必要である。つまり、生産したものをより広い範囲で、かつ安定した需要に対応するようにする。生産したものを広大な消費地で売り、その場で一次資源を獲得する。こうしてイギリス、フランスはより多くの植民地を求めてより遠隔の地へ、より多くの消費者がいる土地へと活動を活発化したのである。フランス、イギリスだけではない。ヨーロッパのいずれの国もが自国以外の土地へ、みずからの生存と飛躍をかけて進出していった。それはまさに生存のための競争であった。しかも、これは単なる競争ではなかった。産業革命によって、ヨーロッパ各国は自国の人口が爆発的に増大する状況にあった。その増え続ける人口の生存を保証するためにも常に外部への進出が必要であったのだ。

実際、ヨーロッパの人口は爆発的に増大した。新しい土地を植民地として開発する、そのことが産業の発展を促す。それは驚くべき人口の増大に帰結した。産業革命の直接的結果である。機械生産によって生まれた新しい富、それはまず人がより長く生きることを可能にし、日々の生活をより安全に、より快適に生きることを可能にする。この状況は都市部を中心に発達する。すると、地方部から都市部へ向かう人の流れが生ずる。それだけではない。人がより長く、より快適に生きるようになると、出生数自体が増大するのである。マルサス流の悲観論は通用しなくなる。生活の快適化、人々の富の増大、それは必然的に大家族の誕生を促すのである。科学の進歩、産業の飛躍的発展、それらは個々人の家庭生活に直接反映する。人々はより豊かに、より安楽になり、しかもより多くの人々がそのような生活を享受するようになる。

人口増大、生活の安定化、この現象はヨーロッパにおいて顕著であった。非常に短い時間のうちにそれは達成されたのである。わずか一世紀の間にヨーロッパの人口は三倍に増えた。その同じ期間に、ヨーロッパの植民地として最も成功した地である北アメリカにおいてその人口は三〇倍に増えたのである。一二世紀においてイギリスの人口は六〇〇万であった。それが一八三〇年には一四〇〇万となり、一九一四年には四五〇〇万となった。この急激な人口増大は大規模な社会変化として結果する。いわば国の重力場が変わるのである。かつてのイギリスの中心は南部に位置していた。しかし、イギリス北部、西北部において産業が発達するに伴い、そこに人口が移っていく。しかも、それまでの農業中心のイギリスは産業中心の国へと変化していくのである。

他方、わがフランスはと言えば、産業革命と言うべき革命が確かに起こりはしたが、だからといって豊かな農業生産を衰退させるようなものではなかった。フランスの富は何といっても農業にあったのである。フランスでも産業の発展によって農業人口の一部が都市部に移動したのは確かである。しかし、それはイギリスでの人口移動に比ぶべきものなどでは全くなかった。フランスは何といっても農業国という性格を失うことはなかった。フランスが相当長きにわたって外部への拡張〔植民地拡大〕を緩めた時期があるとすれば、それはフランスがまずは自国の農業を大切にするというほとんど本能的と言えるほどの賢明さを保持したがゆえのことであった。イギリスをはじめとするヨーロッパの国々では産業の発展があまりに著しく、それゆえにこそ外部への拡張を常に必要としたのである

産業化の過度というほどの進展、それは外部への伸展、販売路の拡大を、したがって常に外地の征服、帝国の拡大を必要とする。そして産業の発達がその頂点に達したと考えられる頃、つまりそれは今世紀〔二〇世紀〕の初め頃のことであるが、地球次元での市場確保のための帝国拡大運動はまさにラッシュの様相を呈することになる。これが資本主義、及び経済を基本的原理とする帝国主義により世界征服を目指す恐るべき時代をもたらしていくのである。

こうしてヨーロッパが進出した世界の広大な地域、それらは新大陸であると旧大陸であるとを問わず、みずからの内にある膨大な自然資源を活用することもなく、無為のままに眠らせていたのだが、それらの資源を求めて進出したヨーロッパは侵略とも言うべき競争へと入っていった。

その詳細について微に入り細を穿って記すことは本書の枠を超えるであろう。ここでわたしが言う帝国主義、それは文字通り極度に推進され、行き過ぎたものという意味では誤ったものである。しかし、その原則、それが生まれた素地とも言うべきもの、それらはまさに当時のヨーロッパ諸国の必要に応じたものだったのであり、その意味では原則的には正当化し得るものであった。わたしのこの言に疑問をもたれる方がおられるかと思う。しかし、考えてもいただきたい。世界が進化するにつれ、人々の日々の生活の必要が増大する。そのことは個々人の次元で真実であるわけであり、したがって人々の集合としての国民全体の次元でも真実になる。産業の発達は常に生産物の捌《は》け口を必要とする。他方、個々人の次元での需要の増大はより多くの自然資源の獲得を必要とする。そうして得られた自然資源は発達した産業により人々の需要に合うように加工されるのである。ここで理解しなければならないのだが、自然資源というものは地球上に等しく、どこにでも平等に配分されているわけではないのである。あるところでは豊かに産する。ある場所には豊かに埋蔵されているが、他の場所ではそうではない。アジアという広大な大陸の端にちょこんとくっついているヨーロッパ、そこには白人種が住み、そこでは創意と発明が蓄積され、科学により自然資源の利用法が発見、発明された。ところがその自然資源のほとんどはアフリカ、アジアの熱帯地域、赤道オセアニア地域に存するのだ。当然、資源を必要とする人々の動きはこれらの地域に向かう。その動きは特に航海術が発達して以降、顕著になったのは言うまでもないことである。ヨーロッパ諸国はこれらの新しい資源地をみずからの植民地とすべく獲得競争に狂奔した。それらの土地に暮らす人々自体はそこに巨大な資源が眠ることとさえ知らず、それを狙って先進国が奔走していることにもほとんど無関心であった。先進国としては、その資源をただ単にわがものにせんとしたわけではなく、それらをもって人類全体の利益になるように先陣を切ろうとしたのである。その観点からして、ヨーロッパは知性において勝り、それゆえに科学的にも財政的にも、そして軍事的にも他を圧倒していたのだ。白人種は肉体的な力に勝り、強靭な精神力を有し、それらを白人種の特権として享受したのだ。こうして白人種は覇権を世界に拡大し、無数というほどの数をもちながら無力、かつ諦念の中に生きるかのような有色の人々の上に君臨することになった。

植民地拡大の動き、これは現今に始まったことではない。すでに一七世紀に始まり、一八世紀になるとその動きは特にイギリスとフランスという二つの国の間の競争として顕著になった。それ以前、スペイン、ポルトガルが築いていた植民地を奪う形で激化した英仏両国の植民地争奪戦は、一九世紀末から二〇世紀初めにかけて一層激化したのである。新しい土地への進出、それは知られざる土地への科学的な好奇心、それが基本であった。アフリカに対する進出がまさにそうであった。アフリカは相当古くからヨーロッパ人が進出した土地であるが、長い間、そこには交易のための基地、商館が沿岸各地に建設されるだけだった。ヨーロッパ人が建設した唯一の広大な植民地としては南アフリカがあるだけであった。しかし、一九世紀末、ヨーロッパは非常に短期間のうちにアフリカ内部への進出を実現する。ヨーロッパ各国はアフリカ内部の広い地域をみずからのものにせんと競争状態に入った。そのことはアジアについても同様であり、インド、インドネシア、マレーシアなど褐色系の人々が住む地域がヨーロッパの支配下に入った。二〇世紀に入る頃、ヨーロッパは黄色人種地域、つまり中国、及び日本に本格的に乗り出す。この地域については未知の部分が多く残り、その支配にヨーロッパは多大の努力と時間をつぎ込んでいるが、未だ問題は解決されていない。これら二つの国が現下の問題である。

もっとも、これら二つの国は二〇世紀に入る頃までは問題ではなかったのである。極東地域、それはヨーロッパにとってあまりに遠い地だ。極東地域に乗り出しているのは現実的に言えば二つの国しかない。イギリスとロシアである。そのうちロシアはアジア人の血も多い国である。中国と日本について、実質的に手を伸ばしているのはこれら二つの国だけだと言ってよい。ロシアはヨーロッパに勢力を広げると同時にアジアにも伸展している。シベリアの草原地帯はロシアの支配下にあり、さらに南を目指している。ロシアは海への進出口を強く求めているのであって、太平洋への出口、あるいはボスポラス海峡から地中海への出口を望み、さらにはヒマラヤを越えてインド洋への進出を望んでいると思われる。他方で、インド支配について、これはイギリスが圧倒的に他を抑えている。一八世紀半ば、フランス東インド会社の支配人ジャン・フランソワ・デュプレックスはイギリスが抑えていなかった土地に進出せんものと望みを抱いたが、その野望はくじかれた。イギリスは三億人を超すと言われる褐色系の人々が住む広大なインドにしっかりと根を下ろしたのである。インド、そこは資源に富み、その富はイギリス本国の経済を支えるというほどに豊かである。毎年、数億ポンドもの資本をイギリスにもたらしている土地、それがインドである。インドこそ、広大なイギリス植民地の中の柱なのである。イギリス植民地の広大さ、これはまた特筆すべきものであり、イギリス本国の面積の一〇〇倍にもなろうか、地球の面積の四分の一にも及ぶ。イギリスの海外政策は当初からインドに集中していた。そのことは現在なお一層真実なのであって、インドへの海上ルート、陸上ルートを確保し、インドに対するイギリスの支配を確実にし、それを基盤に周辺の全地域にイギリスの影響をより一層強く、確実なものにする。それがイギリスの基本政策であった。

イギリスはロシアがインドに手を伸ばすことを恐れており、注意深く監視し、必要とあらば力に頼ってでも守り、攻撃さえ辞さぬという姿勢を見せている。実際のところ、ロシアは国土広大であるだけに、そのどこからさらに領土拡大の触手を伸ばすのか、実に注意が必要なのだ。アジアの歴史は過去一〇〇年来、ロシアとイギリスの外交戦の歴史であったと言えるのであり、そのことはヴィクトル・ベラール氏がその何冊かの著書で力説していることでもあるのだが、特に彼の『アジアの反乱』★7は文字通りの必読の書で、アジアでの覇権をめぐる英露間の外交戦が余すところなく述べられている。

もっとも、ヨーロッパの他の国々がオリエント地域、極東地域に無関心であったわけでは無論

★7 Victor Bérard, *La révolte de l'Asie*, Paris: Armand Colin, 1904

ない。商業的利益という観点からして、極東地域には無限の可能性があるからである。イギリスが最初であったが、それに次いでポルトガル、オランダが興味を示した。これらの国に次いでフランス、ドイツ、イタリア、ベルギーなどが極東地域に進出した。これらの国々の進出については、フランス人フェルディナン・ド・レセップスがスエズ運河を開設したことによりヨーロッパからアジアへの航路が一挙に短くなったことが大きく寄与している。

こうしてヨーロッパ諸国は東方から太平洋へと向かった。イギリスはインドからビルマに進出、さらに中国をうかがった。太平洋地域ではオーストラリアを手にし、タスマニア、ニュージーランドをも手にした。フランスはコーチシナ〔フランス統治時代の呼称で現在のベトナム南部にあたる〕に進出、そこからインドシナに手を伸ばした。これらを基地にフランスはさらにニューカレドニアに進出、そしてタヒチをも手にした。アジアの北部、つまりロシアは黄色人地域に手を伸ばした。大草原地帯にシベリア横断鉄道を開設した。かくして北も南も、陸上からも海上からも、ヨーロッパ諸国はやがては敵対関係になるかもしれぬものの、少しでも早く他を出し抜かんものと進出を速めたのである。

太平洋の向こう側も黙ってはいなかった。アメリカである。アメリカ合衆国は西海岸側からまずハワイをスペインから奪取する形で占領、ついで中国の目と鼻の先とも言えるフィリピンを手にした。こうしてみると理解されようが、各国が狙っていたのは何といっても中国なのである。

中国こそ、その太古に遡る歴史からしても世界が夢見る巨大市場なのである。すべての国が中国の四億から五億と見積もられている人口、七〇万平方キロメートルにもなろうかという広大かつ巨大な石炭埋蔵地域、いやそれにも勝る貴重金属に満ちた地下資源の宝庫、それらを明確に値踏みした上で、何としてもわがものにせんと狙っていた。中国こそ、必要な鉄を生産し、鉄道を充実し、地方開発を果たすことによって得られる利益の大きさは想像を絶する土地なのである。これこそエルドラド、黄金郷である。そこに向かってヨーロッパ各国はわれこそは最大の恩恵に浴さんものと一番乗りを目指したのである。

ところが、である。ここに新入りが登場したという次第である。中国というエルドラド、広大な黄金郷のできるだけ多くをわがものにせんという欲望をむき出しにしていたヨーロッパ各国に割って入ったのはアジアの国、日本であった。ヨーロッパから遠く離れた地にあって、隠遁者のごとく眠りの日々を過ごしていたかのような日本を目覚めさせたのはまさにヨーロッパであった。その日本はにわかに近代国の一員になりおおせ、一次資源を求めると同時に、みずからが産する加工品の販路を求めて一気に植民地獲得競争の中に割り込んできたというわけである。しかも、ヨーロッパ諸国が狙っている中華帝国、そこに狙いをつけてきた。中国は朝鮮を保護下に置かんものと画策していたが、やはり朝鮮への進出を狙っていた日本に対し、中国は一八九四年に宣戦を布告。誕生したばかりの近代国日本、いや眠りから覚めた日本と言うべきかもしれないが、その日本は中国との戦争に勝利をおさめたのである。これは近代日本の最初の勝利であった。

中国との戦争に勝つという大きな収穫を得た日本であったが、その直後、ロシアに目を付けられる。じつは、ロシアの背後にはドイツがいたのである。ロシアはフランスと手を握りヨーロッパへの進出を願っていたのだが、それを阻止せんとしたのがドイツの考えで、ロシアはそのドイツの陰険な企てに乗せられ、日本に目を向けたのである。フランス、ドイツ、ロシアの三国は日本が中国から奪った遼東半島を中国の主権を奪う行為として返還を勧告。しかし、これは全くの偽善であったというしかない。というのも、日本が半島の返還に応じるや否や、三国は遼東半島の分割に乗り出したからだ。ドイツは植民地獲得競争には遅れて参加したのだが、その遅れを取り戻そうとする。アフリカにも手を伸ばしはしたが、真の狙いはアジアであった。ドイツは、中国の中でも人口三〇〇〇万を擁し、地下資源をはじめとする自然資源に満ちた山東省占領を狙っていた。ドイツ人宣教師二人が殺された事件を口実に部隊を派遣、まんまと山東省占領に成功した。遅れてはならじとロシアはシベリア鉄道を遼東半島に延伸し、半島を占有した。イギリスは威海を、そしてフランスは広州湾を手にしたのである。

列強によるこの政策は中国人の憤激を買った。結果として起こったのが一九〇〇年の義和団の乱であるが、清朝中国は欧米列強の前に屈し、王朝の崩壊、革命への予兆となった。ヨーロッパ、アメリカ、そして日本が手を組んで、排外的な清朝を倒したのである。しかし、その結果、列強諸国間での競争は一層激しいものとなった。ドイツの後押しを受けていたロシアは満州を占領、いずれは撤退すると宣言したにも拘らず、現在なお占領を続けている状況である。それどころか、満州を足掛かりに朝鮮へと手を伸ばし、そこでの日本の勢力を弱めようとしている。日本はロシアのこの態度に怒ってはいるが、当面の敵はイギリスである。というのもイギリスはロシアが南方へ手を伸ばすのを警戒しているが、日本がオーストラリア方面に勢力を伸ばすのをもっと警戒しているからである。イギリスは一九〇二年、突如として日本との間に軍事同盟を結ぶ。その目的はロシアの膨張をくい止めることにあった。これが日英同盟であるが、それはアジアの情勢に多大の影響を及ぼすことになった。イギリスの画策はこれにとどまらない。日本をしてロシアに矛先を向けるように仕向けたのである。これはイギリス政府がやったことと言うよりも、イギリス植民地省が主力になってやったことであった。イギリス植民地省はしばしばこの手法を行使したのだが、ここぞという外地において既成事実を作り、イギリス政府としてはそこにコミットせざるを得ない状況を作り出す。そのような下地工作をするイギリス人が植民地省には多くいた。

そうして日露戦争が実際に勃発した。その戦争においてイギリス政府としては両国を和解させる方向で動いたのである。というのも当時のエドワード七世、及び政府閣僚たちは日露の戦争において、万が一ロシアが負けるとアジア情勢は大きく変わることを理解していたからだ。しかし、インド総督であったジョージ・ナサニエル・カーゾンはロシアの南下をくい止めるためには日本の前にロシアが膝を屈する必要があると考えていた。こうして一九〇四年に日露間に戦争が勃発すると、イギリスとアメリカは手を携えて日本がロシアを敗北させるべく手を貸すのである。両者ともロシアはあまりに手を広げすぎていると考えたのだ。こうして、あの小さな黄色人〝ジャップ〟[7]どもはロシアの大熊を倒したのだ。これにはヨーロッパ諸国は真に仰天した。その驚きぶりはまさに仰天という文字通りのものであった。あのアジアの小国がヨーロッパの大国に勝つ、本当にそんなことがあろうなどとは誰も思ってもみなかったのである。

かくして輪は閉じられた。日露戦争における日本の勝利、それはヨーロッパにとってまさに「一巻の終わり」というほどの出来事であった。ヨーロッパの東方進出に終止符が打たれたのである。眠っていた黄色人が目を覚ました。黄色人が立ち上がり、ヨーロッパ人に向かって「アジアから手を引け」と叫ぶようになったのだ。アジアに手を出すな、それどころかアジアから去って行けとまで言うようになったのである。実際、日露戦争以降、ヨーロッパ諸国のアジア進出は止まった。そしてあの大破綻、世界大戦[8]に突入してしまうのだ。この大戦争がヨーロッパにいかに大きな、深刻な影響を与えたかについてはのちに詳しく述べることにしよう。

ともあれ、世界大戦以前のヨーロッパはそれ以前の四世紀間にわたって世界に覇を広げ、地球上のほぼすべてをおさめたと言えるほどの勢力を示した。まさに白人の勝利である。偉大なアメリカ人著述家ロスロップ・ストッダード氏が最近発表した著作『白人の優越に対抗する有色人の上げ潮』[9]を一読されるがよい。この刮目すべき著書にはヨーロッパが内在的に有する優れた資質、それに基づいてヨーロッパ人が成し遂げた世界への勢力拡張が事細かに記されている。

わが地球上には現在約一八億人の人間が暮らしている。そのうち白人種は五億五〇〇〇万人、そのうちの四億三〇〇〇万人がヨーロッパに住む白人である。これに対して、有色人種全体の数は一二億五〇〇〇万人を数える。白人種、有色人種の両者を合わせて一八億人程度ということになる。有色人の内訳を見ると、極東地域に住む黄色人の数は約六億人ほどである。これには中国人、モンゴル人、満州人、日本人、朝鮮人、アンナン〔フランス統治時代のベトナム中部から北部をさす呼称。安南とも〕人、シャム〔タイ〕人が含まれる。褐色系人は北アフリカ、中近東地域、南アジアといった地域に住んでおり約四億五〇〇〇万人、そのうちの三億二〇〇〇万人から三億三〇〇〇万人がインドに住んでいる。他方、サハラ以南のアフリカに住む黒色人種と北アメリカ、及び南アメリカにも住む赤色人種、この両人種を合わせて約二億人に上る。こうしてみるとお分かりの通り、有色人と白色人の数は有色人二に対して白色人一の割合なのである。であるが、これを地球上での政治的支配面積という観点から見ると状況は変わる、というよりも完全に逆転するのであり白人支配地域が全体の一〇分の八ほどにもなる。白人支配下にないのは極東では中国、日本、シャムであり、西アジアではアフガニスタン、ペルシャ〔イラン〕、そしてトルコ、アフリカではアビシニアとリベリアだけであり、これに西インド諸島のうちのハイチということになる。

これまでヨーロッパによる植民地化の歴史をごく大雑把にざっと振り返ってみた。その歴史は要するに面積で言えば地球上の陸地の半分ほど、人口で言えば六億人ほどの人が住む土地をヨーロッパは植民地化してきた。これについてアルチュール・ジロー氏は次のように述べている。「文明化した人々による地球の活用、それが植民地化」★8である。植民地化という事業、それはヨーロッパがその覇権を地球上の広大な地域に及ぼす大事業であった。一九一四年に世界大戦という大戦争が始まるまでは。

★8 Arthur Girault, *Principes de colonisation et de législation coloniale*, Paris: Larose, 1895, 5e édition, Paris: Fénin, 1927

第三章　植民地大国フランスの義務

さて、「白人の勢力」という観点からして、植民地大国であるフランスが占めている位置、占有する植民地の割合はいかなるものであろうか。まず弁《わきま》えておくべきこと、それは世界に占める植民地の広さという観点からしてフランスはイギリスに次ぐ第二位の国だということである。この広大なるフランス植民地が時間の経過の中でどのように形成され、現在の状況はいかようであるかについては、少し先で詳しく述べよう。

この点に関して、前提となる議論としてまずもって検討しておくべきこと、それはヨーロッパによる植民地化を論ずる際に当然なされるべきことであり、実際、本書でもすでに前の章においてこの点の検討をしたのだが、フランスはいかなる理由、根拠をもって植民地化という事業に乗り出したのかということ、換言すればフランスにとって植民地事業は本当に必要なことであったのかという問題である。実際、この問題に関してはごく最近にも「フェリー／クレマンソー論争」として大々的に取りざたされていることにも表れているように、重大かつ深刻、しかも現在なお決着がついたとは言えない重要な問題なのである。いわゆる「ヴォージュの青い山脈」と遠隔の地への進出をめぐって戦わされた、激しく、かつまた悲劇的でもあった大論争、それはのちの歴史によって両者ともに間違ってはいなかったことが証されてもいるのだが、このフェリー／クレマンソー論争に代表される「植民地拡大か、いやそうではなく国内産業の充実か」という問題は、その後、ある程度の決着を見、落ち着いたかに見える。しかし、実際には植民地拡大論には根強い反対論者が多くいる。[11] ここでこの問題について決着をつけるべく、以下、わたしの考えを述べてみよう。

ヨーロッパ諸国にとって植民地開発はなぜ必要であったのか、このことに関しては第二章で説明した通りである。そして、その説明はフランスについても、ヨーロッパの他の国についても同様に適用できる。しかし、ことフランスに限って見れば、植民地開発を必要とした理由にはことさらに強いものがあると思われるのである。ナポレオンは「フランスが置かれている地理的状況そのものがフランスの歴史を決定している」と述べたが、まさにその通り、自然的条件からしてフランスは植民地を必要としているのである。

わがフランスの地理的状況、それはもうお分かりと思うが、フランスの力が及ぶ領域の東方には広大な大陸が広がり、その大陸からは常に侵略勢力がわが方を狙ってきた。そして、東方以外の北、南、西側方面はと言えばこれは海なのである。三つの海、それはつまり三つの危険であると同時に、他方では三つの力の源泉でもあるのだ。海！　海こそいずこの大陸をも分け隔てなく結び付ける至高のルート、途絶えることなく連なり、限りない扉を開けてくれるルートである。しかし、その開放性ゆえにわれらを虜にする侵略者が入り込むこともあるルートである。同時に、有り余る富をわれらにもたらすこともあるルートなのである。恐ろしくもあれば憧《あこが》れのもとでもある海、大洋。その恩恵、その災厄にさらされなかった国はない。穏やかな波音、かと思えば咆哮する大洋、海はその両方をもって人々の生活に影響を与え続けてきた。しかも、その海は地球上の五分の四の面積を占め、財宝の一〇分の九はそこに眠っているのだ。未知の資源に満ち、はるかかなたからの呼び声をひびかせ、そこに乗り出せば新たな富の可能性をわれわれにもたらす海。

しかし、海は陸上で生起してきたもろもろの事件、それをはるかに上回る歴史を刻んできたところでもある。ちなみにモーリス・ラルーイ氏の著『水夫』[★1]をお読みになるがよい。そこには海の上で展開されるじつに驚くべき歴史が刻み込まれている。フランスはもっと海に乗り出すべきなのだ。

★1　Maurice Larrouy, *Le marin*, Paris: Hachette, 1927

実際、人類は当初から海により、海上で、また海のおかげで偉大な歴史を刻み、活動を展開してきたのだ。人類の最も目覚ましい活動もまた海上でなされ、海の上での大事件こそが人類の偉大さを証明もし、あるいは人々の滅亡をもたらしもした。海の上でこそ、帝国の興亡、文明の繁栄と衰退は繰り返されてきた。一国がその興隆と衰退の物語を目にしたのも海の上であったし、そのことは一国のことにとどまらず、世界の諸文明が目《ま》の当たりにしたことでもあったのだ。ギリシャの繁栄は何によってもたらされたか、サラミスの海戦を見よ。グナエウス・ポンペイウスが海賊どもを相手に勇敢に戦ったという事実、それがローマ帝国の基礎を築いたことを見よ。ユリウス・カエサルがその輝かしき軍勢を進撃させたのは海上ではなかったか。アクティウムの海戦においてオクタヴィアヌス〔アウグストゥス〕がマルクス・アントニウスの軍勢を破ったこと、それによってその後のヨーロッパの歩みは長期にわたって大きな影響を受けたのだ。ローマは地中海交通を完全に掌握し、地中海内の各地をその支配下におさめ、それにより大ローマ帝国はヨーロッパはもちろん、アフリカ、アジアからのさまざまな食料、資源を提供するルートとしていた。イスラム勢力がイベリア半島やガリアの地まで侵略を進めたのも海上を行く部隊による物資の補給、人員の補充を受けていたからこそであった。モーリス・ラルーイ氏の著にも記されているが、「アラブ人がその進撃をポワチエで阻《はば》まれたのは海上からの補給を得られなかったから」なのである。スカンディナヴィアのヴァイキングたちがノルマンディーを占領し、リュテシア〔紀元前一世紀末、ローマ人により占領されたパリの中心部シテ島、及びセーヌ川左岸地域を指す〕をも侵さんとしたのももちろん海のおかげであった。彼らの子孫はイギリスまでも征服したのだ。百年戦争の間、イギリスがフランスを征し、植民地にせんとばかりに戦いを挑んできたのは彼らが海上交通を完全に制していたからである。当時のフランスはその点においてイギリスに劣っていた。イギリスがフランスから手を引くのは一五世紀のフランス貴族ジャック・クールが巨大な海上軍団をもってイギリスに対抗したがゆえに他ならない。イスラム勢力は長きにわたってヨーロッパを脅かし続けたが、レパントの海戦で大敗を喫した。しかし、そのイスラム勢力を打ち破ったスペインは当たるところ敵なしを誇った無敵艦隊が隆盛軒昂たるイギリス海軍との幾度にもわたる戦いで結局は膝を屈する結果に終わり、そのことがやがてイギリスの洋々たる栄華繁栄をもたらすことになったのである。

フランスはこれらの歴史から多くを学んだ。ゆえに、中世期が終わりとなる頃、フランスは海軍力増強の必要をひしひしと感ずるようになったのである。先にも述べたが、フランスはその北、南、西方面をもって海に臨んでいる。これらを守らねばならない。いや、守るだけでは不十分である。国土の安全を確保するためには、これら三方面のいずれかから押し寄せるかもしれぬ敵に立ち向かい、海上封鎖を阻止し、敵の砲撃を防御し得る強力な海軍の創設とその実働化が必要である。それだけではない。遠隔の地に出かけ、交易により本国の人々が必要とするあらゆる商品、資源を運びくる商船を守るための海軍力も必要なのである。その海軍が実効力を発揮するためには、さまざまな地に設置されるべき補給基地はもちろん、支援部隊の創設も必要となる。

このように海の安全を確保するためには、航路上にある多くの国々に対して果たさねばならない義務、それらの国々から課される条件への隷従というものが生ずる。複雑に絡み合った義務と隷従の複合を甘受しなければならないのだ。と、こうして考えると理解されるが、国の安全を守り、自由航行をみずからのものにするためには海軍力の増強、さらには自国の領土となる植民地を拡大することが是非とも必要となるのだ。レオン・エヌビック氏の著書[★2]は諸文献を丹念に調べた上で書かれており、その著には「海、それはルートである。ルートを通じて交易がなされる。交易は富の源泉である。富、それはいたるところに広げられた国家の影響力、実質的武力、威光によって得られる」と記されているが、これこそわたしが言うところの武力とその実行の複合そのものである。ではあるが、エヌビック氏が言うところの「ルート」、そのルートによって広げられる「影響力」、それを確保するためにはいくつもの中継地点、支援供給基地、宿営地などといったものが必要となる。海軍が海洋のかなたにその影響力を発揮し、交易の安全を確保するためには海港の開設はもちろん、商館、交易所、中継寄港地が必要であり、それらの完全なる防衛が必要なのである。まずは中継寄港地だが、これのためにはその周辺施設としてさまざまなものが必要になる。ラッツェルの法則に言われる通り[★3]、占有面積拡大の必要があり、遅かれ早かれその必要から逃れることはできないのである。支援供給基地、宿営地、それらも必要であり、それらはまた防衛されなければならない。商館、交易所、港には内陸部からの攻撃を迎え撃つ防御能力をもたせる必要がある。つまり、それら施設の周辺にはある一定面積が安全のために必要なのである。沿岸部を確保するためには、それが属する地域一帯を占有しなければならない。要するに、征服が必要となるのだ。まず設置される商館はその地域一帯で産出される商品を運び出すためである。その商品生産を増大させるためにより大きな栽培面積が必要となってくる。そうすると、栽培園は大きな農業経営体となり、より多くの現地住民を巻き込むものとなってくる。当初の占有地域だけでは対応しきれなくなってくる。沿岸部に設置された支援基地と、それを支援する部隊だけの能力では不足である。内陸部への進出、重要拠点の完全防御が必要となる。つまりは、地域一帯を植民地化する必要が生じるのである。こうして一つの植民地が生まれる。

地理的に見てフランスと同様の状況に置かれた国はどこでも同じなのだが、フランスが世界においてその独立と地位を守るためには海洋への進出とその結果の享受に頼る以外にはなかった。フランスは他国同様、「古来、歴史が教えるごとく、海洋支配権をわがものとする」[☆4]必要があったのだ。いかなる沿岸国も、あるいは海へ通ずる出口をもった国であればいずこも、その運命は同じであった。つまり、海軍力を備え、その海軍力をもって植民地開発を必要としたのである。これすなわち、わたしが言うところの「植民地への隷従」の第一の意味である。[12] ヨーロッパの国

★2 Léon Hennebicq, *Genèse de l'impérialisme anglais*, Bruxelles: F. Larcier, 1913
★3 Friedrich Ratzel, *Politische Geographie*, Munich: Oldenbourg, 1897
☆4 Lucien Romier, *Qui sera le maître [Europe ou Amérique?]*, Paris: Hachette, 1927〔角カッコの部分は原註にない〕

で直接海に面している国、あるいは大河川を通じて海に接している国であればいずこも、海の向こうへの進出、海の向こうへの人々の移住、遠隔の地への冒険、つまりは植民地開発に乗り出したのだ。それは不可抗力的にそうだったのである。ポルトガル、スペインは直接海に面し、海港をもっている。イタリアはヴェニスに海港を開き、オランダはライン川河口部から海へ、イギリスはその全域を海に囲まれ、ベルギーはスヘルデ川河口部、特にアントワープから、いずれも海のかなたの植民地へと拡大していった。外部においては経済的覇権を確保し、それをもって内なる安全を保障する。こうして海に乗り出し、他者による富の独占を許さぬという姿勢、それが奴隷の境遇に陥らぬために必要であったのだ。

もちろん、これらの国々は各々の国家政策、国家経済の状況と相談しながら各国独自の植民地政策を進めることになる。イギリスの場合、それは顕著なのであって、イギリスは四方を海に囲まれ、したがって国としての統一は保証されたも同然であり、その状況からして海外への進出に専念できたわけである。イギリスに比べてフランスが海外進出に後《おく》れをとった観があるとすれば、それはフランスの場合は陸上の国境防衛に常に心を配る必要があったからなのである。フランスの歴史を見てみれば理解されるように、陸上国境での危険が少なかった時にはフランスは海洋に目を向けていた。それは過去から学んだことであって、フランスが威光あるフランスとしての地位を守り、周辺国からの脅しに屈しないためには海外への進出が必要だと分かっていたからである。フランスが国家としての威容を整え、社会が進歩するにつれて必要とするところも増大するに伴って海外への進出はますます必然のことになってきた。海のかなたへの進出、それは総体としての必要、つまり一方においては市場拡大という必要、他方では本国では産出されない一次資源獲得のための絶対必要条件であった。そこから今度は航路の安全を確保するための措置が必要となってくる。その安全が保障されない限り、商業の発展はない。リシュリュー、さらにはコルベールの時代を見よ。二人とも、特に後者は重商主義政策を推進した人として知られるが、その時代、東方航路の安全は常に野蛮な海賊どもに脅かされ、不法にも奪われることが多かったのだ。航路防衛の必要はますます重要になり、植民地現地にまで及ぶようになった。一六世紀フランス・ヴァロワ王朝のフランソワ一世がハプスブルク家との勢力争いをアメリカ大陸でまで繰り広げたのがその一例である。

つらつら記してきたが、じつのところフランスは、他の国々に比べると植民地拡大にさほど熱心であったとは言えないのである。その理由はフランスは何といっても農業国であるというのが事実だからであり、フランス人は、モンクレチアンの言葉を借りれば「土地信仰」にとらわれているからである。[★5] フランスは気候に恵まれ温暖快適、肥沃にして豊かなる大地、人々は美しきわが祖国を享受している。それゆえにフランス人はみずからが住む土地を離れたがらない。何ゆえに野蛮と敵意に満ちた海のかなたにまで出かけるという危険を冒す必要があるのだと考えたとし

★5 Montchrétien, *Traité de l'économie politique*, Rouen: J. Osmont, 1615

ても無理はない。それゆえフランスが真に植民地政策らしきものに真剣に乗り出すのは一六世紀以前に遡ることはない。つまり、新世界発見によってかくも豊かな富が海の向こうにあることが知られるようになってからのことなのである。しかし、それが知られるや否や、フランスは仰天し、覚醒した。ヨーロッパの他の国々、つまりスペイン、ポルトガル、オランダ、イギリスとの海洋進出競争に負けてはならじ、未知の富の獲得競争、新市場の開拓競争に負けるわけにはいかないことを深く理解したのである。それは文字通り、生きるか死ぬか、繁栄の道をたどるか衰退に沈むのかの二者択一をかけた競争であった。

ここに述べた利害という観点からの理由、それがフランスをして海外進出に向かわせたのは確かである。しかし、ここでもう一つ忘れてはならない理由がある。それは道徳的観点からの理由であって、フランス人はこの点を非常に重視したのだ。これは誠に重要で、フランスは大変早い時期から海外活動における道徳的側面の重要性を認識し、そのことがフランスの植民地活動には人間性があると言われる所以《ゆえん》となっており、現在もフランスの海外開発事業の基本的特質として生きているのである。そこでフランス人について考えてみよう。

フランス人の基本的性格、それは利他主義者ということにある。フランス人の精髄は普遍志向にあり、それは当然ながら善なるもの、美なるもの、公正なるものを愛することに帰着する。これらを総合した精神が利他主義に行き着く。その精神は国境を越え、人々すべての間で正義、連帯、そして互いに助け合う精神が地球上の全人類社会で実現されることを望むのである。特有の知的好奇心の強さ、それあるがゆえにフランス人はより広い、未知の世界への進出を好み、その新世界にも善なるものをもたらさんと欲するのである。フランス人は自分たちとは異なった人種に属する人々と接し、その人々を助け、その人々に気に入られ、また愛されること、それを望む。当人がキリスト教徒であるか否か、それは問題ではない。あるいはまた王党派であるか共和派であるかも問題ではない。そのような狭量さを乗り越え、フランス人はみずから信ずるところを他者にも伝えんものと望む。フランス人は他者を前に同じ人類としての家族・同胞意識をもち、その人と心を一つにしたいと願う。フランス人にとっては与えること、全身全霊をもって他者に奉仕すること、これが基本である。それをもってフランス人は自分たちよりも不遇な境遇にある人々に光をもたらさんものと願うのである。

この精神はドン・キホーテ精神とも言えよう。つまりは、誤りを正し、弱きを助け、苦しみの中にある人を助けんと願う精神である。フランスの植民地活動、そのほとんどはこの精神に基づいてなされている。キリスト信徒への迫害が猖獗《しょうけつ》を極める地ありと聞けば軍の派遣を辞さず、他方で理不尽なる混乱を前にして助けを求める君主には手を差し伸べ、逆に暴虐王の苛酷なる圧政に苦しむ人民ありとなれば遠近を問わず赴き、敢然と武力を行使する。インドシナの嘉隆帝が王位簒奪の危機にあったとき、フランスはすかさず支援の手を差し伸べたではないか。こうしてフランスはアンナンが逆賊どもの手に落ちるのを防いだのである。アフリカに目を移せば、西アフリカの広い地域で血の饗宴をほしいままにしていた狂王サモリを斃《たお》したのはフランス、ボルヌ帝国の狂暴王ラバーを斃し、さらにはイスラムを掲げて人民を圧し、苦しめていたエル・ハジ・オマールを斃したのもフランスなのである。[13]インドにあってはヒンドゥー教徒を暴虐な王から救い、カナダにあっては非人間的状況下に苦しんでいた現地住民を救ったのもフランスであった。これらの事例に見られる利他主義の精神、それは近代の合理主義に基づく政治がなされる以前からフランスにあったものであった。一五世紀、そして一六世紀の時代、植民地に関わる文芸に携わった作家たちにすでにその精神が見られる。レスカルボが植民者たちに述べている言葉を見るがよい。「新しくフランスとなった地に住む哀れな人々に対しては善隣、公正、そして正義の心を教えるがよい。みずからそれらの心を際限なく発揮して」[★6]。王政時代、遠隔の植民地における統治の責任者、総督に与えられた王の指示、その言葉のうちにも愛他の精神は満ちている。一八世紀、一九世紀になると、もろもろの文学作品中に見られる「善良な未開人」という表現、これほど罪なく、単純かつ純真性を表す言葉があろうか。いつの時代であれ、わがフランスの海外活動にはこの人間愛の心が一本の金の糸のように貫かれている。のちの章でより詳しく述べるが、われらの植民地開発・統治は人間としての強固な連帯、まずは何よりもそれを基盤にして、その上に法的、道徳的統治原理が築かれているのである。

　なぜフランスは植民地開発に乗り出さねばならなかったのか、その理由を述べてきた。要約すると、まず地理的条件がそれを必要としていたこと。そして先に説明したが、経済的、政治的、道徳的観点からフランスが甘受せねばならなかった隷従、それがあらゆる時代を通してフランス人をして海のかなたの植民地へと向かわせる国民性を形作ってきたのである。では、植民地開発はいかにしてなされてきたか、またその結果はどうであったのか。それについて、次章以降でより具体的に見ていこう。

★6　Marc Lescarbot, *Histoire de la Nouvelle France*, Paris: Milot, 1609

第四章　フランス植民地帝国の創設

先の第二章でも述べたことだが、フランスによる植民地化の歴史は非常に古い時代にまで遡るのであり、それを最初期の時点から事細かに記述するというのは本書の内容をことさらに煩雑化するだけだという意味で無用である。植民地化はフランス、及びヨーロッパにいかなる影響を及ぼしているか、それを理解するために必要な範囲にとどめておくべきであろう。ただし昔からよく言われることであるが、フランス人はもともと植民地化に不熱心であったというような言説を打ち破り、他方では先に言及した政治的、経済的、道徳的な観点からフランスの運命として課されている隷従についてより具体的に説明する必要があるという観点から、フランスがいかにして海外領土の獲得に向かったのか、大まかな年代記的記述は必要である。以下、概要を記してみよう。

「フランス人は生来内向き志向だ」という言説は、歴史に照らしてみれば真実ではないことが分かる。しかし、フランス人が自分の生まれた土地を愛するということ、そのこと自体はまさに事実である。しかし、フランス人は他方、その歴史を通していつでも未知の領域に乗り出したいという抑えがたい冒険心に駆られてもきた。外洋に立ち向かい、新しい土地を発見したいという意思は渇望にも似たものであったのだ。その証拠はいずこに、と仰せであれば申し上げよう。たとえば、トルコのアンゴラ〔現在の首都アンカラの古名〕近辺には金髪碧眼、口ひげの両端を下に伸ばしたような男性諸氏をよく見かけるが、これこそ古代ガリア人セノネス族の族長ブレンヌス王の軍団が陸伝いに延々とトルコあたりにまで遠征した証拠であって、その風貌がそっくりそのまま現代のトルコに残っているのである。海洋への乗り出しについても、フランス人の祖先たちは早くからおこなっていたのであって、歴史を遡れば少なくとも三度にわたってフランスは植民地帝国の「下書き」、ないし「草案」のようなものを作っていた。

その最初の草案をわれわれは、一一世紀から一五世紀にかけてわれわれの祖先が地中海各地の非キリスト教徒地域にフランス語、フランスの制度、フランス文明を伝える戦いをおこなったという事実のうちに見出せる。中世期フランク王国の兜〔頭全体を覆うもので、正面から見ると十字形に見える〕をつけた騎士・兵士たちの足跡はイタリアからシシリア、コンスタンチノープル、そしてさらに遠くのパレスチナ、ギリシャ、キプロス、他方ではスペイン、ポルトガル、東方に向かってはハンガリー、アルメニア、南ではチュニス、トリポリ、そしてエジプトにまで見出せるのである。そのことはポール・ロンニョン氏[14]の著作中に詳しく述べられている通りである。われらが祖先たちは地中海地域の四方に向かって活動域を広げていたのだ。イギリスとの間で戦われた百年戦争によってわが祖先たちの遠征意欲は一時的に削《そ》がれはしたものの、一七四〇年から四八年にかけてヨーロッパのいくつもの国を巻き込んで戦われたオーストリア継承戦争のために経済的に疲弊した王たちは、その立て直しのためにも新大陸への乗り出しが必要だと考えた。あらためて言うまでもないが新大陸の発見は一五世紀末、コロンブスの時代に遡るわけだが、じつのところコロンブスより早くにフランス北部ディエップの商人たちが外洋への航海に乗り出していたのだ。この商人たちの遠征意欲、これこそフランスの歴史における第二の帝国建設草案と言うべきもので、彼らは軍事目的ではなく商業上の利益を求めて海の向こうに乗り出したのである。初めのうち、商人たちは国の支援もなく、自分たちの意欲だけを頼りに海に乗り出したのであった。つまり、個人的な勇気、それが原動力となって大いなる冒険と利益への船出となったのである。ディエップ、そしてルーアンの商人たちは早くも一四世紀には西アフリカ沿岸に到達し、交易基地を作っていた。西アフリカ、現在のセネガルからギニアにかけての地にはノルマンディーやブルターニュ、ガスコーニュなどの地方から商人たちが乗り出していた。ちなみに、ポールミエ・ド・ゴンヌヴィルはヴァスコ・ダ・ガマに遅れはしたが、アフリカ南端のケープ岬を回り、オーストラリアまでたどり着いている。

ここで述べたことは、いわば冒険心に富んだ人たちの話であって、それ以上の意味合いはない。

新しい土地の植民地化などとは到底呼べるものではない。植民地化が問題になるのにはフランソワ一世〔一五一五年から四七年まで王位にあった〕の到来を待たねばならない。彼は当時の経済状況を鑑みるに重商政策こそ国家の必要事であることを悟《さと》り、海外での植民活動を重視、積極的に支援したのである。

百年戦争が終わった後のフランスは戦費の多さに驚愕する。軍事費用はまさに莫大であった。生産労働に従事するわけではない多数の兵士への給与支払い、にも拘らず王室支出の多さは相も変わらずである。王は何としても収入の増大化を図る必要があった。といって当面、財貨は乏しい。ヨーロッパの王室はいずこにあっても自国からの金《きん》の流出を恐れていた。財貨の蓄積が何としても必要であった。それだけが国家の財力を保証するものであったからである。自国にある金の流出を避ける、他方で外部からの流入を多くする。国民には自国産品の消費を心掛けさせ、そうすることで外国からの購入はできるだけ少なくする。さらに、自国産品の剰余分を外国に向けて売る。こうして王室は自国産業の発展を促し、外国からの購入を減らすようにする。そして自国での産品は遠い海外での販売に回し、その地からは金を持ち帰るようにするのである。こうしてフランス南部ラングドック産の毛織物がトルコにまで運ばれるようになった。さらに新しい販売先が求められ、そこへの交通路の安全が図られる。ハンザ同盟加盟諸都市、そしてスペイン、ポルトガルが短い時間のうちに巨大な富を蓄えた事実に学ぶ必要がある。いずれも新大陸発見に多くを負っているではないか。「金《きん》は海外との取引で手に入る」のである。財貨窮乏の時にあって、フランソワ一世とその後継者たちは海外交易こそ富の蓄積に必須であることを熟知するに至った。[☆1]

フランソワ一世はリヨンを絹織物生産の中心にし、他方で海外交易に重点を置いた。彼はコンスタンチノープルのスルタンからオスマン帝国との交易権を得た。しかし、もっと重要であったのはローマ、及びマドリッドを相手に自由な海洋交易権を勝ち取ることであった。一四九三年五月四日の教皇アレクサンデル六世による悪名高い回勅により、世界はスペインとポルトガルの二国で分割された状況にあったからである。これに対し、フランソワ一世は「アダムの遺言」を見直すように要請、資源を求めて新しい土地の探索、開拓を強く推進した。ブラジル航路の開拓を目指したディエップの商人ジャン・アンゴは海賊どもに武器を調達、二五〇隻ものポルトガル・カラヴェル船からの略奪に成功している。ジャン・アンゴの同時代人、ジャン・パルマンチエは喜望峰を回り、スマトラにまで足を延ばし、マダガスカルに寄っている。フランスの航海者たちは一方では中国の皇帝に面会し、他方ではモロッコのスルタンと面会しているのである。フランソワ一世はサン・マロ出身のジャック・カルチエをして、アレクサンデル六世の回勅で定められた海域外での航路開拓を支援し、カナダの発見につなげている。

☆1 J. Morini-Comby, *Mercantilisme et protectionnisme*, Paris: Félix Alcan, 1930

しかし、一五六二年に始まり約四〇年もの間続いたユグノー戦争はフランスの海外発展を一時的に休止させた。しかし、アンリ四世は長く続いたカトリックとプロテスタントの争いを終結させた。彼の側近シュリー公マキシミリアンは農業を重視、海外進出にも産業にも重きを置かなかった。しかし、それに断固反対したのがアントワーヌ・ド・モンクレチアンで、彼は産業を基盤にした重商主義政策を提唱、「新フランス」の開拓、つまり海外植民地開発の必要性を主張した。アンリ四世はこのモンクレチアンの主張を取り入れ、産業振興を図り、奢侈品生産を促し、オランダとスペインに対しては価格競争を仕掛け、地中海域で北アフリカを基地に海賊行為をほしいままにしていた賊どもを抑え東方貿易を推進した。アンリ四世はフランソワ一世が見果てぬ夢に描いていた新大陸カナダ開発に再び乗り出し、こうしてサミュエル・ド・シャンプランがケベックを植民地として開発する基礎を築いたのである。もっとも、その開発は困難を極め、アンリ四世をして植民地開発から手を引かせるほどのものがあった。フランスが真に植民地開発に重点を置くようになるためにはリシュリュー、そしてリシュリューの後を受けるコルベールの登場を待たねばならなかった。

一七世紀前半、ルイ一三世治下、一八年間にわたって宰相を務めたリシュリューは海を制する者こそが真の力をもつことをよく理解し、フランス王たるもの海上貿易に力を注ぐべきことを説いた。政府の力で商業を推進すべきことを強く信じた彼の金言は単純明快なことこれ以上はないというものであり、「できるだけ多くを外国人に売り、外国からはできるだけ少なく買う」であった。彼の目にとってオランダの富は文字通り羨望の的であった。彼のもとでルイ一三世の勅許が発布された。これはミショー法典と呼ばれるものであるが、海軍に特許を与え、植民地からの一次産品、食料などの輸入に際して外国仲介業者の介入を許さないというものであった。フランスは、スペインが重きを置いていなかったアンティーユ諸島中の小アンティーユ列島に位置する島を奪った。これがマルティニック島とグアドループ島であり、島自体が産するものも重要ではあったが、それよりも何よりもスペイン船の交易を妨害する海賊船の基地としての重要性をもっていたのである。イスパニョーラ島〔ハイチ、及びドミニカ共和国が存在する〕の北に位置する小さな島トルトゥーガ島を基地にする海賊たちが跋扈《ばっこ》していた時代であった。リシュリューは東インド会社を設立、続いてマダガスカル会社を作り、さらに地中海、及び大西洋貿易、そしてカナダとの貿易を司る会社を設立した。リシュリューには先を見通す能力があったことは間違いないが、それの実現のためにはさまざまな障害もあった。

この障害を乗り越えるべく努力したのがリシュリューの後を受けたコルベールである。コルベールはルイ一四世治下で財務総監を務めたのだが、彼の基本的な考えはリシュリュー同様、自国産品の外国への販売、そして外部からの金の獲得であった。つまり、フランス国内生産の増強が不可欠、特に奢侈品の生産が重要であり、彼はいくつもの王立製造工場を建設した。コルベールもオランダの突出した富を激しく羨望し、フランスに流入するオランダ製品には高い関税をかけた。結果はオランダとの戦争であり、オランダはヨーロッパ諸国の支援を受け一六七八年から翌年にかけて結ばれたナイメーヘンの和約に至った。これによりコルベールがおこなっていたオランダ製品への高関税政策は放棄せざるを得なくなったのである。しかし、屈することなくコルベールは東方貿易会社を設立、東インド会社、西インド会社に力を注いだ。しかし、彼の政策は世論の支持を得ることはなくインド会社はやがて力を失っていく。コルベールはまた植民地からの資源獲得、他方で植民地での販売拡大に力を入れた。「支払わずして、手に入れる」政策をおこなったのである。カナダへの進出にも力を注いだが、同化政策に基づき行政手続きを煩雑化するという誤りを犯した。他方で、アンティーユ諸島の開発は順調に進んだ。これにはアフリカからの黒人奴隷貿易が大きく関わっており、コルベールは有名な「黒い法典」と言われる植民地における黒人奴隷の地位等に関わる法律の起草者として名を残すことになる。その一方でコルベールはヨーロッパの植民地所有国が実施していた植民地規約、つまり各々の植民地はその宗主国本国の製品しか輸入できず、また植民地産品はその宗主国本国向けにのみ輸出することという規約をフランスでも適用した。このような規約は密輸を奨励するようなもので、無益という他はない。コルベールはそれに対処するために強力な海軍を創設、司令官デュケーヌは当時最も高名な海の勇者として知られたロイテル海将の軍を破るという功績を立てている。

フランス王国経済の立て直し、そして植民地開発というコルベールの努力には顕著なものがあったが、大きな障害にぶつかりもした。ヨーロッパの他の国々がフランスの興隆に異議を唱え始めたのである。ルイ一四世が引き起こした数々の戦争はコルベールの財政健全化策にとって障害となるばかりであったし、一六八五年のナントの勅令の廃止は国内での争乱を再び激化させた。また、彼の重商主義という政策そのものがフランス人の農民的性格、自分の住む土地から離れたがらない性格と衝突するところが大きく、やがてコルベールの政策そのものの失敗という形で現れる。

こうしてルイ一五世の治下になるとリシュリュー、コルベールの夢はすっかり色褪せ、ついには両人が築いた植民地帝国の基盤は揺らぐことになったのである。モンカルムが描いたカナダ開発、デュプレックスが描いたインド開発は潰《つい》えた。一七六三年にはイギリスにヒンドゥスタン〔インド〕、カナダ、セネガルを奪われることになり、アンティーユ諸島までが脅かされた。しかし、フランスは全く意気阻喪したわけではなかった。ブーガンヴィルによってオセアニア進出がなされた。アメリカ独立戦争が起こり、それに乗じてフランスにはカナダとヒンドゥスタンを回復するチャンスが訪れたのだが、フランスはこのチャンスを逸した。一七八三年のヴェルサイユ条約によりフランスはセネガル、サンピエール・エ・ミクロン、タバゴ島〔一九世紀末以降はトバゴと呼ばれる〕、サンタ・ルチア島、インドのポンディシェリ、マヘ、カリカット、ヤナオン、シャンデルナゴールを奪還した。一八〇二年、ナポレオンはもともとフランス領であった地をイギリスから取り戻すかに見えた。ルイジアナを独立したアメリカに譲歩したのはナポレオンである。しかし、一八一四年のパリ条約によりイギリスは自国領地を維持し、フランス植民地帝国は崩壊の憂き目を見た。本国以外の領土はごくわずかという状態に陥ったのである。フランスはもはや偉大な海洋国という地位からは程遠い存在でしかなかった。
かくしてフランスは植民地開発に関する限り長期の眠りに陥った。その眠りから覚めるには一八三〇年まで待たねばならなかった。この年、「リベラル学派」と呼ばれる教条主義的な経済学者たちの激しい反対はあったが、アフリカ北西部海岸地域、バルバリアとも呼ばれたアルジェリア征服という偉業を成し遂げ、これが植民地開発再始動の狼煙《のろし》になったのである。その後、また休止状態があったものの、シリア、コーチシナ、カンボジアへの進出が試みられた。アフリカではルネ・カイエに続いて、その名もあまりよくは知られていない軍人、民間人が内陸部への足跡を残すようになった。

さて、フランスは一八七〇年に当時のプロイセンとの間に勃発した戦争、いわゆる普仏戦争で敗北を喫し、アルザス・ロレーヌを失った。その後に誕生したのが第三共和政であるが、この共和政下、植民地開発は重点的に推進され、素晴らしい結果を生むことになった。こうしてフランスは現在に至るまで続いている植民地帝国という偉大な栄冠を受けることになったのだ。しかし、これがわたしが本書で述べようとしている肝《きも》であるのだが、栄冠には茨のトゲがあるものだ。このトゲ、それこそがわたしが言うところの植民地統治の偉大さと、その一方での隷従という事実なのである。第三共和政下のフランスは、未だ偉大さに伴う隷従について十分に認識してはいなかった。

戦争での敗北、それに伴う領土喪失、そのことにフランスは苦しみ、何としても国としての威信の回復が求められていた。フランスは偉大な国としての力を回復し、再び世界における覇権を示す必要がある。他国にその栄光を譲るわけにはいかないのだ。世界の運命、世界の歩みを司る栄光ある国としての威信を何としても回復せねばならない。政治的、経済的な観点から過去に学ぶところを鑑みるに、海外への進展、これこそが必要事であり、それなくしては国は疲弊する、いやそれのみかやがては他国への隷属状態に陥り、ついには死を迎えることにさえなりかねないのである。フランスはその伝統に復帰せねばならぬ。つまりは海外への進展である。それを具体的に言えば、海外貿易を盛んにする、すなわち交易ルートを確保し、海外での販売先、市場、寄港地、植民地を開発、確保せねばならない。こうして登場するのがジュール・フェリーであり、彼は多くの船乗りたち、冒険をものともしない探検家、先駆者たちが過去何世紀もの昔から営々と築いてきた実績に基づき海外発展の方策を探ろうとした。

ジュール・フェリーの政策に激しく反対したのがジョルジュ・クレマンソーであった。クレマンソーの考えでは、フランスはこの困難な情勢下、その国力を外部に分散させてはならない、植民地開発、植民地統治につきものの紛争、そのような冒険にフランス国の安全をさらすなどはもってのほかというものであった。現下のフランスにとって直接の敵〔危険〕はヴォージュ山脈の向こう側、つまりドイツにある。われわれはそこに全精力を集中せねばならぬというものであった。フェリーとクレマンソー、両者の論争は誠に激しいものであった。正義はいずくにあったのか。それに答えを与えたのはずっと後のことにはなるが、歴史である。歴史はこれら両者ともに正義を与えたのである。一九一四年から四年余にもわたって続いた世界大戦中、ドイツ側からの侵略を阻止したのは確かに時の首相〔兼陸軍大臣〕クレマンソーその人であった。しかし、その防衛軍の一翼を担ったのは、その時すでに世を去ってはいたもののフェリー議員が将来必要になると予測していた植民地出身兵士軍であったのだ[16]。

　しかし、今は世界大戦の結果にまで言及するのは早すぎる。その前、普仏戦争後のフランスで植民地開発に熱心に取り組んだジュール・フェリーはすでに植民地事業に伴う偉大さのみならず、隷従を存分に味わっていたのだ。その隷従を直接に味わっていたのは植民地現地で統治にあたる総督をはじめとする行政官たちであり、首相フェリーは彼らからの激しい批判、中傷、怨恨の言葉を受けることになった。フェリーが植民地開発を通してフランスに与えようとした栄光、その努力そのものが彼に辛酸をなめさせることにもなったのである。じつはその辛酸は遠くアフリカの地でも、アジアの地でも、行政官たちが味わっていたものであった。まず、身体的な苦痛、それは並大抵のものではなかった。灼《や》けつく暑さ、死をもたらす沼沢、熱地獄の砂漠、森に潜むのは猛獣だけではない、毒液に満ちた樹木も多い。そして、現地住民の不服従、野蛮極まる武器を持っての不意の襲撃さえあるのだ。そして精神的な苦痛。無知、侮蔑、嫌悪が行政官を苦しめる。それらが現地住民からというよりも本国住民から向けられるとしたら、行政官の苦しみはいかほどのものであるか、お分かりいただけよう。実際、スキャンダル狙いのタブロイド新聞を筆頭に吐き出される毒舌の嵐、それは現地行政官の苦労に満ちた日々の仕事を全く無視するかのように嘘と誠を巧みにないまぜにし、じつに卑劣にして毒気に満ちた記事をばらまくのである。その毒気を真《ま》に受ける読者たちはフランスの過去の栄光を忘れ、内に閉じこもり、世界の経済情勢が大変な勢いで変化し続けていることを考えもせず、ただもうスキャンダル新聞の言うがままにフランスの海外活動に敵意の目を向けるのである。そして、国会はと言えば世論の波に押されるがまま、海外活動のための予算を出し渋り、フランスの栄光のための事業を理解しようともせず、ただもう不毛な議論に身をやつし、やっとのことでお金を出すかと思うと小出しにするのみで効果はないといった始末。彼らが口にするのはいつでも同じ。海外活動で他国との間に外交問題が生じたらどうするのか、それが国際紛争に発展したらどう対処するのかといった内向きの議論ばかりなのである。

このように足枷《あしかせ》はいくつもある。困難極まりないのが事実ではある。がしかし、われわれは何としても先に進まねばならないのだ。しかも、それは急を要する。主要各国、つまりイギリス、ドイツ、イタリア、スペインなどは新しい土地の領有権をめぐって競っている。今や多少の危険はあろうとも急がねばならない。そうしてこそ初めてジュール・フェリーの努力が報われるのである。現在時点において、フランスが植民地帝国として第二の地位を確保し得ているという事実を思うとき、われわれはフェリー首相がその閣僚たちと共に成し遂げた偉大な事業にあらためて感謝と敬意の意を表するべきである。彼らはじつに多くの試練に耐えてこの事業を成し遂げた。

国内の反対派が投げつける毒のある矢のみならず、アフリカ、アジアの地で何度辛酸を経験したことか。手当てが少しでも遅れれば取り返しのつかないことにもなりかねない状況を前に、全く迅速に対処してきたことを思うとき、彼らの成したことは奇跡に近いとさえ言えるように思うのである。たとえば、フランスの庭先とも言える北アフリカで起こったことを思い起こすがよい。アルジェリアと境を接するチュニジア、クルミリーア山岳地域での手に負えない激しい抵抗にあいながら、フェリー首相の軍はベイ王国〔現チュニジア〕を保護下に置くことで何とか解決した。しかし、このことは北アフリカにおいては誠に広い地域を保護下に置かない限り、他国からの侵略を防ぎきれないことを意味していた。そのために、まずは探検家たちに先陣を切ってもらい、新しい土地に踏み込んだ上で外交戦略によりその地をわが方のものとするというやり方が必要であった。フェリー首相はそれを推進し、彼の死後もその方針は受け継がれたのである。西アフリカにおいては、セネガル植民地でのフェデルブ将軍の大功績の後を受け着々と内陸部征服が続いていた。実際のところ、アフリカでの征服はセネガルを起点に東方、北方へと進められたのである。アルジェリアからはその南縁沿いにサハラ内部への侵攻が進んだが、サハラ以南のアフリカではセネガルを起点にコートディヴォワール、ニジェール、チャドへと進んだ。そしてピエール・サヴォルニャン・ド・ブラザはコンゴ川に沿い内陸に入り、やがて赤道アフリカ地域を征服するに至る。こうして、アフリカでは広範な地域に及んで征服は進み、フランス植民地帝国は盤石の基盤を固めていった。地中海からニジェール川流域一帯、そしてチャド、さらにコンゴ川流域が征服領域に入ったのだ。アルジェリアの西、モロッコもやがてフランス植民地帝国の一員になる。ジュール・フェリー自身は彼が描いていた帝国の拡大実現を待たずに死去した。しかし、彼の意向を受けた後継者たち、特にウジェーヌ・エチエンヌの努力は高く買われるであろう。

フェリーの後継者たちが偉業を成したのはもちろん西アフリカだけではない。もっとはるかに広範な地域においてフランスの権益を守るべく進出したのである。そのことはアフリカ大陸の東側、つまりマダガスカルへの進出によく表れており、この大きな島についてはフランスは早くも一七世紀に外交的な関係を打ち立て、入植者を送り込んでいた。一七六三年二月、フランス、イギリス、スペインの間で締結されたパリ協定によりフランスはマダガスカルでの権益を保持すると定められたのだが、イギリスは現地メリナ王国に取り入り、フランスの権益を妨害しようとし続けていた。これがメリナ王国とフランスとの間で長きにわたって続いた紛糾、混乱の要因であった。ジュール・フェリーはこの状況打開のために一八八三年と八五年の二回にわたって軍を派遣したのである。それは成果を上げ、一八八五年、フランス・マダガスカル協定によりマダガスカルはフランスの保護領になったのである。しかし、保護領下のマダガスカル政府はこの状況を容認せず、さまざまな形での抵抗をし、現地在住のフランス人入植者への攻撃は続いた。フランスは再び軍を派遣、力での鎮圧が必要であった。やっと一八九五年に至ってマダガスカルはフランス領植民地となった〔一八九六年八月六日の法律によりフランス植民地領となり、一八九七年二月二八日にメリナ王国は廃止された〕。

ただし、フェリーはこれより前の一八八三年、アジアでの権益拡大を狙い、その生涯最大の大失態を演じている。トンキン〔現在のベトナム北部地域〕に軍を派遣、その地への進出を図ったが清〔中国〕と衝突、清仏戦争を引き起こしたのである。清国との全面戦争に陥ったフランス軍はさまざまな失態を重ねた。一八八五年の講和によりフランスはトンキンを手にしたものの、フランス国内世論はジュール・フェリーに批判的であった。わたし自身、子どもの頃のことであるが、街のあちこちで集会が開かれ、人々が口を極めてフェリー政府を非難する様子を何度も目にし、耳にしている。それは激しい非難の嵐であった。そして、それからのち、ずっとのちのことになるが、運命のめぐり合わせにより、わたし自身がインドシナ統治の責任者という立場に立ったとき、先駆者であるフェリーがインドシナでの権益拡大を画したとき感じたであろう責任の重さ、苦渋の決断、実行するにあたっての苦しみ、それらを思い、子ども時代にわたしがこの目で見、耳で聞いた非難の激しさを思い、今、ハノイにおいて総督の椅子にあるわたし自身の双肩にかかる責任の重さに愕然としたものである。

いずれにせよ、ジュール・フェリーとすれば世界におけるフランスの影響力を増し、フランスの豊かな人道性の伝統を維持するという偉大さを鑑みれば、インドシナでの権益増大は不可欠と判断した上でのことであった。一八世紀末、カトリック司教ピニョー・ド・ベーヌ師がフランス軍人の協力を得た上で、嘉隆帝を支援、分裂した国の統一を成し遂げさせて以来、フランスは東南アジアのこの地域がいくつもの地域権力に分裂した状態を脱し、統一インドシナ連邦として力強い存在になるべきだと考えてきた。しかし、嘉隆帝の後継者たちがフランス人入植者のみならず宣教師たちをも虐殺するという事件が多発し、フランスはスペインと共に一八五八年、軍の派遣を余儀なくされた。その結果としてコーチシナは一八六七年、フランス植民地になったのである。それから二〇年、ここでは詳述し得ないいくつもの事件が頻発したのだが、指揮官リヴィエールの戦死、アンナン政府による協約無視があり、地域住民はフランスの介入を強く要望した。そこに中国の黒旗軍が侵入、フェリーはコーチシナを放棄するか、トンキン湾に軍を派遣するかの選択を迫られたのであった。フェリーは思い悩んだ。悩んだ末に下した決断はアンナン王と中国侵略軍と戦うというものであった。クールベ将軍に率いられた軍はアンナン王を拿捕、トンキン湾に攻め入り、勝利したのである。しかし、ランソン攻撃はわが軍にとって致命的な失敗であった。ランソン攻撃の失敗！　これこそジュール・フェリーの政治生命を奪う事件であった。ランソン攻撃は大破綻に終わり、そのことが人々を憤激させ、その憤激はフェリーに向けられ、彼をさらし者にする結果に終わった。ただ、フェリーは完全に間違っていたわけではない。彼はトンキン湾からの中国軍の撤退につながる和平交渉に成功しており、中国はアンナンから手を引くことになったのだ。こうしてようやく大きな平安が訪れることになった。インドシナは五つの大きな国、つまりコーチシナ、アンナン、トンキン、カンボジア、ラオスとして平安のうちに各々が組織され、繁栄の道を歩むことになった。これら五つの国は連邦を形成し、全体としては強固な統一を保つと同時に、しかし他方では植民地、保護領として互いに反目することなく、ある程度の柔軟性を維持し得ることになったのだ。

いずれにせよ、フランスの海外領は大きく二つのブロックに分けられることになった。つまり、一方にはアフリカ・ブロックがあり、他方にはアジア・ブロックがある。フランスが初期において領土としたアンティーユの島、及びセネガルに続いて、二つの大きなブロックができたことになるが、その後、中央部アフリカとオセアニアでもいくつかの領土を手にした。最近になってモロッコが保護領下に入り、これで現在までのところフランス大帝国の完成ということになる。世界大戦でフランスは戦勝国となり、そのことによってそれまでドイツ領であったアフリカのトーゴ、及びカメルーンの一部地域の統治がフランスに委任された。かくしてフランスは世界第二の植民地帝国としての地位を確たるものにしたのである。フランスは地球上のすべての大陸に植民地を有するようになった。

地中海の南、そして大西洋に面する地域を見ると、広大な面積の中で大まかに三つのグループがある。北アフリカが一つのグループで、そこにはアルジェリア、チュニジア、モロッコが含まれる。次のグループは西アフリカで、そこには八つの植民地、つまりセネガル、モーリタニア、フランス領スーダン〔現マリ〕、オートヴォルタ〔現ブルキナファソ〕、ギニア、コートディヴォワール、ダオメ〔現ベナン〕、ジンデール植民領域〔植民領域とは植民地化される以前の状況にある地域のこと、ジンデール地域は現ニジェールにあたる〕である。これに委任統治領としてトーゴが加わる。三つ目のグループは赤道アフリカ地域であり、ここにはガボン、中部コンゴ、ウバンギ川流域、シャリ川流域、それにチャド、そして委任統治領としてのカメルーンが含まれる。

太平洋からインド洋、メコン川地域に目を移すとこれがアジア・ブロックを形成しており、トンキン、アンナン、コーチシナ、カンボジア、ラオスが含まれ、さらに広州湾租借地がある。南太平洋、つまりオセアニアであるが、この地域ではニューカレドニアがフランス統治下にあり、これにタヒチ、マルキーズ諸島、ガンビエ諸島、風下諸島、それにトゥアモツ諸島もフランス領下にある。

インド亜大陸の南部ではポンディシェリ、マヘ、カリカット、シャンデルナゴール、ヤナムがフランス領になっている。これらはデュプレックスのおかげである。

インド洋にもフランスは領土を有しており、東アフリカに近い海上にマダガスカル、レユニオン島、紅海の出口付近にジブチ、ソマリ沿岸部を有している。

最後にアメリカ大陸方面を見ると、北にはカナダ、サンピエール・エ・ミクロン島があり、南にはメキシコと南アメリカに面する海上にわがフランスの古来からの植民地、つまりマルティニック、グアドループを有し、大陸側にはフランス領ギュイアンヌ〔ギアナ〕がある。

第五章　植民地統治の基本原理

フランスが世界第二の植民地帝国であることはすでに述べた。では、その相貌はいかようであろうか。まず、帝国の総面積は一〇〇〇万平方キロ超、そこに暮らす人口は六〇〇〇万人超である。これほどの大帝国の建設に成功した国、フランス。そのフランスの国民はその壮大さを前に満ち溢れる喜びと共に、純にしてかつ大いなる誇りを覚えるかもしれない。

ところが、そうではないのだ。この偉大さ、そこにはそれにも勝る隷従が潜んでいる。新しい土地の征服にはさまざまな物理的な隷従があることについてはすでに述べた。その隷従にも勝って精神的な隷従、これが本国で構想にあたる人、現地での行政に従事する人、さまざまな管理業務に従事する人、そういった人々にのしかかる。責任の重さ、それが征服の喜び以上に重く、重くのしかかる。植民地には数知れぬほどの人間が暮らす。その人々の重みと言ってもよい。植民地での統治を始めるとき、まずはその地の現状把握をせねばならない。その現状に基づき、規則を作れば現地住民はそれに従う。しかし、住民の従順さは当初だけのことなのだ。行政官が覚える至福の時、それはほんのひと時のことに過ぎない。国家に尽くそうという行政官の意思、それは人間の尊厳、公共道徳、人権などを確実に保障するための諸規則といった形で具現化される。そうすると行政官は自身に課された伝統、つまり道徳的、法的な諸規則というものに縛られるようになる。フランス植民地統治の伝統、それが行政官をして支配者であり、かつ奴隷であるという両面価値的存在にするのである。彼は植民地化とはどういうことなのか、根本に遡って考えざるを得なくなる。彼は征服地の人々の将来をいかに形成すべきか、そこにはどのような危険が潜むか、真剣に考えることを要求されるであろう。

フランス人植民地行政官にのしかかる伝統、それは民主主義という原則であり、同時に共和主義的諸原理のことである。ギリシャ神話に言うところのケンタウロス゠ネッソスがヘラクレスの妻デーイアネイラを包んだチュニックのようなもの、つまり美しくも、邪心を秘めるものなのである。フランスは民主主義、そして共和制の国であり、それは海外領土においても適用されねばならない。換言すると、フランスには内には自由、外には暴君という二つの顔をもつことなどは許されないのである。一方では自由を標榜しながら、他方では暴君として振る舞うなどということは到底容認できないのだ。フランスは大国である。その大国たるフランスはいかなる地にあろうとも、本国の精神に悖《もと》るようなことがあってはならないのである。植民地での政策は本国を律する精神の鏡として実施されなければならない。遠い植民地において施行されている政策を本国で実施されている政策に照らしてみるとき、そこに恥や呵責を感じさせるようなものはないか。フランスが遠隔の地を征服し、わが責任下に置いたとき、統治によって生じる結果、それを省みるとき、本国においてなされていることに照らし合わせて恥ずかしいものではないか、そのことを率直、真摯に考えなければならない。行政官たるもの、自己の責任下にある植民地において、自己がなす統治の原則がもたらす結果を直視し、それを受け入れる覚悟がなければならないのだ。本国で受け入れられ、原則となっている思想そのままを外地に適用するわけにはいかないことがあること、もっと言えば本国での制度、政策をそのまま謄写コピーよろしくそのままの形で適用するなどは全くの誤りであるというのは確かに真実である。謄写コピーは原本に比べれば精度は確実に落ちるからである。この点についてはのちにもっと詳しく論じよう。しかし、忘れてはならないこと、それはわれわれフランス人はフランスの真髄、フランスが果たすべき人道的使命、つまり正義において正義を求めて行動すること、語の完全なる意味において「文明化」の使命を果たすこと、いかなる地においてもわがフランスの根本を成す伝統に悖ることなく行動すること、それを確実に実行すること、これである。

この伝統を鑑みるとき、植民者が果たすべき義務、それは彼に付与された権利同様、危険に満ちている。そもそも、植民者の権利とは彼が果たすべき義務がきちんと履行されて初めて彼に付与される、そういう性格のものである。そして、現代のフランス植民地統治者たるものは厳格な植民地統治原理、これをしかと心にとどめ置いた上で彼が果たすべき義務を明確に認識し、行動しなければならない。無下《むげ》に現地住民に厳しくあたる、むやみに自分の個性を発揮する、過《あやま》ちを犯し、修正し、手探りで次の手段を求める、こういった統治の初期にありがちな経験主義は排されねばならないのである。

ここで述べたフランス植民地統治の基本原理、これは初期の植民地協約〔各々の植民地所有国はそれが有する植民地のみを一次資源の仕入れ地とし、またその植民地のみを市場とし得るという協約〕のあの無謀、かつ専制的な旧体制からは身を引こうとする。この基本原理はフランス人種特有の寛大、寛容、人情味に富む精神に基づき打ち立てられ、その後、時を経る中で民主主義的な手続きを確立し、法的、道徳的に瑕疵のない形に整えられたものである。今や、その原理は確として打ち立てられた。その精神、その表現を見るに、植民地統治が現地住民に及ぼす恩恵、福利など、要するに植民地統治の正統性について、植民地大国としてのわが国がわが心に問うとき、何ら恥じることはないものとなった。その基本原理には理想主義的であるとともに、現実にしっかり根差した行動計画が定義されている。それは原理実践の前提となるものである。その行動計画について述べようと思うが、ここでわたしが述べることは、今を遡ること十数年前になるが、植民地学校においてこれから原住民統治のために遠隔の植民地に向かおうとする生徒諸君の前で話したことを受けていることをお断わりしておく。[17]

植民地学校でのわたしの話はこういうものであった。われわれが生きている今という時代、それはすべてが疑問に付され再検討される、いわば文字通りの議論の時代である。真実や事実と思われていること、さらには当然の権利として認められていること、それらすべてが再検討の余地ありとされるのである。戦争の荒廃により人々が陥った無思考、知る意欲の喪失、諦念、それを巧みに利用する一部の扇動屋たちが人々の心に巧みに取り入り、植民地化という偉大なる事業に疑義を投げかけ、わがフランスが成し遂げた成果を台無しにするとまでは言わないが、植民地化の正統性を疑わせるような発言をしていることについては、諸君も重々承知しているであろう。

諸君はこの問題には触れない方がよいと思うか。もしかすると、貴君らはこの問題に気づいてもいないのかもしれない。しかし、まさに貴君らはこの問題の当事者なのである。植民地化の正統性が問われているのだ。貴君らはまずこのような問題についてこそ議を尽くさねばならないのだ。正統性、つまり貴君らが植民地において執行しようとしている権威の基盤そのものが問われているのである。貴君らはこの問題に確たる答えを用意しておかねばならない。それほどの重大事なのである。行動のさなかにあって、いわば目的に向かってのがむしゃらさが要求されているときに、この重大問題が貴君らの意識をいささかなりとも乱すようなことがあれば、貴君らは適正に決断し得ようか。あの熱暑の地にあって、重責にあえぐ日々、そこに不幸な事件などが重なり、いかに強い精神力の持ち主といえども打ちひしがれる思いでいるようなとき、貴君らの心に次のような自問が生じることはないと断言し得ようか。つまり、「なぜ、自分は今この地にいるのだ。そもそも自分は何の権利に基づいてここにいるのか。何をもって自分は人々に命令する権利があるのだ？　自分がこの地にあるのは、この地を征服したがゆえのことである。征服という事実、これは自分が成すすべてのことに拭いがたい傷をつけることではないのか。自分は共和政国家フランスに生を受けた市民である。わが祖国フランスは一八七一年ドイツ帝国の前に膝を屈し、アルザス・ロレーヌを失うという屈辱を味わった。つまり、征服されたのだ。[18]それからほぼ半世紀、[19]わがフランスは常に正義の旗を掲げ、前進してきた。その国の子たる自分は他者がもつ権利を抑えつける道具に成り果ててはいないか。いや、わが祖国の利害、それは何ものにも勝るのだと人は言う。しかし、人道という至高の道に照らし見たとき、そんな利害に真の正統性があると本当に言えるのか」という深刻な問いである。これほど深刻な問いがあろうか。

　わたし自身、この疑問に深く苦しんだ時がある。明らかに矛盾と思われる状況の中で人は苦しむ。わたしが公職についた時期、それは植民地の拡大に対して容赦ない告発がなされていた時期であった。わたしにとっては運命の皮肉とでも言う他ないが、誠に厳しい告発がなされていたのである。そして、わたし自身、その告発に加わった一人であったのだ。運命がわたしをして外地での統治任務につかせたとき、わたしの心中ではあの告発の声が何度となく鳴り響いたものであった。熱帯の地にあっては総督の任にあり、本国にあっては大臣の任にあった一二年という長い間、わたしは植民地経営という事業、その正統性、その道義的結果について思いを巡らせ続けた。体験するこまごまとした事象、それらが豊かにして実り多い経験となって蓄積されていく日々、そうして少しずつ形を成していく思考、その結果、わたしにはまごうかたなき確信が生まれたのだ。それをお話しすることが貴君方の心を熱くすることがあるとすれば、これすなわちわが喜びとなるであろう。

わたしの確信は、植民地支配の根本にある基本原理の確固たる真実性に依拠していると断言できるのである。その基本原理たるや、その原則、その論理構成、さらにはその原理に内包される人道性に満ちた摂理という観点からして揺るぎないものであるのは間違いない。この原理を今日なお批判する者はいるかもしれない。しかし、それはもはやかつてのように御しがたい批判とはなり得ないのである。なぜならば、現在の植民地支配はその根本において高度な利他精神、つまり人類の連帯という確固たる信念に基づいてなされているからである。ここに到達するためにわれわれは長い時間をかけ、熟慮を重ねてきたのだ。これこそは何の呵責もなく人類が将来進むべき道を照らすものであるのは間違いない。われわれが到達したこの基本原理、それは植民地支配が始まった当初のものとは形を変えている。植民地支配当初の統治原理にはさまざまに異なる人間がもつ考え方の幅、そして各々の人間がもつ尊厳への考慮が欠けていた。今日、われわれはその短慮を克服し、人間は、そして人間社会にはいかに多様性があろうとも、同じ人類として連帯し得るのだという確信に基づき統治をおこなっている。当初の力による支配から、正義に基づく支配へと変わったのだ。

この点を具体的に説明するのは少しく勇気を必要とする。実際のところ、他の植民地所有国は現地での統治の困難さに直面し、「文明化」という口実を前面に出していたものだ。この文明化という言葉に裏があるのだ。それを勇気をもって告白しようではないか。真実は糊塗し得ない。初期における植民地化、それは文明化という言葉を旗印に掲げながら、言葉の真の意味における文明化とは程遠いものであった。それは力による制圧、私利を求めての力の行使であったのだ。初めは個々人が競い合い、それはより大きな集団の競い合いになり、ついには国家間の競い合いとなって皆が皆、命をかけて世界の分割を競い合った。遠隔の地に出かけ征服した土地は「自分のもの」であり、自分の力を誇示する場、自分の利益のためのものでしかなかった。植民地所有国にとって自国の植民地は自国産品の市場、他国に対して自国の勢力を誇示する場でしかなかった。そこに「文明化」の精神など、いささかも見出すことはできなかったのである。たまさかに文明化が顔を出すことはあっても、それが統治の基本原理ではなかったのだ。文明化とはまず利他精神であり、他者、隣人の役に立ちたいという寛大、寛容の精神に基づいているものである。当初の植民地化、それは一方的に個人の利益のみを考える、つまり利己主義のみに基づき、強者が弱者に力をもって振る舞う、そういうものであった。これは事実として認めなければならない。歴史がそれを明かしている。この事実に対しては常に口実をもって答えられたものだ。曰く、経済の必要がそうさせたという辻褄合わせ、あるいは大上段の論理を振りかざし国家がそれを必要としたのだというのである。これこそその場しのぎ、まことしやかな議論という他はない。一見したところ、われわれに利益をもたらすことを標榜するがゆえに反論しようがないように見えながら、杜撰《ずさん》、底が浅く、良識から外れているこれらの議論に対しては、それらが含む毒液、内実をしっかり抉《えぐ》り出さねばならない。真の人道とは何かを真摯に示し、それをもって人々の良心に訴えなければならない。今日、わがフランス本国から遠く離れた地における植民地統治という事業にあたって、世界に恥じることなくわがフランスの統治原理として公言し得る唯一のもの、それは「植民地事業、それは人間としての連帯に関わるものだ」ということ、これのみである。連帯とは何か。それは自然環境の違いに起因するさまざまな困難を乗り越える努力を惜しまず、世界の人々が等しく進歩の果実を味わい、物質的、精神的に豊かな生活を享受し得るようにし、もってより良き生を全うできるようにする、これである。植民地化とはこれをもって偉大な事業になるのであり、それなしには正当化し得ないものなのだ。

もう少し具体的に述べてみよう。

人間に与えられた権利、それらすべての権利の頂点に位置する至高の権利とは何か。それはこの地球においてすべての人がより豊かな物質財と、かつまた精神的な豊かさとをすべからく等しく享受し、それをもってすべての人類がより良い生を全うするというものである。物質的豊かさと精神的豊かさという二つの富の享受、これは諸人種間の密なる連帯を基盤に、相互に自然資源を交換、融通し合い、かつ各々がもつ独自の創造精神を発揮し、それを相互に教え合うことによってのみ可能となる。地球上の自然環境は地域によって異なり、また各々の地域が産する自然資源も地域によって質、量ともに種々異なる。地球上の諸地域における自然資源の有無、その種類、存在量の差など、その配分状況は誠にもって不規則、不平等という他はない。考えてもみよ。白人種が暮らすヨーロッパは地球上の全陸地面積に比すればいかほどのものでもない。しかし、その狭い地にあって白人は創造力、発明力を発揮、科学的変革をたゆむことなく続け、種々の自然資源を最大限に活用し、幾世紀にもわたって進歩を成し遂げてきた。しかるに、その自然資源たるや後《おく》れたる人種[20]の人々が暮らす広大な土地に埋まっているのである。その地にある人々は彼ら自身ではそれを活用することができぬゆえに、まさに不毛のまま埋まっている。それらの資源は地球上のすべての人間社会に行き渡るべく流通、消費されてこそ意味あるものになると言うべきではないか。資源需要はまさに日々、拡大し続けているのだから。かくのごとき状況、つまり豊富な自然資源が不毛、不活用の状態にとどまり続けること、それは正しいことと言えるであろうか。しかも、地球上の現状を見渡すに誠に深刻な事態が日々進行しているのは事実ではないか。絶えざる人口増、それに伴う食料需要の増大という事実がそれである。地球の面積には限りがある。それに対して、人口はとどまることなく増え続ける。確かに、時に起こる自然災害は人口の急増に歯止めをかけはする。しかし、時間とともに人口が着実に増大する事実に変わりはない。現時点で見ると、白人種の増加率は他の人種のそれに勝っている。子どもの産出率は他の人種の方が上回っているのだが、白人社会においては医科学の進歩のおかげで生まれた子の死亡率が他人種よりはるかに低いからである。一六世紀のヨーロッパの総人口は一億に満たなかったが、二〇世紀の現時点でそれは四億五〇〇〇万を超えている。ただし、ヨーロッパ以外の地の人々も児童死亡率の高さを放置しているわけではない。ジャン・ブリュヌ氏が著書中でオットー・ヒュブナー氏の説を引用しているが、それによると地球上の総人口は過去一世紀の間に七億人も増えたというのである。アジアの広大な地を見よ。かつてはほとんど人の住まぬ土地であったところに今や人があふれ、犇《ひし》めき、日々の食料を要求している。広大な面積の土地、それを耕さぬまま放置している人々自身が悪いのだ。したがって責められるべきは彼らの無知なのであって、われ関せずと放っておけばよいのか。そうではあるまい。

これら眠っている土地に文明の力が及ぼされ、鋤《すき》を入れることができれば多くの産物が生み出され、地球全体の人々に益をもたらすのではないか。文明が利他精神をいかんなく発揮し、その土地にある人々の生存を保証するのみならず、後れたる人々の精神を向上させ、人間の尊厳そのものを向上させるとしたら、そのような活動をするためにわれわれ白人にはその地を占領する権利が与えられているということ、これに真に反論することがどうしてできようか。その地が生み出し得る富が人々の無知ゆえに永遠に不活用のままに放置される、それは真に良いことなのか。そうではあるまい。

人類の益のために、力を込めてもう一度言おう。不毛のままに放置すること、それは正しいことではない。ある権利の執行が普遍的なより良き生活のためにならないとしたら、そんなものは権利などではない。本来、人類は連帯の中に生きるべきものなのである。各々の人民がみずからの殻の中に閉じこもって生きるような時代、それは過去のものだ。いかなる人種も、いかなる人民も世界の動きに背を向けて利己的な生き方をする権利はないし、そもそもそれは不可能である。ある一国がその守護神のお恵み豊かに、その文明と進歩をこれ見よがしの旗印に、みずからの力だけを頼りに生きようなどと思えば、その人民はやがてみずからの内に閉じこもり、ついには国民としての生を終えることにさえ至るであろう。各国各々の特色ある人的構造、それは排他的なものではない。同じ人類として、皆が地球上の富を共に享受し得るものでなければならない。なぜなら、それは人類全体の共通財であるからだ。自然が与える富、それがどのような地にあろうともその富は人類の必要を正しく満たすべきものであり、それがある特定の土地にあるからといってそこに住む住民が独占してよいというものではない。[71]

ここまでに述べたこと、これが現代、われわれがおこなう植民地事業を支える基盤概念である。彼ら自身の無力さ〔原文は possesseurs débiles〕ゆえに己《おの》がためにも、人類すべてのためにも役立てることさえできずにいる富を広く世界に流通させ、活用することを自分たちに課せられた任務とする、それが植民地事業というものであり、すなわち文明の使者としての任務を負い、それをもって人類が生存し、富を共有することを可能にするものである。われわれが行動するのはまさに全体利益のためである。

しかし、まずは収奪の犠牲者であるかのように見える人々のために働かねばならない。というのも、ある土地を植民地支配下に置くと必然的に生ずる結果というものがあるからだ。それは植民地支配の原理の論理的必然なのである。植民者は文明の代理人として、人類連帯の任務を委託された者として存在するのであるから、その使命に背かず、みずからに与えられた権利を無為に終わらせないようにしようと思えば、彼に必ず降りかかる道義的義務から逃避するわけにはいかない。彼の行動は連帯のためである以上、彼はその具体的規則に従わざるを得なくなる。彼には権利が与えられているが、それは義務なしに遂行し得るものではない。権利には義務が伴うのである。では、連帯のための行動の第一の受益者は誰かと言えば植民者が植民した土地にある者、その人たちであるはずである。

ここで述べたことこそは道義的に最重要な点であって、そのことは十分に理解してほしい。言い換えると、現地の人々に十分な能力がないからと言って彼らの代わりにやってやろうなどというのは誠にもって大それた考えという他はない。実際、このような誤りを犯した国があるのだ。ある土地に住む人々がその地にある資源を十分に活用できていないことをもって、その人々を無能だと断じ、生存競争のためには必要なことだとばかりにその人々の消滅を図ろうとする。いや直言すればその人々を完全に排除、一掃しようとさえするのである。フランスはこのような考えを断じて許さない。これは正義に悖《もと》る。それは野蛮以外の何ものでもない。植民者は本来、野蛮状態を開化させるためにその地に入植するはずのものであるのに、植民者の方が野蛮に陥っているのである。現地の人が富を放置しているとして、その人々の無能状態を何とかしようということ、それ自体は植民者の一つの権利であろう。しかし、同時にその人々の無能状態そのものを活性化し有能化する、つまりその人々が自分たち自身でみずからを守り、彼らが陥っている貧窮状態から自分たち自身の力で脱し得るように彼らを教育し、彼らがわれわれ植民者と「協同」〔原著での強調〕して、資源や富をわれわれと共に管理、開発し得るように仕向けること、これは植民者の義務なのである。

これこそが植民者に許された占有に伴う絶対条件なのである。現地の人々との「協同」があって初めて征服に伴う占有が許される。これがあって初めて人間を対象にした活動になる。これこそが現代フランスがおこなう植民活動の基本的特質であって、われわれは本国から遠く離れた植民地において、土地に眠る資源、富を発見し、人々の支援を取り付けた上で、そこから至高の発見、つまり「人間」の発見に向かうのである。

「人間」、われらの同胞、有色の兄弟。

初期の植民地化、それは文字通り血も涙もない商業主義、いわば利得の獲得をむき出しにしたものであった。しかも、それは肌の色に呪いを見出し、その呪いを受けた者は自然淘汰されるべきであるとし、永遠に劣等な存在として位置付ける冷酷なるものであった。黒色の肌、赤褐色の肌、あるいはまた黄色の肌、その色が何であれとにかく有色の人間は単なる労働力と見なし、労働力でなければ存在の意義なしと位置付け、さっさと排除することさえ厭《いと》わなかったのである。口実として言われたのは、自然淘汰という原理からして生き残るべき者が生き残るのであって、もともと淘汰される運命の者に遠慮などいらないというものであった。劣等人種の子の病を癒し、種の保存を図る必要などどこにあろうか。伝染病や貧窮、あるいは重労働などで人口増にちょっとした穴が開こうとも、劣等人種の増加は激しく、そんな穴をすぐに塞《ふさ》いでしまう。こういった人々を教育し、自分たちと同水準の完成域にまで引き上げようとする試みなどはとりわけ無駄なことだ。なぜと言うに、彼らの肌色は彼らの劣等性を否定しがたく決定しているのであり、永遠に従属状態に置かれていること、それが彼らの運命だからである。そういった人々に対しては、せいぜいのところちょっとした慈善心、寛大な心をもって施しをしてやれば十分なのである。

　これが、初期の植民地征服者たちの理屈付けであったのだ。しかも、ヨーロッパの白人である彼らは、あのガリラヤ人〔イエス・キリストのこと〕が茨の冠の下で血を流したのはまさに全人類のためであることを知っていながら、そうしたのである。南米インカ人の虐殺、アステカ人の虐殺、黒人奴隷貿易、アメリカ・インディアン〔アメリカ先住民〕の虐殺ないし不当な隔離、西南部アフリカのヘレロ民族の殲滅[22]などを思い起こせば、それらがいかにひどいものであったか理解できよう。しかも、アングロ・サクソン人の間には有色の人に対するこのような蔑視、侮蔑感は今なお一掃されてはいない。これこそ植民地事業に携わる者の無知、無理解というものである。われらフランスが誇りとすること、それはわれわれこそが後れたる人々も同じ人間としての尊厳をもち、であるならば彼らの人間性を最大限に尊重しなければならないこと、それをしかと理解したことである。われらフランス人は世界で最初に人権宣言をおおやけにした国であり、そこに示される偉大な考えに基づけばある種の人々には決定的な劣等性が見出されるという考えは否定される。人権宣言においてはある種の人々が発展段階において後れていること、それは確かなものと見なされている。しかし、その後れは直すことができるものであり、われわれはその後れを直すことに努力しなければならないと謳われている。未開という形の定まらぬ粘土を丹念に、忍耐強く成形し、新しい人間としての顔を形作ろうとするのである。

このように植民地活動を理解すると了解されることだが、初期において言われ、実行されたような「強者の論理」はもはや適用できるものではない。われわれが考慮すべきは「弱者を助ける強者」という論理であり、これこそが最も高貴にして至高の論理なのである。ここで言う論理は権利と言い換えてもよい。つまり、植民地事業とは強者側の一方的活動ではない。弱者側はただ奪われる者として存在するのではない。現在の植民地活動は「植民地協約」の上に成り立つもの、言い換えれば二人の権利所有者、つまりここで言う強者と弱者、双方が分け持つ権利の上に成り立つ。これが「協同」政策である。われわれが遠隔の地に所有する植民地はもはや単なる交易所でも、財の保管所でも、また単なる商品販売所でもない。かつてはそのようなものとして勝者が一方的に香辛料を買い取ったり、自分が作ったものを販売したりし、そこに住む人は勝者側の意思でどうにでもできる、そういった人々でしかなかった。しかし今や、植民地とは単なる市場ではない。それは現に生きる存在としての人間が活動する場であり、フランス国家と対等な連帯関係にある場なのである。その地にある人々が科学や道徳、経済の発達を共に享受し、フランス国の領域すべての人々が同様により良い生活の日々を生きることができるようにする、そのような場なのである。

植民地活動の理論的原則を上記のように定義するとして、そこから現場での具体的行動計画がどのようなものになるかについてはこれから述べる。その行動計画は植民地化に反対する人々の論に対抗できるものになり得るだろうか。植民地化に反対する人々は、何といっても初めにあるのは征服であり、強奪であるのだから、それは許されないと頑強に主張する。われわれの論理は彼らの論に対抗できるだろうか。植民地化とは人間味に満ち、現地の人々はもちろん、さらに多くの人々に善をもたらすものだといくら彼らに言おうとも、それは情状をいくらか酌量するだけのことでしかなく、力による征服という原初の罪科に時効はなく、軽減できるものではないと言うのである。彼らに言わせれば、理屈は理屈であって、権利に対抗するものにはなり得ないと言うのだ。

その次元にとどまっている限り、議論は枝葉末節を取りざたするだけの不毛な堂々巡りに終わるだろう。具体的に言えばこうだ。われわれは言う。「その地へのわれわれの介入がなければ、その地の人々は貧窮と惨状の内に生きることになるであろう。伝染病、風土病、飢餓の苦しみに苛《さいな》まれ、生まれる子どもの半分は生まれ落ちるや否や死に至り、暴虐なる王をはじめとして、そのもとで人民を搾取し圧政下に置く権力者たちが好き勝手に振る舞い、人民はと言えばそのような日々の苦しみから逃れようとばかりにあてにもならぬ迷信だけを頼りにし、未開、野蛮な生活、ついには悲惨の内に生を終えることになる。しかも、その地には資源が使われぬまま眠っているのである。この状況を放置せよと言うのか」。すると、反対論者は少しもたじろがず、言う。「そんなことはどうでもよい。要するに、征服する権利なんて、あんた方にはない!」それだけである。

このような返答をわたしは断じて受け入れない。単に言葉を弄《もてあそ》んでいるに過ぎないではないか。冷たい、不毛の、教条主義の返答。それに比して、われわれがする植民活動、それは文明がする創造活動である。生身の人間として接し、温かみのある、豊饒にして積極的な創造活動なのである。権利における絶対というものはない。国内場裏であれ、国際場裏であれ、法が支配する限り、より上位の利益のためなら私権には制限が加えられる。公共の便益の前では収用権が適用されるのである。同様に、国際的権益を理由に介入権が適用される。その際、独自権の主張は権利の乱用にあたる。至上の上位利益、それは個別権利の上にあるものなのだ。

すると、反対論者はさらに次のように言うだろう。「その至上の上位利益とやらの至上位性を判断する基準は何か。それを判断するのは誰なのか。植民地問題に特化して言えば、至上の権利だとあなた方が言う際にあなた方が依拠する基盤はどこにあるのか。それを判断するのはあなた方自身ではないのか、あなた方は支配者としてその地にいるがゆえに勝手に至上の権利だと判断しているに過ぎないのではないか。見方を変えると、あなた方がその地を占領する権利はあなた方の統治の質に見合ったものとしてあるのなら、当然のことながらその権利は修正されたり、さらには無効にされたりもするはずのものである。また、あなた方よりもっと強く、しかもより良い植民者が現れて、その人たちがその権利を行使すると言ったら、あなた方はどうするのか」。

この問いは確かに鋭いものである。それだけ余計に避けては通れない問いと言うべきであろう。この問いは植民者がその任務を遂行するとき彼に付きまとう隷従という難しい問題を提起する。もし、植民者がその任務を正しく遂行しなければ、彼の権利は根拠を失う。その場合、占有の正当性は失われる。それは一般の商業における場合と同様である。植民者がその地を物質的、精神的にも活用し、開発するにあたっては人類全体がその益を享受するものとしてその任務遂行を約束しているはずである。約束は守らなければならない。守らなければ、彼は二重の審判を受けることになるだろう。

この審判こそ、わたしへの反対論者が要求しているものであって、彼には彼の裏付けがある。まず第一の審判は植民地支配されている現地の人々が下す審判であり、人々が支配者に忠実であるか、裏切らないか、支配者を敬愛するか、結果的にその地が平安であるか否か、これらは植民地統治者の仕事の質如何による。支配者が権利を乱用していると判断すれば統治下の人々の心は離れ、支配者への反抗に至るであろう。現今において、植民地支配者たるもの、より一層厳しい審判、制裁を受ける立場にある。彼はその任務遂行について絶えず人民の監視を受ける立場にある。支配者が怠惰な時間を過ごしてもよかった時代など、とうの昔のことだ。そんな時代はどんな植民地についても過去のものとなっている。どんな植民地についてもというのは大袈裟ではない。なぜならば、わたしが言うところの第二の審判がここでなされるからである。第二の審判、つまり国際的な審判である。こう言うと、植民地統治者の中には不愉快に思う人もあろう。というのも、植民地統治者とはその地における「全能者」のことだと思う人がいるからである。そのような人に対して、わたしにはすでに数年前に予言しておいたことがある。つまり、「植民地問題は世界次元の政治の中で決定される」ことであると言えば、彼らもそれを受け入れざるを得ないだろう。

国際政治状況における植民地という問題については、あまりに無関心である人が多かった。植民地とはある一国だけの政治、つまり国内政治にとどまる問題ではないのである。植民地については国際的な監視の目がかつてとは比較にならないほど強くなっている。この国際的監視の目はヴェルサイユ条約で定義される委任統治の底に流れる利他精神の具体化とも言え、たとえばかつてにおける奴隷制、アルコール依存や麻薬依存、また重大な風土病など、それらをなくするといった活動がなされているか否かを監視している。国際的監視の目はまた経済の領域でも光っているのであって、現在、世界のいずこの国でも第一次資源の需要はとどまることなく増大している。植民地所有国が支配する土地に眠っている膨大な資源はその国だけではなく、広範な国々での需要に応えるべく要請されているのである。現在時点では、この第一次資源の所有権はその地を植民地としている国〔宗主国〕に属することが国際的に認められてはいる。しかし、敢えて予言しておくが、やがては植民地所有国がその支配地における資源を独占し得る状況は変わるだろう。これらの資源は人類全体の益として、国際的流通に回すべきという厳しい批判がなされるであろうことは間違いない。

　要するに、植民地事業については、その事業に伴う物質的、精神的義務が確実に遂行されているか否かをあらゆる国が常に監視している状況にある。植民地所有国がその義務遂行を怠る場合、国際的な次元でなされる審判、制裁は当事国にとって計り知れないほど深刻なものになり得るのだ。こうして考えてくると分かるが、わたしの論への反対論者とわたしとが合意し得るのは次の点である。植民地事業というものは、あたかも許されないことをしているかのごとくに認識した上でなされなければならないということである。言い換えると、植民者は常にみずからの正当性をみずからの行動によって示さなければならないということだ。これも、わたしが言う隷従の一つの形[23]なのだが、正当性をみずからにも他者にも説明、納得させることによってのみ、みずからの力と権威を維持し得る、そういうものなのである。

　みずからの行動によって、と述べた。では、その行動の前提条件とは何だろうか。それを具体的に説明するためには、先に述べた原理を思い起こす必要がある。つまり、植民地事業に伴う人道的義務である。植民地事業の根本にある原理、それは何よりもまず植民地支配を受ける人の益になることをする、そのことを植民者は心掛けねばならぬということである。それをわたしは被植民者との連帯という言葉で述べた。これこそが植民者の行動の基本原理にならねばならぬ。

植民地支配を受ける人々、それはわれわれと少しも変わらぬ人間である。よって、彼らを処するにあたってわれわれ自身を処するところと異同があってはならない。具体的に言えば、彼らはわれわれ同様に個人としての基本的権利を有するのであり、その権利を尊重するにあたっては、われわれ自身の権利を尊重するのと同じでなければならないのだ。それこそが、物心両面における協同政策の核心部なのである。植民地における人々が病に苦しむのなら彼らを治療せねばならぬ。そうしない限り、植民地における労働力確保は不可能なのであるから医療の推進は必須事項の一つである。また、彼らが暴力を受けたり、他人に騙《だま》されるといった事態もなくなるようにせねばならない。つまり、社会全体の安寧を維持すると同時に、個人的な安全も保障しなければならないのである。そのためにはフランス法に基づく裁判と同時に現地の習俗に適応した法に基づく裁判、安全維持装置が必要なのである。現地民が彼ら自身の土地を耕すにあたってはその所有権が保障されねばならないのであって、その生産物について支配者による恣意的な収奪がおこなわれるようなことがあってはならない。言い換えると、土地制度を確立し、所有権の認可などはしっかりなされねばならない。植民地状況において大産業や大農方式が導入されると、そこには「プロレタリアート」が生まれることになるが、そのような立場になった現地民についても人道的な労働諸規則によって彼らの権利が守られるようにしなければならない。こうして、現地に暮らす数多くの人々の道徳的、精神的価値が高められるようにしなければならない。そのためには広く一般に公的教育を施さねばならない。こうした一連の施策により、われらの保護下にある人々がやがてはみずからの国の行政に参加することができるように仕向けなければならないのである。これを結論的に言うと、支配下にある人々を公的な仕事、公的な組織での任務にあたらせ、人々が彼ら自身の望みや要求を口にすることができるように、また彼ら自身が公的な仕事に携わることができるように、つまり単なる下働きではなく、われわれの「協同者」として働くことができるように育てていかなければならない。人々が自分自身の国の運命に関わることができるようにしなければならないのである。

第六章　植民地事業がもたらす恩恵

植民地経営というものは少しずつ前に進んでいくものであるが、その恩恵、つまり植民地事業の良い面とはどのようなものであろうか、そのことについて述べてみよう。そもそもフランスは植民地現地に対し、約束したことを実行しているであろうか。具体的に見てみよう。

植民地事業がまず何よりも初めに保障しなければならないこと、それは当該社会が平和、安寧の内に存在し得ることであるのは言うまでもない。社会の平和、これこそが永続的に事業を進める基盤となる。

この点に関する限り、いかに植民地事業を中傷する人といえどもわれわれを論難するのは難しいだろう。そういった中傷を好んでする人たちに言わせると、植民地状況に置かれる以前の当該社会はそれぞれが自立し、平和のうちに暮らしていたということになる。そこにわれわれが無法にも入り込み、容赦のない鉄の支配によって人々の平安を乱したのだと言いたいようである。そういった人々は、このような至福の世界があったのだと本気で考えているのだろうか。黒色人種にせよ、黄色人種にせよ、われわれがその社会に介入する以前には平穏なる日々を送っていたなどと言えるような社会がどこにあるというのか。それらの社会に歴史というものがあるとして、それはまさに戦い、襲撃、虐殺、略奪、そして捕縛、奴隷化の繰り返しではなかったのか。それが彼らの日常であったのだ。部族間の戦い、小さな王国間の戦い、そしてより大きな王国間での戦争。そのような地に足を踏み入れた白人こそ災難であったという他ない。彼はたちまちのうちに戦いに巻き込まれたであろう。無法状態、打ち続く戦乱と暴力、そういった状態が何世紀もの間続いたのである。そのような状態を直視せずにいよとでもいうのか。

われわれが介入した地に関する記録を見るがよい。たとえば、北アフリカ。そこではアルジェを基地に地中海域で暴虐な海賊行為が繰り返されていた。それが一九世紀半ばまで続いたのである。現地太守は奴隷たちをほしいままにしていたのだ。一八一六年、イギリスのエクスマウス卿による攻撃がなされたが、それは効を成さなかった。その地に平安が訪れるためにはフランス軍の介入を待たねばならなかったのである。アルジェリアの隣、チュニジアはどうか。そこでは部族間での戦闘、略奪が絶え間なく続いていた。特にアルジェリアとチュニジアが接するあたりは強盗、殺人、侵略の温床になっていたのだ。チュニジアに平安が訪れたのはフランスが同地域を保護領下に置いてからのことである。モロッコとても同様のことで、部族同士が略奪を繰り返し、地域内での覇権を競うがゆえに平和を保てないという状況であった。

サハラ以南のアフリカを見ると、状況はさらにひどかった。一八五二年、フェデルブが若き大尉としてセネガルに着任したとき、そこは小さな王国同士が互いに略奪を繰り返し、相手を殲滅せんものと相争っている状況であり、人々は恐怖と悲惨、奴隷制に苦しめられる状態であった。北からはトゥアレグ人やモーリタニアのモール人の襲撃があり、"メスキン"〔アラビア語で哀れな貧乏人といった意味〕たちは皆殺しにされたのである。トゥクロール人であるエル・ハジ・オマールも戦闘に生きたのであり、多くの人々を殺している。エル・ハジ・オマールの後にはママドゥ・ラミン・ドラメ[24]、アフマドゥ・シェク[25]、サモリ・トゥーレ[26]、ラバー[27]といった狂暴な専制主義者が無数の人々の喉を掻き切り、殺害している。それも宗教に名を借りた気まぐれによる戦いで大量虐殺をしているのである。赤道アフリカを見ると、イギリス人探検者のヴァーニー・ロヴェット・キャメロンはその地を「恐怖の地」と記しているが[28]、文字通り血と恐怖に満ちた土地だったのである。チャド川流域ではシャリからウバンギにかけてラバーが猛威を振るった。現地民がいくらかなりとも小康状態を得たのは、彼がイギリスのクランペル隊を相手に戦い、その隊員を虐殺するのに忙殺されたときぐらいのことであった。

アフリカの東側について見ると、マダガスカル島ではメリナ王国が専制を振るっていた。メリナ王国は植民地化するために介入したフランスにも戦いを仕掛け、何人もの入植者、カトリック宣教師が殺され、その戦いに巻き込まれて命を落とした現地人も多かった。

インドシナ半島にフランスが介入したその時、現地のカンボジア人はシャム人、アンナン人双方からの攻撃を受け、支配下に置かれようとしていた。ラオス人は一般におとなしい人々であるが、周辺の封建諸国が互いに相争う戦いに巻き込まれ、侵略される危機にあった。トンキンでは中国の黒旗軍が猛威を振るい、略奪、襲撃にさらされていた。

こうして列挙してみるとご理解いただけようが、現地の人々は絶えず戦乱に巻き込まれ、平安のうちに生きているといった状況では到底なかったのだ。不安、混乱、野蛮な戦い、それが常態であった。戦いで敗れた側の人々は奴隷にされるのが常であった。原初状態の社会では人々は平安に生きていたとルソーは言う。そういうことが信じられようか。植民地支配に反対する人々はルソーの言を頼りにするが、それは幻想の楽園と言うしかない。

われわれフランスはこのように抑圧され、恐怖の中に生きていた人々に平安をもたらした。人々が恐怖から解放され、平和と安全というものを味わうことができるようになったのはわれわれのおかげなのだ。

ところで、人々を苦しめていたのは人間だけではない。自然、それは当該地域に生きていた人々にとって人間に勝る恐怖そのものであった。わがフランスの大半の植民地は熱帯地域、あるいは赤道地域に広がっているのだが、そこでの自然は光り輝く美であると同時に、その裏には猛り狂う凶暴さを秘めたものでもある。その美しさが恐るべき凶器に変貌するのである。光り輝く太陽、その陽ざしは万物を明るく照らし出すと同時に、灼《や》けつく矢を放つものともなる。暗闇に閉ざされた広大なる森、花咲く野原、蓮の花咲く湖、流れゆく雲がその影を映す山肌、それらから思いもよらぬ恐ろしい敵、野獣、地を這い忍び寄るもの、ものも言わず襲いかかる獰猛なるもの、いや目には見えぬが知らぬうちに人を苦しめるものさえが襲い来るのである。ペスト、コレラ、チフス、細菌性の下痢、天然痘、マラリア、眠り病、黄熱病、ベリベリ、レプラ、トラコーマ、回帰熱。そういった病気、いやこれ以外にも数多くある病気が人を襲う。いつ、どこで、何を原因として起こるのかよく分からぬ病気さえもが人を狙っている。これらの病気も人をして隷従状態に貶《おとし》めるものなのである。

われわれはこういった病気がヨーロッパの中世時代において猛威を振るったことを知っているが、フランスが入植した地域においてわれわれがその地に介入する以前、人々がこれらの病によって全滅せずに済んだとすれば、それは彼らの繁殖率の高さゆえのことであるとしか言えない。病気の克服、これこそはわれわれが植民地化によって成し遂げたじつに大きな功績と言うべきであろう。もっとも、病気を全面的に克服したなどとは未だ到底言えない。それは特に黒人アフリカ地域において事実であり、今後一層の努力が求められるのは確かである。しかし、成し遂げられた功績も大きいのである。病気克服のためにどれだけの努力が払われたか、考えてもみていただきたい。現地人の間には迷信、呪術、悪しき習慣、そういったものが蔓延しており、病気退治といえどもまずはそこから取り組まねばならないのである。丁寧な実態調査から始め、取り組むべき施策を綿密に策定した上で地域ごとに医療体制を整え、現場での問題に取りかかる。こうして、それまでに何千人という単位で人々の命を脅かしていた病気に立ち向かえるのである。現地に行ってみると分かるが、いくつもの無料診療所、養護施設、病理研究施設、細菌研究施設、病院、そういった施設が作られている。出生時における幼児死亡率はかつては五〇パーセントから六〇パーセントにもなっていた地域さえあるのだが、そういった地においても母親になる人のための産科病院が多く作られた。地方部において眠り病は恐ろしいものであったが、それに対する予防接種もおこなわれた。さらに、現地人自身を医師、看護人、助産婦など医療従事者として教育する専門学校も設立された。都市部のみならず、地方部の人も恩恵を受けられるように、医療団が地方部を廻るようにもなった。また都市部では衛生環境改善のためのさまざまな活動が実施されもした。伝染病を媒介する細菌防除のための沼沢乾燥化、他方で上下水道設備をはじめとした都市施設の拡充も実現されたのである。

言うまでもないことであるが、これらの偉大なことを成し遂げて初めて、われわれは植民地事業というものは人類全体の福祉の向上に資するものであると明言し得るのだ。植民地での事業はその地にとどまるものではない。そこで発見され、実施された善なるものは国境を越え人類全体の福祉に貢献することになる。細菌に関わる研究にせよ、ある種の困難な病気の研究にせよ、その退治法、治療法などはすぐさま国境を越えるのである。われわれがさまざまな植民地で多大の努力を払い、成し遂げてきたこと、そのことについてはすでに述べた。われわれはそのことを大いに誇りにしてよい。しかし、今後成すべきことも未だ多く残っている。先にも述べたが、黒人アフリカ地域における眠り病対策は未だ十分ではないし、また呪術が蔓延し、病気退治に一つの障害となっていること、全般的な衛生状態の悪さゆえに幼児死亡率が未だ高いことなど、今後手を打たねばならないことは多く残っている。しかし、黒人アフリカ地域における全般的に高い死亡率の低減化について、われわれはすでに高い成果を上げているのである。

黄色人種地域、インドシナについて見るとこちらでの予算的措置はアフリカについてのものより充実しており、そのことはたとえば医療部門に関して顕著である。人口調査を見ても人口が減っている事実などは観測されていない。わたし自身、公共衛生部門の拡充に力を入れた結果、わずか一〇年で四〇〇万もの人口増が見られたのは大いに自負するところである。人口に関して、これはアルジェリアのことだが、今から一〇年前、アラブ人、カビール人を合わせた人口は二〇〇万であった。それが今では五〇〇万を超えている。本書で、わたしは植民地に関することを率直に、真実を包み隠すことなく記すことを大前提にしており、以下の点も偽りなく記すのだが、オセアニア地域では現地人は何らかの信仰によりわれわれとの接触を忌避する傾向があり、目立った成果を上げ得ていない。ではあるが、その信仰は手が付けられないというようなものではなく、またわれわれも一層の努力をしており、特に南太平洋地域では医療部門は少しずつ成果を上げている。出生率の増加にその成果が見られるのである。

自然環境が良いとは言えない植民地に暮らす人々は一般に栄養不足の状態にあり、一旦伝染病が発生すると多くの人が命を失うというのは珍しいことではなかった。多くの植民地において飢餓は風土病の一つというほどであった。われわれの介入以前、伝染病で命を失う人は毎年数万人に上っていたのである。耕作地の未利用、単純極まる栽培方法、それに耕作法の未発達に加えるに人々の怠惰、そういったものが重なって飢饉が頻発し、多くの人が死んでいったのである。

このような大悲劇はわれわれの介入と共に姿を消した。もちろん、合理的な生産活動、その方法について厳しく教える必要があったし、怠惰な生活に慣れた人々を生産に向けて叱咤する必要もあった。森を切り開き、荒れ野を開墾し、未開の耕地に鍬を入れる、水の必要な土地には灌漑施設を作り、現地の人々が未だ知らぬ作物を導入し耕作させる、作物の種を選別し配る、肥料の使用を教える、そして収穫した作物の保存法も教える、そういった仕事にどれだけの努力が払われたことか。現地の人々は昔ながらの農法だけを頼りにし、われわれの方法をなかなか受け入れようとはしない。実際のところ、ヨーロッパ農法に基づくやり方はヨーロッパでは効果的であっても現地の環境にそのまま適応するということはなく、長期にわたる何度もの試行錯誤が必要となるのはごく普通のことであった。試験的農法は是非とも必要であったし、試験農場も不可欠であったのだ。植物園も必要であったし、農学校も必要であった。われわれが建設した学校の教育で現地の子どもたちは苦労して農法を学び、彼らはそれをまた苦労して地方部の人々に教える。これらすべては大変な苦労と忍耐の結果として成し遂げられることであるのはご理解いただけよう。木になっている果実を手にするにはその木を切ればよいのではない。自然から得たものは自然に返す、自然がもとの姿を取り戻すように手当てしなければならない。手っ取り早い方法では何事も成し得ないことを辛抱強く教えるのである。こうした努力の結果として現地での食料生産は飛躍的に増大したのだ。社会全体がより良い日々を、個々人はより多くの富を享受し得るようになったのだ。そこにわれわれの力が大きく関わったのである。わたし自身が植民地大臣を務めていた一九二〇年代初め[29]に策定した食料増産計画が最近になって立法化され、植民地現地での運用を待つばかりになった。これにより食料増産はさらに速度を増すことになろう。この計画では、未開墾地の整備により栽培面積を増大することに主力が置かれている。

農産物生産を徐々に増強する、地下資源を開発する、未開墾地を耕作地に変えていく、これら新しく耕作地になった土地に現地人耕作者を投入する、こういったことがなされた。そのためには生産物を効率的、かつより広範な地域に流通させるための道路、鉄道の整備が不可欠であった。その整備は未だ完全とは言いがたく、なすべきことが残っているのは事実である。しかし、フランスによる植民地化によって成し遂げられたことについてわれわれは十分に自負し得るものである。道路について見ても、それまで長い間にわたって人々が踏み続けてきた道というのも憚《はばか》られるようなみすぼらしい藪道が立派な舗装道路に変わったのである。初めに入植した人々は細い小道をたどって行くのが常であったが、それらは荷馬車、そして自動車の通行に耐える大きな道路に変わっていった。道路が整備される以前、現地の人々は頭上、あるいは肩に荷物を載せ、押しつぶされんばかりになりながら、息を切らせて運んでいた。荷を移動するという単純な仕事が文字通りの重労働であったのだ。鉄道建設という労働が現地の人々に重くのしかかるものであったこと、森を切り開き、そこに鉄のレールを敷くという労働により、多くの現地人が命を失ったことをわたしは否定するものではない。数多くの労働者を働かせる現場ではそれに応じた衛生対策が取られるべきであった。その点の不備、誤りは認めねばならない。一刻も早い完成を目指すあまりに誤りが生じたのである。そういった誤りは現在は修正されており、現地人はかつてのような犠牲を払うことはない。もちろん、監視の目は必要であるが、道路、鉄道が整備されることは人々の行動の幅をどれだけ広げることか、また物資流通がどれだけ容易になることか。

現地人の労働についてここで強調しておきたい。公共事業、たとえば農地の開拓、産業用地の整備、港湾建設、鉱山開発、これら公共大工事はヨーロッパ近代社会でそうであったように人口の集中、経済活動の集中を結果として引き起こす。その点は民間がおこなう大工事事業についても同様である。これらの大工事を実施するにあたって、現地人を労働者として働かせることに関してフランスはひどいことをしたと非難されることがある。それは正しいであろうか。公正に見る必要がある。現地人労働者の労働環境がヨーロッパ諸国におけるそれに比べれば悪いものであったこと、それは事実である。この点だけを取り上げて一方的な観点から誇張し、それをフランス国内の労働問題については一家言を有しはしても植民地における全般的な生活状況については何も知らぬ世論に訴える。われわれが介入した当時の当該社会がいかなる状態にあったか、われわれわれの努力によってその全般的状態がいかに改善されたか、そういったことを世の人々は知らないのである。われわれの介入後、当該社会がいかに進歩したか、その事実を忘れないでいただきたいものだ。奴隷制はいたるところで苛酷なまでに実施されていた。それを制度的にやめさせたのはわたしたちである。しかし、事実上の奴隷制はそう簡単になくなるものではない。その地においては永劫の古き時代からなされていたのであり、それら一つ一つの具体的事例についてそれをやめさせる丁寧な努力が必要であったのだ。現在に至るも、完全に廃止させたとまでは言えないのが事実であろう。一九三〇年代に入った現在でも、赤道アフリカ地域やスーダン〔現マリ〕、そして古い時代からの植民地であるセネガルにおいてさえも「家内奴隷」と呼ばれる家付きの奴隷を擁している者がいるし、その家内奴隷自身も自由民になるより奴隷身分のままでいる方がいいという者もいる。そういった社会にあっては、奴隷制はあまりに人々の生活に密着しており、それがあって当然と皆が考えている状況がある。それを根絶させるのは困難を極めるのが現実である。

植民地によっては奴隷制というものがないところもある。しかし、そのような社会にあっても専制的な君主が人々を苦しめていることに変わりはない。現在でもこの種の横暴な君主はいる。ヨーロッパ人は植民地現地の人々を搾取し、苦しめているなどと言われることがあるが、現地の事情を正確に知った上で発言してほしいものだ。現地の権力者による現地人自身の搾取、圧制は広く行き渡っており、その程度もひどいものである。そのような地にあっては人は権力とか富を手にするや否や、すぐさま他人をみずからの支配下に置こうとする。その扱いたるやじつにひどいものがあるのである。アフリカの権力者を見るがよい。彼らは哀れな人々を思うようにこき使い、しかも相応の報酬を与えようともしないのである。アンナンの大土地所有者を見よ。彼は小作人を数多く擁し、彼らを自分の土地で働かせてやる代わりに法外な税を取り立てる。農奴そのままという他ない。農園所有者が取り立てる税の多さ、それは信じられないほどに法外なものである。ところが、農奴たちはそのような生活に慣れ切ってしまっており、誰も文句を言おうとしない。習慣とは恐ろしいものだというか、彼らが主人に対して抱いている忠誠心には驚く他ないと言うべきか。ともかく彼らはわれわれヨーロッパ人にみずからの苦境を訴えることがない。それだけ状況の改善が困難になることは容易にご理解いただけよう。

われわれはこういった零細農民にも労働に応じた賃金の支払いをきちんとしてきた。そのことは農民たちにもすぐに理解された。すると、彼らを酷使してきた主人たちも農民に対する態度をやがては変えざるを得なくなる。労働者には自由があることを保障するためにわれわれは雇用条件を明確にし、自分が住む村からあまりに遠隔の地、気候も慣習も異なるような地に追いやられることなどないように配慮した。また、若年労働を禁止し、契約期間や給与を明確にすると同時に、宿舎や食事内容、医療補助、労働時間、そういった労働に関わる一般条件を明確に規定した。これらの労働に係る規定がきちんと守られているか否かを監視するために労働監督機関も設置した。こうして制度を整えたことにより、北アフリカやインドシナにおいては労働者たちの協同組織ができ、また看護施設や現地の事情に合った宗教施設、さらには村民のための劇場が作られたところさえある。こういったモデル地区の設備に関しては、フランス地方部のそれらに勝るとも劣ることはないと言える。

われわれが苛酷な状況にあった貧しい労働者たちを救うために人道的な見地からさまざまな手を尽くしてきたのは事実である。しかし、一方で強制労働と呼ばれるものを実施、ないしその事実に目をつぶってきたと思われている節《ふし》がある。この「強制労働」という言い方は誠にもって不正確、残念なものであり、不当、かつ真に遺憾なことである。わたしは強制労働には強く反対するものである。そのことを断った上で言えば、強制労働と指摘される件についてはきちんと調査したく思うのだが、ある種の罪を犯した者に課される労働が強制労働と見なされているようである。一般人に対する強制労働、これは人道的にも社会的にも到底容認される性質のものではない。あらゆる見地からして不当である。ただし、次のような状況があることも理解しておく必要がある。つまり、諺に言うところの「まずは生きよ。哲学は二の次だ（*primo vivere, deinde philosophari*）」というもので、具体的に言えば植民地における社会状況はじつに悲惨なことが普通であり、抽象的なことを云々《うんぬん》している状況ではないということがある。そこでは多くの人にとってまず日々を生きること、それが先決なのである。とにかく食べること、そして服を着、寝るところを確保し、人との付き合いを何とかする、それが何より大事だという状況がある。

数年前、わたしが植民地大臣を務めていた時のことだが、赤道アフリカで次のような事例が発生したことがある。ある地域の社会では人肉食がおこなわれていて、われわれはそれを厳禁した。ところが、その村の人々は野菜作りのために働かせられるぐらいなら餓死したほうがましだというのである。このような場合、個人の自由という大原則をそのまま適用し、当該の個人が餓死するに任せるのがいいのか、あるいはその個人の命が先決であるとして個人の自由という原則を無視するか、という問題がある。もし、個人の自由をあくまでも尊重して、その村の人口がゼロになれば大原則の尊重云々という問題もなくなるわけだが、その村の統治にあたっていた行政官の報告によると、常識にしたがって、特に問題が生ずることもなく解決したそうである。[30]

国際連盟の調査官が、人々が餓死せぬようにその人々を強制的に働かせるのは是か非かなどと論ずるのは茶飲み話の類として無視しておけば済むことだが、その調査官が数年後になってフランス統治地区が荒れ果てた状態になっているのはなぜだ、と言ってくるのを黙っているわけにはいかない。荒れ果てないようにするために人々を働かせるのがわれわれの責務であるのは分かり切っているではないか。

一般に、アフリカ黒人は怠惰で鈍間《のろま》、その上ものぐさで将来に備えて行動することも知らない。こちらの大木の陰に座り込み、おしゃべりに何時間も過ごすかと思えば、あちらの木の陰で寝転ぶという具合。歌うかと思えば踊り、キセルに火をつけ、疲れたら眠るという次第である。それも仕方のない面があるのは事実で、あの容赦のない気候、その上腹を空かせた人が多いという次第で、要するに昔から彼らはそうしてきたのだ。昔からそうしてきたことをそう簡単に変えられるわけはない。気候についてもわれわれがどうこうできるものでもない。しかし、腹を空かしていることについてはすぐにも何とかしなければならない。これは一種の悪循環でもあって、彼らはしっかり働かないから食べ物を十分に手に入れられないのだが、腹を空かしているからしっかり働けないのでもあるのだ。

こうした人々の腹を満たすためには強制的に栽培の仕事をさせることも必要になるのだ。これはある種の必要悪である。ただし、それには人道上の見地から取るべき措置は必ず取る必要がある。つまり、まずは彼らに食べ物を十分に与え、彼らの健康状態に注意し、現物支給であれ現金支給であれ労働に見合った報酬はきちんと支払うこと、これらは必須事項である。

労働の義務化[31]について、これは私企業や個人が自分の利益のためだけにそのようなことをするのは厳に禁じられなければならないのは当然として、明確に現地人社会の全体利益になる大公共事業に限ってなされるべきである。このことは何もわれわれが今になって発明したようなことではないし、また植民地支配下だけでそうされるべきことでもない。ヨーロッパ諸国にあってもそのようになされてきたことだ。社会主義下のソヴィエト連邦ではもちろんのことだが、ブルガリアなどでも同様の措置がとられている。そこでは兵役が義務になっており、軍事訓練は言うまでもないが、兵役期間中の六か月は男女ともが国家的事業の遂行に従事しなければならないとされている。

マダガスカルではもう数年も以前から軍に属する兵隊の一部を「開拓者」という形で公共建設

物の建設員として働かせており、これにより一般人がこの種の建設役務に関わる義務は大いに減少した。報告による限り、建設役務に従事する兵隊からは何ら異議申し立てもなされていないようである。このようなやり方は、公共建設物工事であることを踏まえるとその作業効率を上げるという意味でも有効である。また、この役務に関わらずに済む一般人を行政的な仕事の雇用員に向けて教育できるという意味からも有効である。これらは植民地行政当局にとっての利点であるが、現代の一般人側から見ても、きちんと仕事をする習慣を身につける、良い労働環境を享受できる、新技術を習得できる、新機械の使用についても学ぶことができる、そして一般的に言ってみずから進んで仕事をすることの利点を学ぶことができるという意味で、彼らの精神構造を変えることになるのであって、大いに評価できよう。

もちろん、こういった労働には得《え》てして労働者への苛酷な扱いや過重労働の問題がつきものである。その点は注意しなければならないが、現在では国内的にはもちろん国際的にも監視の目が光っており、誤りがあれば直ちに修正し、規則を遵守するよう指導がなされることを思えば、その種の危険は大いに減少している。[32]

ここまでの記述で、植民地化という事業でわれわれが支配下に置いた人々に対しどれだけのことをしてきたか、当該社会にどれだけの進歩をもたらしたか、お分かりいただけたと思う。わたし自身、植民地大臣の任にあった者として大いに自負するところでもある。いずれにせよ、本書は一般読書人向けのものであるという性格上、われわれが成してきたこと、特に注力したことや問題点などについていちいち事例を挙げて詳述することはできず、概略を記すことしかできないことをご了解いただきたい。

ともあれ、植民地現地に生きる人々は外部から敵に脅かされる心配はもちろんのこと、内的な混乱、戦乱の恐れもなくなり、生活環境は格段に良くなり、日々の生活は基本的に保証されるようになった。人々は自由を実感し、個人は自分がもつ富を各人の裁量で正当に、また安全のうちに執行できるようになったことを喜んでいるはずである。われわれの力でそういった権利を保障できるようにしたのである。こういったことを確実に組織、制度として実施することこそ植民地支配を実施する人間の最大の関心事なのである。これがなされなければ植民地統治というものはあり得ない。現地住民はわれわれが何をしようとしているのかに常に強い関心を示すものであって、間違いは許されない。また、植民地経営に批判的なフランス国内世論も常にこういった問題を監視しているのである。

植民地での裁判に関して、フランスでの法律や裁判のやり方を現地の人々にそのまま適用すると、それが現地人の習俗慣習に照らして不具合を来すことがある。現地人の習俗からすれば不可解な裁決がなされることがあるわけで、これは現地人を苦しめる。植民地化に反対する人々はこういった事例に飛びつき、針小棒大に批判し、植民地での法律適用のあり方全体に攻撃を加えたりする。確かに、ある種の裁決が現地民からすると大変不当なものであるケースが起こり得ることについてはわたしも十分に承知している。しかし、それは例外的なことなのであって、われわれの裁判が常に誤っていることにはならない。われわれが介入する以前の現地での裁判のやり方にはわれわれの裁判以上の誤り、乱用があったのであり、人々はそれに苦しんでいたことを思えば、事態は改善しているのである。

実際、アフリカであれアジアであれ、われわれが介入する以前の社会では裁判といっても特殊な形のものであったのだ。多くの社会では専制的な権力者がはびこり、一般民衆は権力者の前で無力であり、人権を無視するところ甚だしく、残虐なやり方が横行していた。いわば野蛮な状態にあったと言って過言ではないのである。罪状判断に際しては厳しい拷問が加えられることがあった。また盟神探湯《くかたち》のように毒を飲ませ、それで死ななければ無罪であるとか、熱湯に手を浸す、ワニのいる沼に身を沈めさせるなどといったことが実際におこなわれていた。さらに、有罪と判断された場合に課される刑罰の恐ろしさは想像を絶するようなものであった。手や足を切断する、拷問を加える、そして罪人は奴隷にすることもなされたし、罰がその罪を犯した本人だけではなくその家族にまで課されるといったこともあった。罪状判断の基準になるものは曖昧であり、一般にはこの種の罪にはこの罰をといった伝承として伝えられるだけであった。インドシナでは書かれた法律というものがあったが、そこに書かれている内容には矛盾が多く、裁判官たるもの大いに混乱したはずである。裁判官といってもその場その場で権力者がその役を演じるようなもので、その判断はお金で左右されるのはもちろん、じつに驚くほど形だけのものであったのだ。

こういった状況を正し、立て直し、秩序あるものにする。そのためにははっきりとした形で条文を整える必要があるのはもちろん、人々の精神構造をも変える必要があった。現地での慣習法、それは書かれている場合もあるし、単に口頭で伝承されているだけという場合もあるのだが、現地の慣習法にもその地の慣習、風俗からしてもっともだと判断されるものもあるわけであり、そういった慣習法に照らし、さらに慣習法では不十分、ないし偏向していると判断されるときにはより広い人類的な観点から修正なり、付加条項を加えるなどした上で、明確な言葉、しかも多くの人に理解される表現をもって条文を作成するということである。これが最も難しく、注意を要する点である。植民地ではない保護領下においても現地法廷はそのまま残すことが取り決められている。その場合も、裁かれる人には弁護人がつくこと、また裁決に不服の場合は上訴することもできるようにする必要がある。これらはフランス法廷では当然のことであるが、現地法廷では新規に取り入れられた制度なのである。一審での誤り、不規則を修正するための再審制度も取り入れられた。さらに現地人を裁判官として養成するための司法官養成校も設立されたのである。こういった学校を通して、適正なる司法がなされるべく制度化された。

現地人の法的保護という観点から言えば、それは人間に対してのみならず物財についてもなされた。つまり、個人がその労働の対価として正当に取得した物財、及び個人の祖先が同様の方法で取得した物財については保護されるものであることを保証したものである。なぜこのような保証が必要であったかと言えば、一般に植民地においては私有財産ではなく、一定の集団についての財産の保証がなされるだけだったからである。これにはさまざまな問題が伴う。たとえば、北アフリカにおいて、所有権は部族集団全体、ないしはその中の小単位集団について認められていたし、サハラ以南の黒人アフリカ地域では土地には所有者がおらず、その土地に最初に入った人、あるいはその家族が土地の主と呼ばれたが、土地の主といえども土地を所有するわけではなく、用益権を有するのみで、その用益権を集団の人々に与えるわけである。土地の主としての権利は代々受け継がれるものであった。マダガスカルについてはどうか。そこでも状況は黒人アフリカ地域に似たものであった。個人所有権が認められているところでも事情に大きな変化はない。というのも、その権利は証書などを通して確立したものではないのであって、集団の人々がそれと認めるか否かといった基準のみに頼らざるを得ないからである。

われわれの介入後、ある土地を開拓した者には所有者としての資格を確立するようにし、次第に所有権というものを理解させるようにした。とはいえ、これは困難が伴うものであった。たとえば五〇年前のアルジェリアにおいて、土地は集団全体の所有になるものであった。そのような地で個人の所有権を確立することに住民の理解を得るのは容易ではなかったのである。個人所有権確立のために、われわれは慎重に、段階的に、十分に配慮を尽くした上でようやく成功したのである。土地所有に関する権利の確定にはことほど左様に微妙な問題があり、論理的適合性を十分に斟酌しなければならない。

植民地において曖昧な土地所有権を廃し近代的な所有権と登記制度を確立したのちには、土地の資産価値減少を防ぐため適正な率での抵当権を決める必要があった。他方で、社会の広範な地域で農地改革を実施し、それまで小作人であった人々にも無料で小耕作地を分配した。この改革には農具や播種用種子の購入に必要な資金について定率での貸付制度も含まれ、それにより高利貸しが暴利をむさぼるようなことがないようにした。

法律というものは人間にとって最も重要な感性に関わるものである。それが完備されることによってすべての人が満足できるようにしなければならない。その次には、社会的な次元で相互扶助であるとか、共済組合、同業組合、保険機構といったものを整備していく必要がある。多くの植民地において、人々には将来に備えるといった思考が欠けているのが普通である。それは地域によっていくらかの差はあるが、何世代も前からそうだったのである。アフリカ黒人には将来に備えるという姿勢は全くないし、北アフリカのベルベル人は宗教にすがるのがやっとですべては運命で決まるといった考えがあり、他方、アンナン人は度外れて賭け事好きであり、無駄使いも厭《いと》わない。こういった無防備な人々がシリア人、ユダヤ人、インド人といった利に敏《さと》い人間にいいように食い物にされてきたのだ。そこに介入したのがわれわれで、現地の諸制度を取り入れつつ、将来に備えての共済制度であるとか組合などの相互扶助組織を作ってきたのである。

とはいえ、わたしはここでフランスの全植民地において現地人を完全に保護するような制度、システムを完備したなどと主張したいわけではない。同時に、われわれヨーロッパ人が漠然とではあれ心に抱いている人間としての連帯という考え方が現地人にすんなりと受け入れられるもののでもない。たとえば、組合組織など社会的な保護システムや施策などは現地の事情を十分に理解し、現地にある制度などを取り入れつつ、柔軟性をもたせた上で作る必要がある。植民者たるもの何事にも時間がかかることを忘れてはならない。個人にせよ、集団にせよ、誠にゆったりとした時間の流れの中で少しずつ変わっていくものであり、人々の発達程度に見合った速度でじっくりと規則なり施策なりを実施していかない限り、思わぬ大失策、さらには重大事態に至ることさえあるのである。繰り返すが、植民する人間にとって時間という要素は最重要なものである。とにかく忍耐が基本であって、これあってこそ初めてわれわれは自分たちが蒔《ま》いた種が十分な時間をかけて、じっくりと育っていく過程を見守ることができる。それができて初めて、われわれはその地にやって来たことに満足し得るのである。植民者たるもの即刻行動あるのみ、などと考えるのは最も忌避すべきことなのだ。

植民地において、その地の個人、また集団全体の進歩を促すこと、これは確かにわれわれが成し遂げねばならないことである。しかし、それを達成するために最も効果的な方法、それは教育なのである。学校教育、現場での教育、そういったあらゆる種類の教育が重要であり、特に若者への道徳面、及び一般的な学習事項の教育は当該社会を活力あるものにするために必須である。教育こそ最も重要、かつ最も複雑な問題であり、植民者が細心の注意をもって事を進める必要があるものである。というのも、教育のあり方如何は他の領域での事業が成功するか否かにも関わるからだ。

　フランスはその何世紀にもわたる歴史を通して、知の探究、学問を大切にする国民性を作り上げてきた。その知性はある時は誤り、ある時は粗雑であり、またある時は他からの影響を受けやすい[33]ものでもあった。このようにフランスの知性においても、その長い歴史の時間においてさまざまな変化があったことを鑑みれば理解されることであるが、われわれ西洋の知識、学問をさまざまに異なる植民地にすぐさま適用しようとするのは間違いである。当該地の人々の発達の段階、習俗の内容などに合わせた適用がなされなければならない。

　たとえば次のようなことがある。フランスが有する世界の植民地について見ると、人種的にさまざまに異なるのは言うまでもなく、自然環境、習俗、文明発達の程度も異なる。そのことが各地における「学校」というものの違いとして現れる。たとえば、中央アフリカ地域ではバオバブのような大木の陰で年寄りが子どもたちに自分たち部族の慣習を教えたり、われわれから見れば野蛮そのものに思える誤った観念、習俗について教える「学校」もあれば、他方ではアンナンの学校など大変高度な内容を段階的に、組織的に教える体制、つまりほとんど「大学」教育に匹敵するほどのものを有している社会もある。こういったさまざまに異なった教育のあり方についてわれわれは十分な考慮、あるいは配慮をしてこなかったと思われる。われわれが介入する以前の社会ではどのような教育がなされていたのか、それを丁寧に知ることは根本的に重要なことなのだ。

赤道地域に目を向けてみると、そこでは一般にアニミズム、つまり万物に命ありと考え、そこに超自然の力を読み取る信仰がはびこっているのが普通であるが、そういった地域での教育はほぼ皆無、人々は「愚鈍」の中に生きていると言っていいほどである。イスラム地域を見ると、そこではいわゆる「コーラン学校」というものがあり、指導者は子どもたちにコーランを歌うように朗唱する仕方を教えたりする。また宗派によってはもっと程度の高い形でアラビア語の文法をはじめ、イスラム教やイスラム法について教えるところもある。他方、アンナンを見るとそこは教育王国とも言えるほどであり、人は高度な試験に向けて情熱の限りを傾けて勉学にいそしむ。その試験に合格すると、その個人が非常な栄誉に浴するのみならず、家族、いやその村全体が大いなる栄誉を享受することになる。重要な官職につくためにはこの種の非常に困難な試験に合格することが絶対に必要なのである。

教育のあり方は地域によってこれほどまでに異なっているのである。あるところでは未開な習俗を全面的に改めさせる必要があり、また別のところでは近代的な生活に適合させるべく古い昔からなされている教育に手を加える必要がある。多くの場合、教育と言えばただ単に教え込み、習う方はひたすら覚え込むことだけに集中しているものだ。このようなやり方で知性の開発はできるものではない。つまり、何を教えるかが大切なだけではなく、教え方が重要になってくる。こうして記してくると、教育というものがいかに難しいものであるかご理解いただけよう。心のみならず、精神、知性の涵養、そのためには多方面に発揮される才能をつかみ、柔軟に対応することが必要である。教えるにあたっては厳しさと同時に一貫性が重要である。同時に、才能の開花を寛容な心をもって見守る姿勢も必要となる。ただ単に権威をもって厳格な姿勢で臨むのでは良好な結果を得られるものではない。こういった教育を現場で実際におこなうのは簡単なことではないし、すぐに良い結果が出るというものでもない。しかし、われわれはこの難しい問題に果敢に取り組んできた。植民地での教育に割り当てられた予算を見れば分かることだが、われわれはそれぞれの地域での発展段階に応じた教育のあり方を研究し、秩序だった教育体制を整え、非常に初歩的な教育を施すことから高等教育に至るまで実施してきたのである。こうして植民地におけるエリート養成に努力してきた。

言うまでもないことだが、わが植民地における教育政策は初めから期待される通りの成果を上げてきたと断言しようなどとわたしは思っていない。ジュール・フェリーは植民政策を推進した人であるが、同時に彼の時代のフランスは学校教育において宗教教育が禁じられた時代でもある。ちなみに、その法律は「ジュール・フェリー法」と一般に呼ばれている。この公教育と宗教とを切り離す政策を植民地においても適用すべきだと考えられた。それが最適だと考えられたからである。人類の基本的な能力はどこでも皆同じであり、知性についてもそれは変わることはない。したがってわれわれが信奉する道徳概念やものの考え方をそのまま他の地にある人々にも適用すべきであり、彼らをしてフランスに同化せしめるという考え方があった。[34] しかし、これはリスクに満ちた企図と言うべきである。それは健全な合理精神に基づいてなされたというよりも、その場の一時的な状況判断でなされたと言うべきものである。同化というこの施策は間もなくいろいろな問題を呈するようになった。植民地での状況改善に過度の熱意を注ぎ込んだ結果、現地にあるものをまずは壊し、そこから新しい体制を作り直すといったやり方をすることが頻繁に起こった。あたかもフランス大革命時の社会大変革を植民地現地でも成し遂げようとしたかのようであった。これは誤りである。現地にある制度、教育のあり方に少しずつの変更を加え、フランス式の教育体制に段階的に近づけていく、そのためにはまずは教師にどのような教え方がいいのかを段階的に教えることから、つまり教える側の考え方や教授法について少しずつ修正を加えていくといったやり方が必要であった。教育は一日にして成し遂げられるものではないし、一年で成し得ることでもない。新しい精神のあり方を一日にして植え込むことなどできるものではない。人間性に突然の変更を加えることなどできないし、精神のあり方においてはなお一層のことである。早く事を進めようとしたあまりに現場から裏切られたのである。情熱のあまりにしたこととはいえ、誤りは誤りと認めなければならない。そのやり方に修正を加えるのは勇気のいることであったが、われわれはそれを成し遂げつつある。各々の植民地が置かれた自然環境、その地の人々の慣習、伝統のあり方、宗教的考え方、経済状況、さらにわれわれ自身の政策全体の方針などを勘案しつつ、現地に最も適応した形で計画を進める。そういったやり方に変更したのである。

第一段階として、われわれはまずは現地語を主要教育言語として用い、こちらが教えたいことを子どもたちが誤りなく理解するように努力した。つまり、フランス語使用は日常生活を営む上で最も基本的な場面で必要になる表現の習得のみに限ったのである。その際、最大の問題は現地人教師の不足ということであった。こればかりはフランス人教師がいかに努力したところでおいそれと解決し得るものではない。また、現地住民が学校のある場所からいなくなってしまうという事態に悩まされたこともある。たとえば、牧畜民が居住する地域では、彼らはその生活の必要上、移動をするわけで、そのような場合に備えてわれわれは移動教室まで作ったのである。こういった努力を通して、われわれは今や初等教育についてはしっかりした基盤の上になされているいと断言できる。地域ごとにさまざまな違いのあるわが植民地の臣民〔les sujets〕、保護民〔les protégés〕たちの必要に応じた教育体制が整えられたのである。われわれの努力が現場での必要に対応しきれていない部分があることは認めるが、全体的に見れば児童の就学率は驚異的なスピードで上昇している。今後、大いに努力が求められている点、それは予算不足ということではない。先にも述べたが、教師不足、特に現地人教師の不足という問題で、これについては時間をかけて何とか解決する必要がある。

初等学校の上級生向け、及び中等教育についてもわれわれの教育方針は進化している。これらについても現地での伝統的教育の基本的なあり方を無視せず、可能なものは取り入れるようにしたのである。たとえば、イスラム地域ではコーランの基本的な考え方を無視するのではなく、また中国語圏の場合は漢字教育も無視するのではなく、フランス語教育と歩調を合わせるように工夫した。要するに、フランス風教育と現地風教育の融合は適正におこなわれており、その成果は存分に誇り得るものとなった。

さて、高等教育についてだが、これについては問題はそう簡単ではなく、十分に考える必要がある。ちなみに、現地教育を通して非常に高等な教育段階に進み得ると判断できる生徒について、現地人だからという理由でそのまま現地にとどめておくべきか、フランスでの高等学校に進学させるかという問題がある。それは人文学の領域についても、自然科学の領域についても同じである。こういった優秀な学生についてはフランスでの高等教育を受けられるようにすべきであり、実際、そうなっている。フランスの大学、及び各種の高等専門学校[35]には植民地からの学生が来ている。アルジェリア、チュニジア、アンナン、マダガスカルから来ている留学生[36]はフランス本土の学生と肩を並べ、優秀な成績をおさめているのである。この点は、反植民地主義を掲げる人たちがわれわれの仕事をいかに批判、非難しようとも、実績がある以上、われわれとしては大いに誇りとするところである。そう述べた上で言えば、先を急いではいけない。拙速には注意しなければならない。たとえば、植民地事業に反対である人々は次のような悪意ある皮肉を言うかもしれない。いかにも皮肉っぽく「あなた方はあなた方自身がすることの結果を恐れるようになるんじゃないですか。あなた方の意向通りに育てた青年たちがいずれあなた方に牙を向けたりするかもしれませんよ」と。これは完全に間違っている。問題は、エリートを育てることがわれわれ自身の危険となって降りかかってくることではなく、むしろ彼らエリート自身の危険として現れる可能性があることなのだ。

こういうことだ。非常に高等な教育というものは、上等にして強いブドウ酒のようなものである。人をしてすぐに酔わせる。酔うと頭が回らなくなる。逆に、日ごろから少しずつ飲み続けていると、強い酒を飲んでもそう簡単には酔わなくなるものでもある。それと同じことで、質の高い高等教育というものにはある種の慣れが必要なのである。それを受けても、簡単な言葉で言えば平常心でいられる、言い換えると自分を見失わないことが重要なのだ。植民地から来る優秀な学生たちにはここで言う慣れが欠けていることが多い。すると、フランスでの高等教育の修了証書を手にすると（実際、植民地からの学生には手加減が加えられることがあるものだ）あたかもフランス人になったかのように誤解する者が出てくる。そういった人々はフランス人になりきることはできないまま、フランス人と同等になろうとする。彼らは過《あやま》たれる自己解放の犠牲者なのである。

このことについては、あとで現地人の政治的権力について述べるときに再度触れようと思うが、現段階でわたしが考えることをはっきり述べておきたい。フランスでの大学なり高等専門学校に進学する植民地出身者については、途中で躓《つまず》いたり、ましてや落第する可能性があるような人は絶対に避けるべきである。フランスが誇るこのような高等教育機関はそこでの教育を受けるに真に値すると思われる人のみを受け入れなければならない。このような頂点に立てる人にはしっかりした基礎と覚悟が必要なのである。ただ単に記憶力が良く、教えられたことを鵜呑みにして覚え込むことに長けているが、自分の頭で考えるという訓練ができていない人には到底無理なのである。このような人はすぐに脱落してしまう。

大学などの高等教育には厳しい選抜を経た人だけを受け入れるべきというのは、まずその人自身の将来に関わることだからであるが、同時にそうでないと現地人社会にとっても不幸な結果を及ぼすことになるからである。高名なパリ弁護士会会長から聞いたことであるが、最近では弁護士として登録される人が異常なほどに増えているそうだ。その会長が言うには、このように弁護士の数が増えすぎると働き口そのものが不足し、食べていけないような弁護士が出てくる危険があるというのである。これはフランスに限ったことではなく、ヨーロッパの多くの国で見られることなのだが、医師、諸種の技師、高等教育機関の教授、芸術家といったエリートの数がその社会が適正と考える数を大幅に上回るという現象が起きているという。社会が長い歴史を経て成熟した状態にあり、安定しているようなところではこのような事態にも何とか対応できるものであるが、植民地や保護領下にあるところではそうはいかない。フランスで高等教育修了資格を得た者は、当然のように行政部門でのエリートになろうとする。やっと近代化の道を歩み始めたような若い社会においては民間部門が発達しておらず、この種のエリートを受け入れる態勢は限られたものである。となると、エリートたちには行政部門での仕事しかないということになる。その行政部門での就職口が満杯を理由に閉ざされると、彼らは行き場を失い、かといって地方部での農作業などは嫌悪し、悶々とした日々の中で社会を恨むようにさえなる。つまり、植民地での中核的な行政にあたる人はその地における民間部門の発達程度に見合った必要エリート数、行政部門での必要エリート数等を十分頭に入れた上でフランス本国での高等教育に送る学生の数を考えるべきなのである。

上記は一般的な高等教育に関することだが、農業なり産業なりの専門分野で必要とされる専門知識を備えた技師の養成も必須のことである。はっきり言ってしまうと、弁護士養成よりも現段階においては農業技師や専門的な技術を身につけた各部門での職人の方がより重要であると考える。植民地においてはそういった専門職人が非常に重要な役割を果たす。われわれはこの部門で大きな努力をしており、フランス本国におけるより一層質の高い技師や職人の養成に成功していると思う。フランス本国ではこの部門での教育はなぜか非常に軽視されてきたものだ。

この部門での教育についてわれわれは大いに努力しており、農業学校や森林管理学校はもとより試験農場付きの学校や初心者向けの工芸学校、また行政学校や商業学校などの専門学校も設立した。この部門での教育について、初等教育学校が大変うまくいっているのに比べるといささか遅れている面もあることは認めよう。ただし、それらの専門学校の種類の多さ、教育の質については問題はない。問題はわが植民地の臣民や保護民たちは一般にそういった学校を一段下にあるものと考える傾向があることの方だ。彼らはどういうわけか手作業を伴う労働をひどく蔑視する傾向がある。といった次第で、学校と言えば行政職や事務職につくためのものだと考えているのである。インドシナ、またアフリカでは工芸学校、機械工養成学校などはそれぞれの国の要請に見合った教育をしており、優れた結果を出している。

われわれが植民地での教育についてどれだけの努力をしているか、またその努力はいかに現地の人々への深い愛情、共感の上になされたものであるか、ご理解いただけたと思う。日々起こるさまざまな問題への対処、その中で社会を進歩させねばならないという葛藤の中でこの努力はなされているのである。植民地現地の人々はカースト制度であるとか、部族や氏族の慣習、そういったものに縛られ個々人の自己実現を達成できないでいるという現実がある。そのような状況を何とかするためにわれわれは教育を通して個人としての意識を目覚めさせ、そのことによって制度や習俗を少しずつ改変し、個々人が自分の才能を十全に開花し得るように努力しているのである。

女子教育も当然ながら忘れてはいけない。社会において女性が果たしている社会経済的役割は長い間軽視され続けてきた。女性は精神的な次元での役割も多く果たしているのである。たとえば、母親というものはその社会的地位如何に関わりなく、どのような母親でもわが子に与える精神的絆の強さ、影響力の大きさという観点からしてほとんど絶対的な存在であることは疑いないであろう。子どもに言葉を教えるのはまず母親である。同様にその民族社会での宗教や習俗、慣習、偏見に至るまで母親から子どもに教え伝えられる。このことは植民地について真実であるというのみならず、フランスやヨーロッパ諸国においても変わるところはないであろう。われわれはそのことを植民地現地から学んだ。われわれが企図したことを実行しようとするとき、つまり近代化のために何かをしようとするとき、それに抵抗するのは多くの場合、女性である。したがって、事を成し遂げるためには女性の信頼を得る、われわれの企図について女性に理解してもらう、これが必要なのである。女性が不安を示すような計画はうまく実行できないものである。この点はじつに難しいことで、長い間われわれはこのことの理解が十分にできていなかった。

わたしはインドシナ植民地において連邦総督を務めたのだが、その時、学校教育体制の整備計画に女性教育を初めて加えたことを誇りに思うものである。女子向けの学校を数多く設立した。初めのうち、母親たちは娘に教育を与えるのは不要と考えたのか、あるいはむしろ悪い影響を与えるとでも思ったのか、なかなか学校に行かせようとしなかったものだが、この状況はすぐに改善し、むしろ教室不足の事態さえ起こるほどに女子児童は増えた。一二年前のことになるが、サイゴンにアンナンでは最初となる女子中学校を設立した〔原文ではアンナン人女子のための中学校となっているが、サイゴンはコーチシナの都市であり、サローの勘違いであろう〕。これについて、当初は現地在住のヨーロッパ人は反対の姿勢を示した。ヨーロッパ人が反対であるぐらいだから、現地人家族も反対であった。要するに、女子に学校教育を与えるとヨーロッパ人の子どものように親に反抗するようになったり、さらには道を踏み外すようなことをしでかす女子が出てくるというのである。女子校設立という計画にはリスクありというのが大方の意見であった。これはつまるところ、もしその地において男子だけに教育を施していた場合、長期的にはどのような結果になるかを予測できていないがゆえのことである。あくまでも女子を教育から遠ざけていたりすると、結果として社会的不均衡を生む。そのことは具体的に考えるとよく分かる。男子だけを教育し、女子に教育は無用とすると、男女間での文化の違い、ものの考え方の違いというものが鮮明になり、男性としては世間知らずの女性、また自分の仕事に関して何の助けにもならないような女性、そのような女性との結婚は嫌がるようになるだろう。長期的な観点からはそのように言えよう。人生はやはり一種の競争なのであり、女性の助けは必要なのである。

上に挙げたサイゴンの女子中学校、これは幸い、今や教室が足らなくなるほどに好評である。もっと大きな学校にする必要がある。また、サイゴンに限らずさまざまな土地で女子校を開設しており、北アフリカ地域などでは女子に教育は不要という昔からの考え方自体が少しずつ変わってきている。もっとも、学校を作り、そこに生徒を集めればそれで終わりというものではない。学校を出たら、その教育に見合った就職口があるような社会体制を作らねばならない。そういった展望がないと、生徒たちの学習意欲を削《そ》ぎ、学習に熱意を示さぬ児童を多く生むことになってしまう。これはなかなか微妙な問題なのであって、将来の就職口数に見合った児童しか入学させないとすると、せっかく作った学校に受け入れてくれないではないかと非難されることになる。かといって、受け入れ児童数をむやみに多くすると先に述べた通り、学校を終えた後の就職口がないといったことになる。ジレンマとも言うべき難しい問題なのである。

公教育はあまり広げないほうがいいという考えがある。そう考える人々によると初等教育の場合、児童が育った環境、たとえば農業をする家の子であれば農業について、また商業家庭出身の子には商業教育をといった具合に、職業訓練も取り入れた方がいいというのである。一般教育ばかりを拡充するとやたらと事務員だの書記だのが増えるばかりで困る。そういった事務職員はすでに足りているというわけだ。これが中等教育になると、行政関係で必要とされている人員、公共建築関係、民間部門とともに必要人員をオーバーしてしまう。高等教育、つまり大学や高等専門学校卒になると問題はもっと複雑で、誰もが行政部門の高官の地位を目指すということになる。しかし、これらの高級官吏については現在はフランス人が占めている。こういったポストを現地人に譲るべきなのだろうか。だがフランス人高級官吏は自分たちの地位を容易には譲ろうとはしないだろうし、またその地位を現地人に譲ることが正しいことなのかどうか疑問もある。こういったポストについてはその人の知識量が問題になるというよりも、その仕事に求められる道徳観の有無の方がより一層重要である。ここで問題が生ずるのだが、現地人に十分な資質があることは認めるとして、彼らがそれまで生きてきた社会環境があまりに貧しかったり、不安に満ちたものであったり、さらには奴隷状態にあるものであったりすると、そのことが一つの障害になり得るのである。道徳的な観点から問題を抱えている、あるいは基本的に怠惰である、欺瞞的な生き方をする、職務をおろそかにする、職業意識に欠ける、こういった点は人種的な資質や個人そのものの資質によって偏差が大きいのは事実だが、一般的な言い方をすればほとんどの植民地において人々の昔からの習性の中に深く根付いてしまっていることが多いのである。言い換えると、現地人を公共部門での高級官吏に仕立て上げる、あるいは民間部門でも高い位置につけることには深刻な問題があるということである。[37]

わたしは長く行政職に関わってきた人間であり、ここで自分が何を言っているか、よく分かっている。思い付きを言っているわけではなく、根拠があって言っているのである。ただ、その言い方にはマルサス的な面があり、それはある別の事実にぶつかることになるのは分かっている。つまり、あるカテゴリーの人々には行政職への窓口を制限した方がいいとなると、そういった人々はいつまでも無知と野蛮な生活の中に閉じ込めておくのがいいということにならないか。では、この二つの問題について、どこに線引きをしたらいいのか。ここまではいいけれど、それ以上は不可と何を基準にそう言えるのか。あるカテゴリーの人々に与える教育はここまでで、それ以上は不可といったことを行政府が政策としておこなったりした場合、それをわが臣民や保護民がすんなりと受け入れると思われるだろうか。先の大戦前のことだが、アンナンの革命派の人々は香港や中国本土、日本に避難していた。そして、それらの地で高等教育に至るまでの教育を受けたのである。これらの人々に、なぜインドシナにある学校に行かなかったのかと問うと、返答は次の通りであった。「インドシナではまともな教育が受けられなかったからですよ。いわば安売りの、程度の低い教育止まりだったからですよ」。そこでわたしはアンナンに高等学校を作り、ハノイには大学を作った。そうしなければ彼らはインドシナを逃げ出し、よその地で勉強し、そこで革命を起こすにはどうすればいいのかなどを学ぶからである。われわれは植民地を壺の中に閉じ込めておこうと考えるわけではない。植民地の人々を後退させようと思えば、それもできないわけではないが、われわれはそのようには考えない。われわれの任務は非常に困難なものではあるが、しかし、やはり前に向かって進むものでなければならない。そこに危険があることは分かっているが、前に進む以外に方法はない。植民地現地においてエリートを育て、それらエリートがわれわれ自身と同等になるように育てる必要がある。われわれにはもはやこれらエリートがさらに飛躍するのを阻害する権利もなければ、阻害し得るものでもないのだ。われわれは植民地人に教育を与え、そのことにより彼らを解放した。われわれは彼らに自己解放の手段を教えたのである。その手段を彼らが行使しようとするとき、彼らに面と向かって対峙しようとすれば、人々は自分たちが罠にかけられた、高等教育を与えて自分たちに歯向かわせておいて、今度はそれを理由に押しつぶそうとしていると考えるであろう。植民地からフランス本土の大学に留学し、そこで自由とは何かといったことを学ぶ、しかもフランスでは一人の個人としてフランス人と同等な人間として受け入れられる、そういったことにより平等ということを頭で学ぶだけではなく、身体に溶け込ませる。そうして自由な、かつ独立した個人といった冠をかぶり、学業修了の証書を手に植民地に戻る。現地に戻ってみると、フランス本土で学んだことが現地ではうまく機能していないと知る。自分はフランス人と同等の教育を受けているのに、なぜ、程度の低い仕事しか任せられないのか、あるいは自分はフランス人職員と同じ仕事をしているのになぜ自分の給料は彼らよりこんなに少ないのか、なぜヨーロッパ人はあんなに楽な生活をしているのに自分たちにはそれが許されないのか、と自問し、目覚めるのである。[38]

原住民がもともつ能力、身につけた技能、それに見合った職業に彼らがつけるようにするべきなのである。実際のところ、われわれはそうしている。かつてのある時期、現地人の雇用については慎重の上にも慎重であるべきだとか、人種的な観点からも慎重さを要すると言われたりもしたが、現在、ほとんどの植民地と保護領土においては行政職への現地人採用に際して差別的処遇がなされないようになっている。特に管理部門、事務部門、さらに執行機関部門等において現地人採用への門戸は開かれている。インドシナにおいては特に大胆に実行されているのである。

この門戸開放政策をもっと先に進めるべきであろうか。わたし自身はそう考えている。ただ、今後、相当長期間にわたってだが、管理部門に関する限りは現地人が優勢になるというのは避けた方がよいと考えている。この点は数的に現地人を少数派にした方がよいというより、実質的な権限において現地人側にフランス人よりも多くの権限を与えるのは避けるべきだと考えるのである。というのも、当該部門の業務の複雑さは尋常一様ではなく、わが保護民たちの経験からすると未だ業務に十分に耐え得るものではないと思われ、その経験不足は業務遂行に支障を来す危険があると思うからである。

司法領域に関する行政官について、この人々は公的な権力にも関わるわけであり、事情はもっと微妙、難しくなる。植民地において、司法行政に関わる行政官はフランス人、ないしはフランス国籍を取得した現地人に限るとすべきか否かについて議論があるのは知っており、そのことをここで蒸し返すのは適当ではないだろう。この問題はすでにずいぶん以前から原則云々《うんぬん》といった範囲を超えている。できるだけ多くの人にフランス国籍を与えるといったことで解決できるものではない。いずれにせよ、植民地においては（保護領土は別である。というのも保護領土では同様の問題は生じないからだ）、現地人への門戸開放に関して司法部門と管理部門とでいつまでも厳格な区別がなされるべきだとはわたしは考えていない。フランス人行政官と現地人行政官との間の知的、道徳的な差が完全に埋められた暁には、これら両部門での区別は不要になるだろう。ではあるが現地人のフランス国籍取得を容易にすれば、この問題は一挙に解決されるというものでもない。原則論的に言えば、わたしは植民地において現地人が司法行政に携わることに障害はないと思っている。客観的な観点からそう考える。実際、司法の下級層ではすでに現地人が働いている。しかし、上級層に関する限りは、現地人行政官がフランスの司法に精通し、心身ともにフランス人と同等の境地にあると認定される状況にならないと、現地人をそういった上級層のポストにつけるのは難しいだろう。

現地人側が望んでいる高等な次元での公的部門についても関われるようにという要望はいずれは満たされることになろうが、それはいつかと問われれば返答は難しい。植民地の多くから、その地の公共部門への門戸がより広く開かれるよう要望が出ていることは分かっている。特に、フランス本国での議会に正式な議席をもつ権利に関して、もっと可能性を広げてほしいという要望が出ていることを承知している。

このことについて、実際のところわれわれは現地人側からの要望を先取りする形ですでに多くのことを実現しているのである。特別に遅れている地域を別にすれば、われわれは現地人が彼らの要望をわが国会で表明できるようにしており、国会の中にそれぞれの地域ごとの小国会ができているといった具合である。たとえば、アルジェリア財務委員会、チュニジア国務委員会、モロッコ現地人政府委員会、インドシナ政府委員会・議会・地方議会、さらにマダガスカル経済財務委員会があるし、もちろんのことだがフランスの古い植民地アンティーユ諸島の国務委員会などもある。そして、さまざまな現地会社からもそれぞれの地域の発展段階に応じた、つまりより柔軟性のある、現地事情に応じた修正が可能な規則が適用されるようにという要望も出ている。こういった地域ごとに異なる事情を踏まえると、前提なしにある一定の規則や方式をすぐさま決めてしまうのはいかにも危険、かつ誤りに満ちたものになろう。現在のところ、それぞれの植民地に応じた議会制度を制度化しており、各々の地域からの要望に応えている。現地民に政治とはどのように機能するものかを教えることにも貢献している。現在の段階では、いずれの現地議会にも立法権は与えられていない。この点はわが臣民、保護民の政治的開明度がどの程度であるかに左右されるわけだが、長期的観点から解決されることだろう。では、それはいつ、と期限を設定できるだろうか。フランス国内ではパリの特にカルチエ・ラタンなどを中心に、またいくつかの植民地現地において学会的な会合を開いて、それぞれの植民地等に正当な政治権力を与えよ、フランス本土国会に議席を与えよ、さらには植民地現地に独自の憲法制定権を認めよといった要望を出す輩《やから》がいるようであるが、これについてはわたしは大いに慎重であるべきだと思っている。こういった要求をしている輩たちはじつのところほんのごく一部に限られるのであり、植民地現地の人民のほとんどはそのような問題には無関心であり、関心を示すとしても、現段階でそのような要求を出すのはきちんとした基盤もなしに何人かの個人が勝手に意見を述べているだけで、時期尚早というしかないのが実情である。植民地現地に独自の権限をもつ政府を設定するというのは今は無理なのである。そのことを弁《わきま》えた上で言えば、わたしはそれぞれの現地議会には早晩、自由裁量権をもたせるべきだと考えている。特に財務については独自裁量でなされるべきだというのがわたしの考えである。

革命を引き起こす根本的な要因として財政的な困窮があるのは普通であり、歳入と歳出をうまく管理するために一般民衆の要求を公示するというやり方が生まれた。われわれはいずこの植民地においても歳入と歳出の予測を一般に公開するようにした。わたしが理解するところでは、歳入は原住民側が参加して、互いに意見を出しあう討論の対象とすべきものである。それがなされれば、納税者たる者は自分が払った税金が何に使われるのかを知り、税の支払いをより受け入れやすくなるだろう。つまり、われわれは臣民と保護民が予算管理のあり方を政治的希求としてもつようにしなければならない。近代国家の原則として、税金というものは納税者の代表によって定められるべきものであり、そのことは植民地においても同様なのだ。つまり、植民地においてもできるだけ早くこの原則を適用できるようにすべきである。

もう少し時を経れば公共支出について議論できるようになるであろうし、また歳入と歳出を比較検討し、それらについて定期的な議決ができるようにもなるであろう。

ここでわたしが提議したいくつかのことについて、植民地関係者の一部からは大胆すぎるといった意見も出ている。そこで、わたしとしては政治的次元でこれはすべきではないと考えている点について述べておこう。フランス国内の一部には植民地にも本土と同じ政治権限、行政権限を委譲すべきであって、各植民地には完全なる自治政府の設立を認めるべきだという意見の人々がいる。これについてわたしの意見は否である。

もともと同一次元にはないものを平等に扱おうとすることほど不平等なことはない。体力のない人に、それに見合わない重い衣服を着せるとつぶれてしまうのが道理であるのと同じことだ。何よりも大事なことは植民地各地の伝統、発展の程度、そういったものをわれわれが十全に理解し、そこでの臣民、保護民がその地においてわれわれが設置した制度や規則などについて問題があると彼ら自身が考える場合、彼らが進歩発展する中でみずからの考えに基づいて修正を加え、彼ら自身の体制を少しずつ作っていくことだと思う。

法律や政令、規則を作ったからといって、人間のあり方、考え方、あるいは人々の習俗、そういったものを一挙に変えられるものではない。進歩の可能性について議論しているまさにその時に、われわれは政治次元、行政次元での平等を即座に実現することなど不可能であると認めているではないか。進歩するということと、即座にということとは別である。

以上の観点から、わたしはきっぱりと断言しておくが、われわれが本土で慣れ親しんでいる社会制度であるとか政治の様式、方法などをわが植民地すべてにそのままの形で適用するなどということには絶対反対である。一度に大量にフランス市民として現地民すべてにフランス本土と同様の普通選挙権を与えるなどということには絶対反対である。植民地それぞれの間には無限というほどの発展度の差がある。その無限に異なった植民地のすべてに一様の権利を与えるなど狂気の沙汰と言うべきことである。国民すべてが同一の社会的、政治的な権利を享受するという体制、これは何世紀にもわたるわれわれの歴史の中できちんとした研究、教育を通して作り上げられたものなのだ。

この点に関してはあまりにも誤った考えが流布しており、特に強調しておく必要がある。われわれが大変な努力と進歩の結果として到達し得た文明度に、ある人種の人々がいつ到達し得るのかという問題、これについては慎重の上にも慎重さが必要なのである。現地民に教育を施した結果として外的、表面的にはかくかくの進歩が見られるからといって、直ちに当該民族の人々が一定の成熟度に達しているなどと早合点するわけにはいかないのだ。同化主義者たちはこの点を安易に考えすぎている。

ちなみに、次のような人々もいることを考えてみるがよい。これらの人々はわずか五〇年前、いや三〇年前まで野蛮というしかない社会に暮らしていたのである。そこでは生きた人間が犠牲に供されたり、人肉食までおこなわれていたのだ。こういった人々は長い、長い間に及ぶ闇の時代を生き、その中で形作られてしまった精神の堕落の中にいたのだ。そこにわれわれがやって来たというわけである。そうして、われわれは彼らが生きていた自然環境に手を加え、人々が住みやすいようにし、悪習をやめさせ、教育を施してきた。われわれはこういった人々にものを覚えさせ、ある一定程度の幅のある知識というものを教え込んだ。それにより彼らの精神性、道徳的観念をある程度変えることができたであろう。それはそれで結構。しかし、それが彼らの意識のあり方を底辺から完全に新しいものに改変できたなどと言えるであろうか。何百年、何千年に及ぶ生活の古い慣習、精神のあり方から彼らを解放し得たと言えるであろうか。促成栽培の温室育ちの身は心身ともにそれまでのものとは全く別のものになったと言えるであろうか。わずか数年というしかないような短い時間で、彼らは長足の進歩を成し遂げ、心身ともに入れ替わり、われわれとの間に横たわっていた巨大な溝を一挙に飛び越え、われわれと同等になった、われわれと変わらぬ精神構造をもち、われわれと変わらぬ思考法になじみ、われわれと同じ魂をもつ人間になった、などと言えるであろうか。

もしそう考えるとしたら、それこそ大いなる誤りである。「自然は一足飛びにして変わらず(*Natura non facit saltus*)」というではないか。この諺は人間のあり方についてこそ、まさに真実なのである。われわれの精神的、道徳的優越性、それはじつに長い、長い時間の中で、人々の多大なる努力の結果として形作られてきたものなのだ。だからこそ、われわれは彼らの教師たり得るのである。繰り返すが、われわれ、つまり白人種が現在の段階に達するまでにわれわれは何世紀も、何世紀もの時間をかけてやっと到達し得たのだ。われわれ白人はグレコ・ローマの伝統の中に生き、高度な文化、そして善と美に関する高尚な思想を伝統として受け継いできた。それはわれわれの身体、精神の中に遺伝形質のように息づいている。それだけではない。われわれは理想的な宗教、善意とは何か、人類愛とは何か、良心とは何かに関する哲学思想を受け継いできた。受け継いできただけではない。われわれは自分たち自身、これらの遺産に加えるに何をもって貢献し得るかを考え、それぞれの時代に思想、科学、発見、批評精神など素晴らしい業績をもって厚みを増してきたのである。一六世紀のルネッサンスを見よ、一七世紀の偉大な思想家たちを見よ、一八世紀にはわれわれは百科全書派の哲学者の活躍を見た、そして一九世紀の幾多の偉大な発見、発明を見、二〇世紀に至り奇跡のごとき科学的大発見、大発明の時代を迎えたのである。われらが国民としての魂、それはじつにゆったりとした時間の流れの中で、ここに述べたあらゆる精神の創造、葛藤、格闘を経て、形作られ、練り上げられ、試練にさらされ、鍛えられして、明確な形あるものとして作り上げられてきたものなのだ。この満々たる精神の豊かさ、それは毛細管現象とも言うべきほどのじつに細々とした、微細ではあるがしかし広範なる経路を経て、白人種たる人々の中に広く浸透し、行き渡ってきたのである。われわれは常に自由を志向し、蒙を啓《ひら》かんとする遺産を受け継ぐ者として、停滞と闇の中に生きる植民地の人々のもとに光をもって馳せ参じようとするものである。このことこそがわれわれ白人種の優越性の真髄、核心部なのであり、その事実をもってわれわれは、長い、長い時間の中での人類発展の道筋において大きく後れをとっている人々のもとに善を施す民として、教え導くことをわれわれの権利、使命として認識するものである。

われわれが今ある状態、社会、政治的な今あるそのあり方、その状態に達するまでにわれわれは困難と反動、試練に満ちた多大な苦労を経てきた。その苦闘の到達点としての現在の形を、ついこの間までかくも後れた状態にあった人々の社会にそのままの形で適用しようとすれば、それは当該の社会に大きな躓《つまず》き、いや死さえもたらしかねない危険を含んでいる。要するに、われわれの現在の義務、それは諸々の意味で経験浅き植民地の保護民にいきなり自由を与えることではない。われわれが長い時間の中で経験してきた試練と困難をいきなり彼らに課することではない。自由は彼らの手に余ることなのだ。われわれの義務、それはわれわれが現在の文明段階、現在の社会状態に達するために経験した幾多の苦痛、苦悩、それを彼らが経験しないですむようにすること、そのことこそにある。

少し別の言い方をすると、わが植民地政府は各々の植民地が有している長年の伝統、それをひっくり返し、そこにある社会体制に代えて、わがフランスの制度や体制の質の悪い複写であるかのように戯画化したものに置き換えて、それで良しとするわけにはいかないのだ、それも一朝一夕に。たとえば選挙権、それを言うのは容易《たやす》いが、これは文明がなし得る最善のものというわけではないのである。われわれは各植民地において自由を基本に、同じ人類としての感情を基本にし、その上で先を見通した政策を施している。植民地はそれぞれに異なるのであり、その違いに応じた政策を実施している。こういったやり方で協同事業の相手方である人々、われわれがその教育の任をわがものとして引き受けた年の若いわれらの親族である人々が将来においてより高く、より明るい境地に少しずつながらも達することができるようにするのがわれらの任務なのである。

これこそが理想的にして実現可能な政策と言うべきであるが、それは具体的には三つの大事業によって支えられている。まず第一は医療面での補助、援助であり、これによりわが保護民の健康と命を守り、彼らが人口を増やすと同時に彼らの生活の質の改善という面で助けになることを目指す。[39] 次には法体系の整備であって、これにより保護民の権利義務を明確にし、同時に彼らがわれわれに対して信頼と忠誠心をもち得る基盤を整える。そして三つ目の事業は教育である。これにより保護民の頭脳をより豊かにし、彼らがわれわれに対してもつべき恩義の念をよりはっきりと意識できるようにし、われわれ双方にとって利益となる資源をより良く開拓、管理するためにわれわれと協力し得る態勢を整えることである。

保護民たちに、彼らみずからの手には負えない権利であるとか、自由であるとかをあまりに拙速に与えること、それは彼らをして再び混沌の中に陥れることになる。やっとわれわれがそこから引き出してやったというのにである。彼らの額に新しい曙《あけぼの》の光を与えておいて、その光をいきなり取り上げ再び闇の中に陥れる権利など、われわれにはないのだ。

第七章　揺り戻しの大波

われらが植民地において成し遂げてきたこと、それは大いなる原理を基本的な屋台骨として、現実的でありながら理想を失うことはなく、人間味にあふれ、かつ物質的な豊かさに支えられ、大胆、かつ繊細に実施されてきた事業である。ヨーロッパの他の諸国においても、わがフランスの植民地事業に劣ることはない豊かさと広範なる活動を展開し、その植民地における経済発展を成し遂げてきた。違いがあるとすれば、人道的見地からしてわがフランスの植民地政策とはいささか異なるところがあるかもしれないが、ともかくも植民地における発展を達成してきたのである。

しかるに、ここに来ていたるところの植民地人民側から湧き上がる黒雲の嵐のざわめき、これは一体どうしたことであろうか。大西洋地域であると太平洋地域であるとを問わず、さらにはヨーロッパ大帝国圏の端から端に至る地域において、人々が独立を求める声の高まりがあり、それはさまざまな紛争を生み、さらには暴動の動きまでがあるという始末である。強弱の違いはあるものの、植民地各地でこのような不穏な動きが沸き起こっているのは一体どうしてなのか。しかも、大きな揺り戻しの波とも言うべき激しい打ち返し波が、わがフランスの、まず何よりも人道を基本にした政策を中核とするわがフランスの植民地において、それもアジアからアフリカに至るまでの諸地域において沸き起こっているのは一体なぜなのか。

これこそ、わたしが本書冒頭部分で述べたことなのだが、ヨーロッパ諸国の植民地事業全体とわがフランスのそれとを分離して考えることはできないということに関わっている。フランス植民地事業の特異点、それは人道性を第一にしているということなのだが、しかし、その人道性があるからといって他の国々の植民地事業が経験しているようなリスクとは無縁でいられるということにはならない。われわれは好むと好まざるとに拘わらず、ヨーロッパ諸国の植民地事業のあり方と関わらざるを得ないのだ。われわれはこの事業遂行にあたって、個人的な次元でのことではあるが誤りを犯した者があることを認めるし、またそれが主因となって紛争が起こっていることも認める。しかし、植民地における衝突、それは根本的にはわがフランスの植民地事業とは直接的な関わりのない外部において起こった出来事の余波、とばっちり、ないしは結果として引き起こされたものなのである。その点を確認した上で述べれば、ヨーロッパ諸国がいわば一体となっておこなった植民地事業は底の部分でつながっている一つの大きな容器のようなものであり、われわれの外部で引き起こされる問題と言えども、われらにも降りかかってこざるを得ないのである。要するに、相互に関わり合って動く連合体が引き起こす隷従の一つの形なのである。

　植民地事業は広範な地域で、しかも割と短時間のうちになされたことである。そうすると、不可避的な現象として、植民地各地のさまざまな人種の人々と接触する中で諸種の衝突というものが起こる。その衝突は破壊的であると同時に、創造的でもあるのだ。この点について、先にも名を挙げたロスロップ・ストッダード氏は西欧諸国が植民地社会に及ぼす社会的変動が起こるその状況についてじつに明快な説明をしている。彼が言うところはこうである。西欧諸国が及ぼす影響、それは社会変動を起こす起爆剤であるのだが、それはそれぞれの植民地の状況に応じてじわじわと時間をかけて、ゆっくりと浸透するようなものではない。漸次的に、節度をもってなされるといったものではないのである。西欧文明と植民地現地の文化、それはまさに唐突に、突然、面と向き合う。当然、両者が受ける反動の力、反発力というものは大きい。両者が相互に互いを探り合う時間はあまりに短いのである。いや、西欧による植民地化はすでに四世紀も前から始まっているではないか、と言われるかもしれない。それに対しストッダード氏は言う。いや、東洋における真の西欧化、それは全体としては一九世紀半ばになってやっと始まったことであり、しかも始まるや否や有無を言わせぬスピードでなされたものなのですよ、と。ストッダード氏の言はまさに的を射ている。

　もう少し具体的に見てみよう。ヨーロッパ文明は何世紀もの時間をかけて科学的探究を続け、発明・発見を成し、思考を重ね、その結果として世界に冠たる才を発揮するようになった。ヨーロッパは自然の内に潜む諸種の力の原因、秘密を明るみに出し、そのことによって自然を馴致することに成功したのだ。ヨーロッパは宝物のごとき数々の科学的発見を成し遂げてきた。こうしてヨーロッパは驚嘆すべき知の宝庫を形成し、それを行使する諸種の方法、手段を実施してきた。それができたのはひとえにヨーロッパのみである。ヨーロッパは一九世紀、その技術を機械工学、化学、物理の領域で適用し、たゆむことのない進歩を遂げてきた。こうしてヨーロッパは世界を経済的にも政治的にも征服する態勢を存分に整えるに至ったのである。ヨーロッパは産業革命という巨大な事業を成し遂げた。その革命は人々の生活のあり方、リズムを根本から覆《くつがえ》すほどに変える大事業であった。それ以前の人々がもっていた価値観、物事の優劣のとらえ方、そういったものを根本から変え、距離の概念をなくし、あらゆる障害は乗り越えられるという思いを人々に与えるものであった。ヨーロッパが世界を征服するのに障害となるような力、あるいは壁、そういったものがどこにあっただろうか。世界はまさにヨーロッパのものであったのだ。蒸気、電気、石油、電波、こういったものが交通運輸の世界で、海でも砂漠でも、あるいはまた山岳地帯、さらには宇宙にまでも飛躍する力となり、ヨーロッパを一頭地を抜く、飛びぬけた存在として世界に示すようになったのだ。ヨーロッパが馴致に成功した自然の力、そしてヨーロッパが創造した新種のエネルギー、それらはさまざまな工場で倦むことなく、たゆむことなく、命令されるがままに働き続ける巨大な力として人間を助けるものになり、それまでの何十倍、いや何百倍ものスピードと効率の良さをもって生産できるようになった。急増する生産量をわがものとし、生産されたものは驚異的なスピードで流通に回すことができるヨーロッパ。ヨーロッパは文字通りすべてを手にしたのだ。そして、これこそが肝要な点でもあるが、ヨーロッパはみずからのものとして作り上げた確固たる権威を守るための軍事力、それは陸上であれ海上であれ変わることのない確固たる軍事力を作り上げたのである。

あふれんばかりの生産物はその販路を求める。その時、前面に躍り出るのは軍事力なのである。かくして拡大の巨大な装置が始動することになるが、その詳細についてはこれまでの記述で述べた通りである。その拡大は直接的には経済の次元でなされる。経済次元の拡大には政治面での拡大が必須事項として伴う。他方、政治面での拡大は現地民の精神的、知的な発展、進歩なしには不可能である。これを要するに、ヨーロッパの影響力の拡大は植民地各地の人々に経済、政治、そして精神という三つの次元での大変革をもたらすということになる。それは衝撃と言い換えても良いほどの大変革なのである。

ここでわたしは衝撃と言った。衝撃には反動がある。個人であれ、集団であれ、有機体である以上は衝撃に対しては反動が起こる。西洋が東洋に与えた衝撃はあまりに突然のことであったがために、東洋は衝撃を受け止める準備、その衝撃の強さを和らげるための準備ができてはいなかった。われわれヨーロッパの人間は近代生活のさまざまな次元における多くの変化に対して徐々に、漸次的に適応していくことができた。数多《あまた》の変化が折り重なるようにわれわれの生活に次々と起こったのだが、われわれは伝統というものを柔軟に少しずつ変えていき、われわれの嗜好、習慣など生活のあり方を少しずつ変化させていった。言うなれば、われわれは強烈な味わいと豊富な栄養に満ちた食事を、われわれ自身の身体の受容能力を変化させ、また味わい方なども少しずつ変化させることで血肉として受け入れることができるようになっていったのである。思うに、これは特権的な出来事であったのだ。われわれは変化に対応する時間というものをもてたのである。東洋においてはそうはいかなかった。東洋においてはわずか一世紀にも満たない時間のうちに、それは唐突にと言い換えてもいいのだが、彼らが数千年来なじんできた生活の中で形成してきた思考法とは別の形で考えることを余儀なくされた。あまりに身についてしまっているため特に考えることもなく日々繰り返してきた生活の仕方、ものの考え方、それらを突然に変えることを余儀なくされたのである。

言い換えるとこういうことになる。つまり、西洋近代の思考や力が遠い異郷において新しい建築物を建てようとするとき、そこにあった古い建物は壊さざるを得ない、西洋はそういう状況に置かれたのである。先を見通して行動しようとすれば、そうせざるを得なかったのだ。それは経済的、政治的、そして精神の次元における革命にも匹敵することであった。その革命は根本において善のため、結果として善なるものを生み出すためであったのは間違いない。しかし、であるとはいえ、初めには破壊があったのである。

経済の次元を見ると、植民地現地における産業活動がいかにしっかりしたものであったとはいえ、ヨーロッパ産業の力あふれるダイナミズムの前では現地人の活動は衰退凋落の道をたどる以外にはなかった。現地人の仕事場は次第に活気を失い、ヨーロッパ産品の前に膝を屈する他はなかった。現地労働者は働く場を失った。さもなくば、みずからの職場を苦しめるような他の仕事につくしかなかった。こうしてヨーロッパ産品類似の品を作るようになった現地の極小資本家は、ヨーロッパ産品を現地まで運ぶ輸送費がいらない分、こちらの方が安いとばかりにヨーロッパ産品類似の品を生産するために地方に暮らす人々を労働者として雇う。こうして多くの零細民がプロレタリアート化していくのである。

西洋が突然やって来ることによる影響、それは道徳的な見地からしても上に述べたこと同様に深刻である。ヨーロッパ産品は、植民地現地の人々の長きにわたる伝統、その中で形作られてきた習慣を通して人々が身につけた嗜好であるとか生活上での必要なものを変え、今までとは別の新しい嗜好、必要を生む。簡素にして質素、贅沢を言わぬ人々の生活は変わり、新しいものへの欲望が生まれ、人々はより多くを望むようになる。しかし、だからといって新しい産品をすぐに自分のものにできるわけではないし、新しい欲望を満たす手段をもっているわけでもない。そこに根深い不満が蓄積していくことになる。それだけではない。ヨーロッパ産品の流入、そして新しい科学的知見、そういったものの導入、一般化は人々が古来もつ思考のあり方を変えてしまうのである。科学的精神の厳密さ、それは人々が言い伝えられてきたものとしてもっていた素朴な信仰であるとか、つましい伝統といったものを変えてしまう。同一の社会内に暮らしながら、一方の人々は進んで西欧近代の思想を受け入れようとし、他方の人々はそういったものから頑《かたく》なにわが身を遠ざけようとする。両者間には必然的に深い溝が生じる。一つの家庭内においてさえ、かつてあったような伝統への信頼、家族の信仰に関する調和は崩れ、父と息子の間には不一致、不和が生まれてしまう。

政治の次元ではどうであろうか。植民地現地では伝統的な王家をはじめとする権力層が代々に及んで社会内で一定の権威と権力をもっていた。ヨーロッパ勢力は力をもってそれに入れ替わるのである。当然、現地勢力とヨーロッパ勢力の間には軋轢、紛争が生じる。それは人民大衆の次元に反響を及ぼす。西欧的教育を受けた人々は批判的な思考力をもつようになるが、その批判は自分たちの旧来からある権力体制から力を奪取しようとする新権力〔ヨーロッパ〕に対して向けられる。人々はヨーロッパがもたらす物質的な良さを理解したとしても、それが自分たちのものとして古くからある体制に攻撃を加えることを嫌い、ヨーロッパを批判し、非難するのである。西欧教育の影響が西欧自身への批判として跳ね返ってくる。

西欧との衝突によって、経済、政治、そして人々の心性という三つの次元で不均衡を生ずるということに関して、そしてまたある一つの地域〔植民地〕で起こった不均衡が周辺地域〔別の植民地〕へも波及するということについては一つの顕著な例がある。それがイギリス領インドである。インドはじつに広大な領域であるが、そこでイギリスが忍耐強く、整然とした計画に基づいて成し遂げた植民地事業は真に称賛に値するものである。インドは亜大陸とも言われるほどに広大な土地であるが、そこは長きにわたって無政府状態とそれに伴う暴力が支配する土地であった。その亜大陸においてイギリスは鉄道を敷き、道路網を整備し、灌漑施設を整え、慢性的に繰り返されていた飢餓状態を改善するための大事業を成し、医療体制、教育体制を整え、警備・安全・秩序維持体制の充実、裁判制度の確立といったことを成し遂げた。植民地事業として文字通り手本となるような立派なものであった。そのインドが、現在、沸騰しているのである。

モーリス・ペルノ氏は自身がおこなった世界各地での質の高い調査報告によってよく知られる人であるが、インドで起こっている危機についても素晴らしい著作を残してくれている。彼によると、インドで頻発している騒擾《そうじょう》の原因はあるインド人の次の言葉に集約されるようである。

「西欧が政治的に成熟し、その秩序をもって成し遂げたこと、そのことにわれわれインドの人間が学ぶところはたくさんあった。われわれヒンドゥー人の能力をもってしては成し遂げ得なかったことを西欧文明が成し遂げたことについて学ぶべき点が多々あるのは事実である。しかし、西欧がわがインドの社会、経済体制を崩壊させたことを良しと見なすことはできない。インドに対して西欧は何をなしたか。かくも豊かなわがインド、そのインドの民に対して何をなしたか。いかにも貧困なる大衆に成り果てさせたのである。われわれをして地下に眠る莫大な富を掘り起こさせ、その挙句に得た富はどこにやったのか。インドに残したものはほとんどないではないか。進歩とやらの標語のもとに、わがインドにあった経済体制、政治体制を破壊したのは誰なのか。農民や職人は消え、皆が工場労働者になってしまった。巨大な都市なるものが生まれる陰で、どれだけの村が衰弱し、消えていったことか。村、そしてそこに生きる村人こそがインドを支える力であったというのにである。産業化の推進が叫ばれもした。その産業化で利益を得たのは誰なのか。われわれが手にしたのは悲惨と、大いなる恥だけではなかったか。インドは統治されていない。そこにあるのは搾取のみである[☆1]」。

もう一つの著書を見てみよう。こちらはペルノ氏の著書よりもっと最近に出版されたものである[★2]。著者のアンドレ・フィリップ氏は諸資料を精細に分析した上で、インドにおけるイギリス産業の浸透がそれまで地球上で最も豊かであった手工業生産業を破壊し、それにとって代わることにより生み出された利益がイギリスのものになっていったこと、そして西欧による近代化がもたらした衝撃が人々の精神性、道徳性にいかに大きな破壊力として襲いかかったかを記している。そこで彼は一つ重要な指摘をしており、その指摘はヨーロッパと植民地の将来を考える上で誠に示唆に富むものとして心に刻んでおく必要がある。彼が言うには、インドで起こっているナショナリスト的な反応、それはインドに古くからある価値意識がいかなるものかをインド人の心に目覚めさせようとするものであるが、このインド・ナショナリズムはインド独自の資本主義精神に支えられた産業構造を誕生、ないし再生させたというのである。これは西欧の経済支配に対する防衛反応の一つの形として注目する必要がある。この防衛反応が行き着く先はどこか、どのような範囲にまで波及するか、それは現段階では分からない。しかし、イギリスが実施している厳格な統制をかいくぐり、インドがその三億五〇〇〇万人という膨大な人口、言い換えるとヨーロッパでの給与水準とは比較にならない安い対価で働く膨大な労働力、それを存分に活用し、インド独自の経済体制を作り上げる日が来ることはないと誰が断言できようか。

こう述べるのには理由がある。ここで述べたことはユートピア的な仮定ではないのだ。ユーラシア大陸の端でヨーロッパの経済・政治の拡張主義に対する防衛反応として起こっているもう一つの例を見るがよい。それを見れば、この防衛反応というものがどれだけのエネルギーを秘めているか理解できようというものである。わたしが言っているのは日本のことである。日本ほどわれわれの思考を揺さぶる例は他にない。日本、それは少なくとも経済の次元に関する限り、ヨーロッパがその優越性をもって図らずもみずからに課してしまった危険、リスクがどのようなものであるかを最も明確に示してくれる例である。われわれが言うところのペリル・ジョーヌ、つまり「黄禍」であるが、それは白人自身がわれわれに歯向かうものとして作り上げてしまったものなのだ。われわれ白人が日本をしてわれわれ白人と全く同一次元でみずからを主張する国にしてしまったのだ。

事の始まりは一八五〇年頃に遡る。当時、日本は世界から隔絶し、みずからの内に閉じこもる政策のもと、いかにも平穏に暮らしていたものである。もっとも、日本という国は遡ること数世

☆1　Maurice Pernot, *L'inquiétude de l'Orient: Sur la route de l'Inde*, Paris: Hachette, 1927

★2　André Philip, *L'Inde moderne: le problème social et politique*, Paris: Félix Alcan, 1930

紀もの間、国内での戦乱に明け暮れ、大胆、かつ冒険を好む人々の国であった。その後、日本は代々の徳川将軍のもと二五〇年ほどの間は刀を鞘に納め、海外との接触を極力避け、国内の平穏無事を枢要として生きていた。日本は基本的に農業国ではあるが、芸術と職人仕事の領域においてもじつに目を見張らせるものを数多くもっている。産業というほどのものはないが、人々はともかく日々の幸せを感じて生きていた。というのも、多産ではあるものの悪疫のおかげで人口増が抑えられていたからである。幼児死亡率は五〇パーセントにも上っていたのだ。この数字は西欧近代医術と衛生概念が行き渡っていない人々の間では特に驚くような数字ではなかったのである。

そこへ一八五三年のある日、小舟行き交う港のかなた、特別な許可のもとで交易が許されていたオランダ船が数隻ちらほらする中、突然、海上はるかに、黒き岩山のごとく頑丈なる装備を施した船、それも数隻が、船上に高くそびえる煙突からは黒々とした煙を吐き出しながら、こちらに向かってくるのを人々は目にしたのである。これこそ、ペリー提督率いるアメリカの艦船隊。彼らは日本に開国を要求、文明世界との交渉に入るよう、白人種の国々に扉を開くよう要求したのであった。日本になす術はなかった。屈服である。アメリカの要求に屈し、まずはアメリカに門戸を開き、次いでロシア、そしてイギリスにも門戸を開いた。武力という具体的な力の前で日本に他の選択肢はなかったのだ。ではあったが、誇りを失ったわけではなかった。日本には武士道たるものがあり、そこには名誉というものの大切さが謳われている。一度は腰をかがめたものの、日本はすぐさま立ち上がり、敢然たる姿勢と鋭い視線を取り戻した。日本人はみずからの運命を決するのは自分であることを強く認識、決然として独自の道を歩むことを選択、従属の地位を甘受することは拒否したのである。外来勢力に屈した徳川将軍に代わって権力の座に戻った英知ある睦仁天皇〔明治天皇〕の英断のもと、日本は近代革命に成功、復興と変革という大事業に邁進することになった。日本は押し寄せる西洋を前に、その力の秘密がどこにあるのかを探り、科学、軍事力について学んだ。そのおかげで日本は外国からの侵略は受けず、自国の安全を守れた。その後、日本は農業国から脱し、産業化の道を歩む。各種の工場が新設され、兵器廠《しょう》が作られ、手工業や職人の仕事場も増えた。海軍力、陸軍力が強化された。当然、莫大な費用が必要になるが、日本人は勤勉に、いや猛烈というほどに働き、海外との通商はもちろん、国内産業の強化に努めた。それまでコメ生産用の田んぼであった土地はあれよあれよという間に工場用地へと姿を変えた。この急激な社会変化は当然のように危機を引き起こし、苦しむ人々を生んだ。穏やかな日々を営んでいた農民たちは労働者の群れとしてプロレタリアート化し、社会問題が多く生じるようになった。そこに社会主義者がつけ込む隙ができてくる。日本は近代社会につきものの社会的な混乱や紛争の多い社会に変わっていくのである。日本人はそれを受け入れたわけである。こうして日本は生存競争の激しい社会に変わっていき、他方では強者による圧政から身を守るためにも仕事の能率を上げ、そうすることによってみずからの力を増すという道を歩むようになったのである。

要約してみよう。西欧の拡張、それは極東の端にまで及んだ。その結果、その地には新興ではあるが強力な対抗勢力が生まれることになった。西欧の拡張そのものがこの新興勢力を生んだのであり、それは無視し得ない存在になったのである。期せずして西欧が生み出してしまったこの新興勢力にはもっと大きな危険因子が潜んでいる。西欧は日本をして近代国家に特有の諸種の問題を抱える国に仕立て上げたのだが、同時に西欧はお人よしにも日本人に医療・衛生の領域での新知識を与えた。その結果、日本における幼児死亡率は急激に低下していったのである。つまり、日本の人口は急なる増加を見せている。一八七〇年に三〇〇〇万であった総人口は一九一四年の時点で六〇〇〇万になっている。現在、死亡者に対する出生者の数は毎年ほぼ一〇〇万人増にもなるのである。つまり、日本はその狭い国土にあふれるほどの人口を抱えることになる。日本はその人口を養わなければならない。周辺近隣国はどこも日本の余剰人口を受け入れようなどとはしていない。西欧は日本人に子どもを死なせないように育て上げる術を教えた。今になって、次々と生まれる子を殺す術を教えることなどできるわけがない。日本人は増え続ける。これこそが真の「黄禍」なのである。増え続ける日本人。しかも日本人にそうさせたのは西欧白人なのだ。

日本はこの急激な人口増という問題を抱えているだけではない。日本人は自尊心を傷つけられており、そのことこそが問題なのだ。日本はヨーロッパ列強と同等の地位を要求している。先の世界大戦に際して日本は連合国陣営に属しており、戦後、ヴェルサイユ会議に対して日本にも西欧人種と同等の地位原則が適用されるよう要求したものの、フランスを除いて他の列強は拒否した。さらに最近になって、アメリカは一九〇八年のいわゆる紳士協定によって日本人に認められていたアメリカへの移民を禁止する法案を可決し、日本の不満を高めた。日本は人口増と自己の威信保持という二つの問題を抱えているのだ。さらなる問題がある。日本はイギリスと同盟を結んでいたのだが、そのイギリスは太平洋に位置する自治領諸国の要求に押されて、日本の海軍力弱体化に手を貸し、一九二二年のワシントン会議にて日英同盟を破棄するに至ったのだ。

日本は孤立した。孤立はしたが、それは束縛から逃れたことにもなる。日本は政治戦略という観点からも、軍事的にも、他国に縛られることはなくなったのである。イギリスのロイド・ジョージ伯は日英同盟があることで日本はアジアにおける覇権を誇示するだけで、ヨーロッパに対抗することなどないと見ていたのだが、その同盟が破棄されたことによって日本は野望を抱くことさえできるようになったのだ。

日本の経済的拡張はヨーロッパの向こうを張って続いた。ヨーロッパが日本から目を離している間に、日本は世界大戦のおかげで太平洋諸島との交易を独占するに至り、この一帯での覇権を確立した。当然、アジア地域への浸透も増し、インドはもちろん、東南アジア島嶼部、シャム〔タイ〕、フィリピン、オーストラリア、さらには南アフリカ、南米地域にまで手を広げ、輸出を増大させた。イギリス、アメリカの交易相手を奪ったのである。また、極東、及び南海地域におけるヨーロッパ諸国植民地の港には日本船が多数、貨物を満載して押し寄せるようになった。またたロシア領極東地域にも日本商業の手は伸びた。中国はそれまでヨーロッパから買い取っていた工業製品の多くを日本から買うようになった。それどころか日本はヨーロッパ諸国にさえも手を伸ばし、食料品のみならず、旅行客までも送り出すようになった。ヨーロッパが海外に拡張していった結果がこれである。ヨーロッパはみずから危機の種を蒔《ま》いたと言うべきであろう。この先、事態はどのように展開していくだろうか。わたしは先にインドについてこの先どうなるかという予測を立てた。それはヨーロッパにとって悲観的なものであったが、それは中国についても同様に言えることである。五億人もの人口を擁する中国が、その長い眠りから覚め、日本の例に倣い、というよりも日本からの指導を仰ぎつつ、産業力を増し、広大な土地が生み出す資源とその地下に眠る膨大な資源を活用するようになるとすれば、どうなるであろうか。中国には安価にして、無限というほどの労働力がある。中国がそれをいつまでも眠らせておくことなどあろうはずがない。

さて、ここまでわたしはヨーロッパの拡張がその偉大さゆえの隷従を生んだということ、そして黄色人種と褐色人種の地域におけるヨーロッパの拡張に対する最も目立った反応について記してきた。それらはいずれも膨大な人口を擁する地域でのことであった。褐色人種について言うと、イスラムの反応についてもよく見ておく必要がある。

イスラムの反応については重要にして深刻な意味があるにも拘らず、その実情についてはほとんど何も知られていないのが現状である。すでに一〇〇〇年以上も前からイスラム・ルネッサンスとも言うべき現象が始まっており、それはイスラム教徒たちがもつ潜在能力の大きさを予感させるものとなっているのだ。[☆3] 事の重要性を理解するためには、まずイスラム教徒の人口の多さを頭に入れておく必要がある。実際、イスラム教徒たる人々は世界の広い地域、つまりモロッコから中央アジアのトルキスタン、さらには中国へ至る地域、サハラ以南の黒人アフリカ地域、そして中央アフリカのコンゴに至るまでの広大な地域に及んでおり、その総数は二億五〇〇〇万人にも上る。もう少し詳しく述べると、イスラムの教えは北アフリカのモロッコ、アルジェリア、チュニジアからリビア、そしてエジプトから近東、中東地域、トルコ、ペルシャ〔イラン〕、中央アジアのアフガニスタンへと広がり、南に目を移すとインドの一部、オランダ領東インド〔インドネシア〕がイスラム地域であり、中国へと広がっている。中国だけでも一〇〇〇万を超えるイスラム教徒がいる。

わたしは先の章〔第二章〕で、ヨーロッパにおけるイスラムの浸透、影響についてすでに触れておいた。イスラム教徒は一世紀もたたないうちにヨーロッパ全土の半分ほどをも侵略し、破壊を繰り返しはしたが、その一方で優れた文明の跡を残してもいる。イスラムは古くから受け継いできた芸術的にして高度な文明というものをわれわれに見せつけたのだ。彼らは決して破壊のみをおこなったのではない。ヨーロッパはキリスト教と商業の二本柱を旗印に反撃し、イスラムを排撃することに成功した。その後、イスラムはみずからの内に閉じこもるように衰退していった。

☆3 Lothrop Stoddard, *Le nouveau monde de l'Islam*, Paris: Payot, 1923, Traduit de l'anglais par Abel Doysié

一九世紀初め、ヨーロッパは科学と軍事力を御旗に掲げ、すでに衰退著しかったイスラムを打ち負かし、イスラム教徒の国は一つ、また一つとヨーロッパの軍門下に降《くだ》ったのである。インドを支配下におさめたイギリスは同様にエジプトをも手中にした。フランスは北アフリカ地域を手にし、ロシアは中央アジアをわがものにし、ドイツはその勢力をトルコに及ぼそうとした。

そして、ここでも西洋との衝突は現地人、つまりイスラム教徒たちを眠りから目覚めさせる効果をもったのである。始まりは一九世紀前半にイスラムの揺籃の地であるアラビア半島で起こったワッハーブ派の運動であった。これがその後広範なイスラム地域に広がっていく運動の原動力になった。このイスラム復興も元をただせば先にいくつかの例を見たのと同様、西洋がもたらした近代の思想、科学的教育、産業至上主義、ナショナリズムという思想、議会制度をはじめとする近代的な政治制度、そういった教えの結果、それらを武器にして起こった反応なのである。厳格な教義を原則とするイスラムは西洋から入ってくる新しい思想に対抗し得る柔軟な姿勢を身につけた。こうしてイスラム教徒の子弟たちはヨーロッパ風の教育を施す学校で学び、西洋の思想、西洋の科学的分析精神を熱心に学び、それを身につけ、それぞれの家庭に戻るとイスラム復興のためには何をすればよいのかを理路整然と説き、他方ではヨーロッパ人の誤り、ヨーロッパ諸国内の争いなどを冷静、冷酷に分析、見つめるようになったのだ。イスラム諸国の人々は相互に交流し、互いの国での状況を知ると同時に、商業の次元でも交流を深め、互いの国での新聞や書籍、さまざまな発行物も交換し合うことで相互に知識を深め、連携を強めていった。その結果、起こったのは中央アジアの草原から黒人アフリカ地域にまで及ぶ広い範囲での人々の沸騰であった。各地でのイスラムを旗印にした宗教運動の高まりが、古くからあった呪術信仰、そして新来のキリスト教への反撃を始めたのである。ヨーロッパの威信は揺らいだ。ちなみに、ヨーロッパ諸国が互いに引き裂き合った先の大戦より一〇年早い時において、トゥールーズ大学法学部で法学士の資格を受けたエジプト人司法官であるヤヒヤ・サーディク氏はヨーロッパ諸国はいずれ互いに殺し合うようになるだろうと予言していた。彼の言では西洋諸国にはある種の堕落が見られるというのである。サーディク氏の言を見てみよう。

「わたしが思うに、ヨーロッパ文明は現在、その頂点に達している。その一つの現れが植民地事業の野放図な拡大にあり、そのことはヨーロッパの力をまざまざと見せつけるに十分である。しかし、他方でヨーロッパはわれわれにいくつもの弱点を見せているのも事実である。ヨーロッパが一方でその偉大さと栄光、力強さを見せつけて余りあるのは事実なのだが、他方で、視点を変えてみるとヨーロッパ諸国は現在いくつにも分裂し弱体化しているではないか。ヨーロッパがこれほど弱体化している姿を見せたことがかつてあっただろうか。ヨーロッパはそれ自体の中に苦しみと不安、表現しがたい自己矛盾を抱えており、もはやそれを隠しおおせないようになっている。大国同士が軍事力増強をしゃにむに競い合う姿は常軌を逸しているとは言えないか。莫大な費用を注ぎ込んでいるのだ。そうして互いを脅し合い、ある国と同盟を結んだかと思うとそれを破棄して別の国と仲良くなる。その姿は混乱、混沌と言う他はない。これはやがて破壊と火と血の支配する地獄の状況に陥る予兆ではないと断言できればいいのだが[☆4]」。

一九一四年、世界大戦の勃発に際してトルコはドイツ側につき、コンスタンチノープル〔現在のイスタンブール〕の総主教は他のイスラム諸国にもこの「聖戦」の列に加わるように訴えたものだが、その要請にイスラム諸国の大方は応えようとはしなかった。賢明なるイスラム教徒たちはイスラム教徒ではないドイツ皇帝のために一肌脱ぐことを良しとはしなかったのだ。西欧文明に毒された青年トルコ人革命を率いた「背教者」どもの扇動に巻き込まれることなど拒否したのである。エジプトで起こったイスラム教徒の暴動、インド国境で起こったイギリスに対する暴動、またリビアのトリポリで起こったイタリアに対する暴動について連合国は厳しく対処した。

しかし、イスラム諸国がより大きな動きを見せたのは世界大戦後のことである。戦時中にヨーロッパがイスラム諸国に対して約束したはずの自由が遵守されるどころか、ヨーロッパはイスラム諸国への束縛をむしろ強めたことに反発したのである。その反発は激しく、ペルシャ〔イラン〕とアフガニスタンはイギリスの信託統治を脱し、トルコはムスタファ・ケマルによって独立を手にした。そして、インドのイスラム教徒、エジプトでの政治的騒乱の状況は予断を許さない状況になっている。


ヨーロッパが進出したことによって世界のあちこちでさまざまな反応が引き起こされたこと、それらがどれほどのものであったかについて述べてきた。そして、その反応はイスラム諸国でも同様に見られるということを述べた。イスラムの復興について、ここではこれ以上の深入りはしないでおくが、この問題は将来のヨーロッパにどのような形で跳ね返ってくるかという観点で重要なことであり、本書結論部でもう一度論じることにしよう。

さて、ここまで急ぎ足ではあったが、ヨーロッパの白人による植民地の拡張がどれほどの力で、またどれほどの幅とスピードとをもってヨーロッパに対する揺り戻しの波となって押し寄せているかについて述べてきた。これはメダルの裏側、わたしが言うところの偉大さゆえの隷従[41]そのものの現象である。文明化という企図、それは鉄を鍛えるが、その鉄は刃《やいば》となって立ち向かってくるのである。文明化の過程で誤りを犯したというのではない。文明化したことそのものが罪となってその償いを要求しているのである。何という逆説であることか。西欧が成し遂げた善行の一つひとつが西欧に牙をむくリスクとなって跳ね返り、代償の支払いを求めているのだ。恐るべきことではある。残酷なる真実という他ない。植民地事業という善そのものが悪を生んだのだ。進歩そのものが刃となって善行を施す手に立ち向かっているのである。

これは人種につきものの現象と言うべきであろうか。植民地事業は医療と衛生の領域で素晴ら

☆4　Lothrop Stoddard, *Le flot montant des peuples de couleur contre la suprématie mondiale des blancs*, Paris: Payot, 1925, Traduit de l'anglais par Abel Doysié 中に引用

しい成果を挙げ、そのことはわれわれが大いに自負するところである。ところが、その結果起こったのは人口過剰という現象であり、人口過剰は一植民地内にとどまることではなくヨーロッパが勢力を伸ばした周辺諸地域にまで波及した。植民地化以前も人々は多産であったが、他方で高い幼児死亡率が人口過剰を抑える効果を果たしていた。高い幼児死亡率という軛《くびき》が解かれた結果起こったのが過剰という現象なのだ。アフリカでもアジアでも人口は急増した。日本でも中国でも同様である。統計がしっかりしているところではどこでも、過去五〇年ほどの間に人口が二倍に増加したことを確認できる。インドはどうか。ここでは過去一〇〇年ほどの間に一億人から三億五〇〇〇万人に増加している。ジャワについて見ると、ここはオランダ領であるが一九世紀の一〇〇年の間に人口は一〇倍に増えている。かつては人が住まなかった土地、あるいは住んでいてもちらほらといった感じであった土地に、今や犇《ひし》めかんばかりの人間が暮らしている。この人口増、それは必要な食料の量がそれだけ増加したことを意味している。食料増産量は人口の増加に到底追いつかない。満たされない腹が各地で不満を口にするようになっているのだ。

ヨーロッパ諸国は自分たちの努力によって生み出した諸生産物——個人にとっても集団にとっても益するところが大である生産物——が植民地現地人の生活にも役立つところ大であるとして、惜しみなく提供してきた。それが植民地化ということであった。ヨーロッパ製品はヨーロッパ人の間だけで占有すべきだなどと考えはしなかったのだ。ところが、これらの製品は植民地現地においても、それまで現地人が知らなかった新しい欲望というものを人々の間に生み出した。欲望というものは一度生まれるととどまることなく膨れ上がるものだ。植民地人の間に生まれた欲望は渇望となり、やがてそれはヨーロッパに対する激しい羨望や嫉妬心を生み、社会のさまざま次元での軋轢を生むようにさえなった。その軋轢、社会内の不調和が危険領域にまで達したのである。われわれヨーロッパ人は植民地において大農園を開拓し、鉱山開発をし、産業化を推進した。現地資源を活用し、植民地での総体的な富の増加に成功したのである。また、そのこと自体が世界の需要に貢献しもしたのだ。ところが、この大農園化、鉱山開発、産業化、そういったものは植民地においてプロレタリアートの群れをも作り出した。プロレタリアート化した貧困層は不満を強め、社会不安を起こすほどになり、これが新しい社会的危機の種になっているのである。このことは経済的進歩だと言えるであろうか。

観点を変えてみると、ヨーロッパの植民地化によって植民地人はそれまでは知らなかった正当な権利というものを手にし、他方で権力者が課す不当な抑圧から身を守られるようになった。植民地現地にそれまで蔓延《はびこ》っていたさまざまな社会的不正義、腐敗、暴力といったものが排され、人は正当なる権利というものを知るようになったのである。付言しておくが、こういった権利の概念など新しい考え方を植民地人に教えるに際して、われわれは現地人の伝統的な考え方、慣習などを無視することなどないように注意を払った。それは事実なのだが、近代的な方法や概念は現地人がそれまで慣れ親しんできたやり方であるとか習慣というものと完全に調和できたわけではない。避けがたい不均衡というものが生じた。第一、現地でそれまで権力を振るっていた権力層であるとか、争いの仲裁に関して実際的な権力をもっていた輩《やから》たちは、近代法が施行されたことによって自分たちに都合の良いやり方はもはやできなくなった。すると、彼らは当然ながら植民地政府のやり方に敵意をもつようになる。さらに、現地住民がみずからの権利に目覚めると、彼らはちょっとしたことにも神経をとがらせ、仲裁裁判を求め、さらにはみずからが有利になるように仲裁者に取り入ったりする者も現れるようになる。これをもって、植民地は司法の領域でも進歩したと言い切れるであろうか。

教育について見てみよう。この領域においてこそわれわれは最も高貴にして、最も称賛に値する仕事を成し遂げたと言えよう。それまでわが保護民たちが陥っていた無知の状態から人々を救い出し、光を与え、彼らに人間としての尊厳をもたせ、人生における戦いにより強い武器となる知識を与え、彼らの土地にある資源、資産をわれわれ植民者と共に開発し、共に管理し得る能力を与えたのである。ところが、この教育もまた現地民の心と現地民の社会に精神的、道徳的な軋轢、不均衡を生み出した。つまり、ヨーロッパの厳密な科学的精神には現地民の伝統的な考え方、文化と相容れない部分があったのである。具体的に言えば、一つの家庭内に異なった考え方をする人々が生まれた。学校教育によって知識を身につける人が生まれると同時に、他方では学校教育についていけない人も生み、この学校教育脱落者たちは学校に対する不満をヨーロッパ風の社会のあり方に対する不満にすり替えていったのである。他方で、学校教育というものは分析的精神、批判的精神を涵養するものでもある。すると、学校教育で批判的精神を身につけた人々は宗主国の言語で書かれた新聞や書籍を読んでさらに知識を増し、その知識を植民地政府のあり方に対する批判の刃《やいば》として活用するようになったのだ。それだけではない。われわれは植民地現地人の間には古くから続く文明があったことや、彼らの歴史にも特筆すべき栄光の時代があったことなどを教えてやった。これは現地人の過去の栄光について教えてやったということであり、われわれとしても大いに自負するところなのである。ところが、植民地人はこうして教えられたことを盾に取り、自尊心を高まらせ、われわれに対抗する武器にしようとしているのである。

われわれは植民地を外敵の侵入、攻撃から守り、また植民地の内的安全を維持するため、軍事組織や警察組織に植民地現地人をも参加させた。これは植民地人を信頼し、彼らに任せても大丈夫であるとわれわれが考えたからこそのことである。つまり、われわれは植民地現地の臣民たちにわが軍の武器や軍事的な秘密など多くのことを教えたのである。われわれはもしかすると、将来のある日にわれわれ自身に向けてくるかもしれない武器の扱い方や戦略的なことを植民地の臣民どもに教えてしまったのだ。彼らは武器や戦略の有効性について十分に理解するに至っている。これも植民地現地人との協同のあり方と言い切れるであろうか。

こうして見てくると分かるが、われわれは植民地において、こうするのが人々のためになるという考えに導かれてさまざまなことをおこなってきた。それが今やわれわれにとって危険なリスク、脅威になりつつあるのだ。われわれはまさかこのような結果になるだろうなどということを考えもせずに、植民地人に教え、養成さえしてきた。たとえば、である。道路の建設、鉄道の建設、これらのことはただ単に経済的目的のためになされたのではないのか。確かにその通り、経済的目的のためである。しかし、その結果は政治的に重大な結果にもつながっていく。なぜか。鉄道、道路は交通の手段である。すると、植民地の人々はそれまでであれば知る由もなかった、あるいは敵でさえあったような人々と簡単に交流し合うようになる。人々は各々の出身民族を認識し合った上で互いの生活について語り合い、情報を交換し合うようになる。かくして、われわれは期せずして、過去の長い間、互いに見知らず、別々の民族であった人々を近づけ、結び付けるようになる。初めは心理的な親近感から始まった関係が、やがては政治的な結び付きになっていく。しかも、そうさせたのはわれわれなのだ。具体的に言えばこういうことだ。われわれはインドシナにおいてアンナンとトンキン、コーチシナとを結ぶ道路と鉄道を建設した。その結果はアンナン連合の結成である。アフリカでは何が起こったか。われわれは交通路を整備した結果、北アフリカの先住民ベルベル系の人々をアラブ人と交流させる結果になり、彼らのイスラム化を助けてしまった。スーダン〔現マリ〕の黒人たちについても同様にイスラム化させたのである。イギリス領インドで起こっていることはさらに重大である。イギリスはインドで道路網を整備した。これにより広大なインドの中央集権化が進行、その結果はチャールズ・ディルケ卿が予測した通りであって、地方ごとに分裂していた諸民族が一つにまとまっていったのである。さらに、鉄道網の充実によって人々は聖地への巡礼を容易《たやす》くおこなうようになり、ヒンドゥー教がインド人の宗教としての立場を鮮明にするようになったのである。

以上、われわれヨーロッパ人が植民地でおこなってきたことが現地の人々の間で有形、無形の抵抗や反動の形になってわれわれに向かってくる様子、その理由などについて記してきた。それは特にアジアや極東、つまり無数とも言うほど多くの人々が暮らす地域で顕著なのである。長い間、じつに長い間と言ってもいいのだが、この反動は表立った暴動などの形で表れることはなかった。暴動にならなかったのは人々がヨーロッパの前で身を屈していたからである。つまり、自分たちは未だヨーロッパに立ち向かう力はないと自覚しているからだ。一度、表立って歯向かえばヨーロッパはたちまちにしてまとまり、一塊《ひとかたまり》になって自分たちを攻撃してくると分かっているから牙をむくところまではいかないのだ。

しかし、一九一四年、ヨーロッパを主舞台にした世界大戦が勃発した。これによってヨーロッパは深く傷ついた。それだけではない。ヨーロッパの覇権も深い傷を負ったのである。この大戦が勃発するまで、有色の人間たちが対抗しようとしてくるのに対し、ヨーロッパは一丸となることによってその覇権を維持していたのだ。もちろん、白人種の間にも不和の種はあったし、また激しい競争のあまり衝突しそうになったこともある。しかし、ひとたび白人種の優越性が脅かされそうな事態が起これば、白人種の国々は互いの間での対立や不和は忘れ、アジア人種が起こす揺り戻しの波に一丸となって立ち向かってきた。その具体例がある。一九〇〇年、義和団の乱が勃発したとき、中国に駐在した八か国連合軍を指揮したのはドイツ帝国陸軍参謀総長であったアルフレート・フォン・ワルデーゼー元帥であり、この人が連合軍の総司令官として指揮を執ったのである。わがフランス兵もワルデーゼー総司令官の指揮のもとに行動した。

ところが、一九一四年、このヨーロッパ連合は突然、解体する。いわば「白人種の連合」と言ってもよかったこのヨーロッパ連合は二つのブロックに分裂し、互いが互いを引き裂くような激烈な戦いに陥ったのである。アジア人、褐色人、そして黒人たち、つまりまさにヨーロッパ人が何ものにも勝ると自認していた至高の文明をもたらしてやった当の相手である人々は、自分たちに文明の明かりをもたらしてくれたはずのヨーロッパ人同士が互いにわれを忘れたかのような激烈な暴力むき出しの戦いに身を投じ、互いに消し去ることのできないほどの憎しみを抱くに至る状況を目《ま》の当たりにしたのである。しかも、双方各々が自分たちこそ文明を守る者だと声高に叫びながら戦ったのだ。何という皮肉であることか。「至高の文明を創造し、維持しているはずのヨーロッパの白人たちが、これほどの憎しみ合い、殺し合いに興ずるのか」と有色人たちは冷笑し、冷ややかな視線を送ったはずである。

有色人たちは冷ややかに眺めていただけではなかった。威厳を売り物にする白人の尊大、かつ横柄な面を見るだけであった有色人たちが、今や憎しみ合い、引き裂き合う白人たちの仲裁者とまでは言わずとも、少なくとも審判者といった趣で介入するようになったのだ。アフリカから、アジアから、つまりフランス領西アフリカ人やイギリス領インド人、インドシナ人、モロッコ人など、要するに肌色が黒いか、黄色いか、褐色であるか否かを問わずあらゆる地域の植民地から数百万という単位で現地人がヨーロッパに呼び寄せられ、前線での戦いに、あるいは銃後の武器工場での働き手として従事するようになったのだ。彼らをヨーロッパに呼び寄せたのはまさにヨーロッパ人自身なのである。無数というほどの中国人が工場労働者として連れてこられた。現代の戦争には工場労働者が不可欠なのである。こうして多くの有色人たちが連合軍側の旗のもとに集まり、ドイツ軍を打ち負かした。ヨーロッパの最も至高なる理想を守るために白人たちと肩を並べて戦った有色人たちの興奮、熱狂がどれほどのものであるか、想像していただきたいものだ。

もう一つ別の観点から見てみよう。植民地人を戦争に呼び寄せた白人側には道徳的な伝統というものがあり、かつてカルタゴでなされていたような外人傭兵を雇う、つまりお金で他国の人間を自由に戦場に送るといったような安易なやり方はもうできない。もはや、かつての王国時代のようなやり方はできないのだ。われわれは近代的な民主主義のもとに生きているのであり、植民地の人間をわが領土を守るための戦争に呼び寄せるとなると、これらの人々はわが同胞として、つまりわが国民として扱う必要があるのである。具体的に言うと、これら有色人兵士たちはわが国の戦争に参加した以上はかつての植民地人としての身分、つまり臣民ではなくフランス国の市民として扱われることを要求するようになる。論理の必然からして、そうなる。市民としての権利を要求するようになる。それだけではない。アメリカのウィルソン大統領が予想しているように、植民地の人間は自分たちにも自決権を認めよと要求するようになるのだ。自決権！　誠に威勢のいい言葉である。地中海域から太平洋域まで、エジプトのカイロから中国の北京まで、アジアのあの広大なる地域全体が初めは散発的に、そしてやがては全域が沸騰するように人々はこの自決権を求め、やがてそれはナショナリズムという明確な言葉、思想として沸き返るようになった。ヨーロッパの戦勝国が戦時中に臣民たちに約束していたことを戦後になって守らない姿勢を見せようものなら、植民地における臣民たちの失望は怒りとなり、その怒りは日を追うごとに激しくなっていく。そういった状況の中に人々を焚《た》きつけるような思想を吹き込む輩《やから》がいたりすると、その怒りをおさめるのは至難のことになる。人々を焚きつけるような思想、それがロシア生まれのボルシェヴィズム、つまり一九一七年の革命で実権を握った共産主義勢力の思想である。これがじつに巧妙かつ熱烈な手法のもとに展開されると手に負えない一大勢力になっていく。トルコでも日本でも、あるいはエジプトでもモロッコでもそうである。連合国側がそれまでの一体性を破棄して、各々の国が自国の利益優先で行動するようになった隙をうまく利用して忍び込んでくるのである。

じつのところ、ロシアはこういった戦略を使いこなすのに誠にふさわしい場所に位置している。ロシアは一方でヨーロッパであり、かつ他方ではアジアでもあるという位置にあるのだ。そこに暮らす人々の心性はヨーロッパ的であるというよりもむしろアジア的である。第一、ロシアは過去の三世紀半という長きにわたってモンゴルに支配されていたのだ。ピョートル大帝以下ロマノフ王朝の支配者たちがヨーロッパ化を推し進めたとはいえ、モンゴル的なものは依然強くロシア人の心性に残っている。ロマノフ王朝がロシア人の心にかけたヴェールは薄いものでしかなく、ボルシェヴィク革命が起こったとき、そんな薄いヴェールはいともたやすく剝がされてしまった。

そうして、ヴェールの下から現れたロシア人なるものの心性にはモンゴル時代から受け継いだ暴力と残虐、そして専制的なるものが潜んでいるのだ。

今やソヴィエト連邦となったロシアはその西側ではトルコ、小アジア、ペルシャ、そしてアフガニスタン、トルキスタンと接し、南側ではインドに至るモンゴル、チベット、中国の一部と接している。一九一九年から二〇年にかけて革命をヨーロッパにまで広げようとして失敗したロシアはアジアに集中し、アジアを糾合してヨーロッパに対抗しようと試みた。その際、ロシアはツァー時代にロシアの南方、及び東アジア地域に勢力を広げたやり方を参照したのである。

共産主義化したロシアはアジア諸国のナショナリスト勢力に接近、彼らをしてロシアと一体となってヨーロッパの資本主義勢力、帝国主義勢力に対抗させようとしたのであるが、その際のロシアの戦略は一方でマキャヴェリスティックでありながら、他方ではじつに驚くほど柔軟、かつ技巧に満ちたものであった。つまり、それぞれの国の事情、必要を熟知した上で、各々の国のナショナリスト勢力が欲していることに応えるなど、各国の事情に巧みに取り入るといったやり方であった。ロシアはまずイスラム諸国、そしてアジア諸国に手を伸ばした。その際、ロシアは資本主義勢力への対抗を正面に出すというやり方ではなく、自分たちをヨーロッパという支配勢力に抑圧される民族のリーダーとして位置付け、抑圧された民族同士、一丸となってヨーロッパ勢力に対抗しようという姿勢で呼びかけたのである。ボスポラス海峡から太平洋に至る地域の諸国人民をヨーロッパの軛《くびき》から解放する闘士としての位置付けであった。そのためにロシアは一方では各国間に古くからあった憎しみ合いや、敵意、各々の国が抱えている打ち砕かれた尊厳や希望といった感情を巧みに活用、他方では互いに力を合わせてヨーロッパに対抗するために連帯し、一丸となる必要を説いた。ロシアはそのために共産主義教育を施す学校をいくつも作り、そこにアジア諸国からの学生を呼び寄せ、ヨーロッパに対抗する戦術を教授した。と同時に、たとえばアゼルバイジャンのバクーにて会議を開催、中近東諸国、及び極東地域諸国から二〇〇〇人もの代表を集め、西欧諸国の帝国主義政策を攻撃する姿勢を示しもした。

西欧への対抗姿勢、それは何よりもまずイギリスに向けてなされたものであった。イギリスこそロシア、及びアジアの大国にとっての仇敵と言うべき存在であったからである。だからこそ、イギリスはロイド・ジョージ自由党内閣時はもちろん、マクドナルド労働党内閣時にもソヴィエト・ロシアに何とかして接近しようとしたのである。イギリスがロシアへの接近を試みたのはそれがイギリスにとって商業的な観点から利益があるからというよりも（一般的にはそう説明されているが）、インドやその周辺国で高まっていた反イギリスの宣伝活動を何とかおさめたいがためであったのだ。実際、反イギリス・キャンペーンはエジプトからパミール高原に至るまでのイスラム諸国一体でなされていたのだ。ロイド・ジョージであれマクドナルドであれ、ともかく共産主義の宣伝をストップすること、それがソヴィエト政府に要請されたトップ項目であったのである。実際、ソヴィエトはトルコでもエジプトでも、またインドでも反イギリスを条件に援助していたのだ。ソヴィエトはイギリスの政策の失敗を巧みに利用した。この点についてはルネ・グルッセ氏の著書『アジアの覚醒』[☆5]に詳述されているが、たとえばインドにおいてマハトマ・ガンディが主導したヒンドゥー教徒による反イギリス運動をイギリスが激しく弾圧したのをソヴィエトは巧みに活用したし、また中国が内部的な混乱を繰り返し、無政府のような状態に陥ったのを利用して、そこで外交戦に武力も交え、みずからに有利なように導いたりしたのである。オランダ領東インド〔ほぼ現在のインドネシアにあたる島嶼地域〕でも同様であって、激しい抵抗運動が起きたのに対し、オランダは流血も辞さず厳しく弾圧した。そこにソヴィエトがつけ込んだのである。インドシナは長い間、自由主義的な原住民政策のもと、アンナンの政体維持のための改革を実施し、共産主義のウイルスに汚染されることなく過ごしてきたのだが、そこも三年来、共産主義の浸透に脅かされている。

ソヴィエトの影響力は太平洋地域にも広がっている。アメリカやイギリス、フランスの信託統治領、フィリピン、オーストラリア、ポリネシアの諸島、そしてニューカレドニアなどで働くインドシナからの移民をソヴィエトは巧みに焚きつけて、暴動などの抵抗運動が起こるようになった。

アフリカではどうか。ここでもソヴィエトの影響が見られる。チュニジアやアルジェリア、モロッコを見るがよい。ここでもソヴィエトは人民の間に入り込み、「人民を奴隷化するフランス

☆5　René Grousset, *Le réveil de l'Asie*, Paris: Plon, 1924

帝国主義」を打倒せよといった宣伝活動を展開している。こういったボルシェヴィズムの動きは北アフリカの広い地域に及び、われわれはその収束に多大のエネルギーを費やさねばならないのだ。たまたま、わたしはこの時期、内務大臣を務めていたこともあり、共産主義勢力の悪影響を何とかする必要があり、その浸透に対してフランスの権益保護のため多大の努力をする必要があった。黒人アフリカ地域についても同様で、アメリカのニグロ[42]であるマーカス・ガーヴィーだの、あるいはパン・アフリカ会議だのといったものどもの運動に連動する形でソヴィエト共産主義勢力は反植民地運動を各地で展開、人民を巻き込んでいった。わが西アフリカ連邦、赤道アフリカ連邦では共産主義の宣伝活動がうまくいかないと見るや、ソヴィエトは中部アフリカのベルギー領コンゴに手を伸ばし、そこで人民暴動を起こすかと思えば、イギリス領の南アフリカ連邦で激しい暴動を起こしたりしたのだ。東アフリカではどうか。東アフリカに位置する島、マダガスカルでは昨年〔一九三〇年〕、第三インターナショナルの手先であるスパイどもが入り込み、現地人を扇動、赤旗を掲げて植民地総督府を襲うという事件を起こしている。大西洋を見ると、イギリス領カナダ、アメリカ領キューバ、イギリス領ジャマイカ、フランス領グアドループなどで、やはり「ヨーロッパの帝国主義」[☆6]に反撃せよといった形の共産主義者による暴動や抵抗運動が起きている。

要するに、ソヴィエトの共産主義勢力は世界のあちこちに散らばるヨーロッパの植民地で暴動を起こし、ヨーロッパの諸強国が支えとしている支柱を揺さぶろうとした。そうすることにより共産主義革命という大計画を実現せんとしたわけである。植民地現地の人民たちがそれぞれの宗主国に対して抱いている不満、嫌悪、敵意といったものを最大限に活用しようとしたのだ。

ここで立ち止まって考えてみる必要があろう。じつのところ、われわれの良心が試されているかもしれないのだ。ソヴィエト連邦がプロパガンダをすることによってその成果が実際に現れたとまでは未だ言えないにせよ、彼らがそのプロパガンダによって各地で共産主義革命を引き起こせると考えたこと自体が重大なのである。彼らのプロパガンダは実現可能性がそこにあったからこそである。ということは、われわれの側に誤りや落ち度があったからだとは言えないであろうか。ある植民地で暴動や抵抗の動きが起こった場合、われわれはその暴動の原因として、これはロシアの共産主義者たちの仕業だと言って片付けようとはしなかっただろうか。

ある不都合な問題が起こったときに、それを解決する方法として問題に目隠しをして見えないようにするというやり方は何の解決にもならない。モスクワが動いたのはそうすることに利ありと見たからである。火のないところに煙は立たない。火が燃えていたからこそ、モスクワはそれにつけ込んだのだ。その火とは何か。それについては本章中でこれまで長々と説明してきたように、ヨーロッパ諸国が植民地での動きを前にして一丸となって立ち向かう体制ができていなかっ

☆6　Gustave Gautherot, *Le bolchevisme aux colonies et l'impérialisme rouge*, Paris: Alexis Redier, Librairie de la Revue française, 1930

たことだろうか。

そうとも言えるかもしれない。しかし、真実はもっと別のところにある。それを公言するには相応の勇気、覚悟が必要である。ヨーロッパが一体化し得なかったからというのは理由としては漠としている。別の理由があるのであって、この理由こそがより直接的であり、より真実、かつわたしの言葉で言えばもっと切実に身に迫るものである。つまり、わが保護民たちの感受性により強く響く理由というものがあるのだ。一言で言えば、われわれは過《あやま》ちを犯したのだ。過ちを認めるには勇気が必要だが、そうすることは過ちの修正に資するとわたしは思う。そのことを認め、告白しようではないか。

第一の理由、これが最も重要、かつ深刻なのだが、それは植民者と被植民者の関係のあり方そのものに関わる。つまり、植民者側が征服者として臨もうとするその態度にある。これは過去においてはもちろん、現在でもそうである。この点に関して深く心に留め置くべきことを述べているのはポール・ヴァレリー氏である。彼は言う。「不幸なことに、民族間の接触というものは互いに共通の祖先をもっているとか、互いの心を探れば響き合う部分があると了解できるなど、そのような志向性に最も欠けた部類の人同士が最初に接触し合うものである。いつでもそうなのだ。最も暴力的で、欲をぎらつかせたような人間同士がまず接触するのである。お互いがそうなのだから、こういった人間同士が出会うと激しくぶつかり合い、お互いにそうされたくはないと思うようなやり方を相手にぶつけるのである。相手をやっつけたいとか、あるいは逆に相手に取り入りたいと思うとき、人は知らず知らずのうちなのか、いやもしかすると確信する部分があるのかもしれないが、相手を軽く見ているものである。要するに、初めには相手に対する軽蔑がある。相手を尊重する気持ちはない。互いが相手を知らないこと、それは互いが相手を軽く見ることにつながり、もっと言えば深い部分での嫌悪につながる。要するに、相手を否定、その底に暴力とか相手を陥れようという策略を伴った否定の思いを抱くのである。これが民族同士の接触の際に生ずる心理であり、互いが相手に「醜い奴ら」だとか「わけの分からん野蛮人」だなどという思いを抱くのである」[★7]。何とも悲しい、つらい言葉ではある。しかし、歴史を見ると確かにそうなのだ。ヨーロッパ人による植民地化にしても同じことなのだ。インカ帝国の征服者フランシスコ・ピサロを見よ。アステカ帝国の征服者エルナン・コルテスを見よ。征服がなされたのち、多少とも落ち着いた統治がなされたとしても、それは有色人種たるものは永遠に白色人種に劣るものとして認知されていればこそである。現在、先にわたしが説明したようにより寛大かつ偏見にとらわれない見方になってきているとはいえ、それでも現地住民との日常の接触の場面では支配者としていかにも居丈高、かつ尊大で強欲な姿勢で臨む、それが植民者というものなのである。

★7　Paul Valéry, Préface à Cheng Tcheng, *Vers l'unité: ma mère*, Paris: Attinger, 1928, paru dans *Commerce*, XV (printemps 1928) sous le titre "Préface au livre d'un Chinois"; et comme "Orient et Occident", dans *Regards sur le monde actuel*, Paris: Stock, 1931

わたしはこのような姿勢を入植者根性と呼ぶのであるが、それはわが植民地のどこにでも普遍的に見られる。その根性のあり方には植民地によって多少の違いはあるかもしれないが、それは宗主国側の人々の気質がどのようなものであるかによる。アングロ・サクソン人はとにかくいたるところで有色人に対して偏見をもっている。彼らが原住民をまともな人間扱いすることがあるとしても、それは文字通り口だけのリップサービスでそうしているに過ぎない。幸いにしてフランス人にはこのような偏見はなく、原住民との付き合いはより率直なものであって、原住民の生活に飛び込んでいく姿勢が見られる。イギリス人の場合は彼らだけで中世の城よろしく独自の生活域を作ってそこに閉じこもり、生活のあらゆる面で原住民とは別の生活をするものである。そういった違いはあるものの、要するに植民地にあるヨーロッパ人はすべて共通して先に述べた入植者根性をもっているものである。入植者たちの原住民に対する尊大にして横柄な要求、これは植民地を統括する現地政府にとっての頭痛の種であるのだ。それにも理解できる部分はある。入植者は本国を離れ、植民地の暑熱に耐えて日々の仕事を遂行せねばならず、努力したからといってそれがすぐに報われるとは限らず、得るところ少なく、来る日も来る日も同じようなことの繰り返し、現地の雇人ときたら無能であるか、怠惰であるということがしばしばなのである。耐えがたいような暑さの中で入植者には粒粒辛苦の日々が続く。彼が次第に気難しく、とげとげしくなっていくのも分からなくはない。こうして彼は自分の権利をあからさまに口にするようになる。入植地は自分のものだと言い募り、労働者に対しても自分の所有物であるかのように扱い、そして自分たちがすることには全面的に同意せよという姿勢を見せるようになるのである。原住民が不平を言うとか、反抗の姿勢を見せようものなら激しく怒る。植民地の政府たるものはさまざまに異なる利害の調整をする必要があり、原住民保護を責務とするものであるから、政府が入植者の要求を拒否し、原住民の言うことに利ありといった判断をしようものなら、入植者たちはその不満を誰に向けるか。その不満はまさにみずからの汗をもって日々手を貸し、育て教えるべき相手である現地の「劣った人種の者ども」に向けられるのだ。原住民であれば誰でも、つまり下層の労働者であれ、学のある人であれ、お偉方であれ、そんなことなどお構いなしにひとしなみに「劣った者」として粗略に、邪険に、「お前」扱いし、軽々しく扱う。その結果、原住民の心には忘れがたい恨み、憎しみが生ずることなど考えもしないのである。

しかも、ここでわたしが言うところの独特の根性は現地に入植した人だけのものというわけではないのだ。植民地行政にあたる役人にもしばしばこういった根性の持ち主が見られる。要するに、適任ではない人が選ばれているということである。植民地事業というものは誠に繊細なものだ。じつに多くの生身の人間を、あたかも粘土を練るかのように練り上げていかねばならないのである。この繊細な感受性を必要とする職務遂行のためには、思慮深く、冷静さを保つことができ、かつ機転が利き、直感的に正しい判断を下すことができるようなしっかりした人間を選抜しなければならない。植民地での仕事というのは、本国から遠く離れた地でおこなうものであり、誠に微妙にして繊細な人間性が要求されるものなのだ。しかし、現実には植民地勤務というのは敬遠されるものであって、ゆえに植民地に送り込まれるのは選抜試験での落ちこぼれなどが多かった。本国勤務はどうもおぼつかないというような者が多かった。その後、選抜基準をより厳しくしたのは事実だが、それでも安い給料に甘んずる代わりに、ごく下級の仕事しかできないような、いわばいかにも不適格な人を送るしかないといった状況が続いたのだ。植民地現地の役人にしてからがこういった状況である。彼らは現地に着任するとすぐに入植者の真似をするようになる。そのような官吏の粗野で下卑た振る舞い、それは到底支配する地位にある白人のものとは言えないような代物なのである。植民地行政府の中にあって、こういった役人が不行跡をするものだから現地住民たちがどう思うか、容易に想像できるであろう。到底、お手本になるとは言えない。

ここでわたしが述べた役人や入植者の不行跡というもの、それは彼らが国の権威を代理する人間であることを鑑みれば植民地事業に伴う最も重大な隷従のうちの一つ[43]だと言えよう。わが植民地における原住民による騒動や紛争の背景にはこういった輩の不行跡が大きく関わっていることに彼らは気づかないのである。原住民が不服従や暴動を起こすのはまさにこういった輩の真似をしているのだとさえ言ってもよい。そこへもってきて植民地現地において発行されているフランス語新聞などが見境もなくあれこれと書き立てるものだから、事情は一層悪くなる。新聞報道には圧力を加えるべきではないというのがわれわれの考えであり、かつそれがフランスの伝統と考えるからこそなのだが、これも植民地における隷従[44]の一つの形である。プレスは自分たちに保証された自由を逆手に取り、自分たちの国がおこなっている事業のあら探しをするような記事を書き立てる。それを原住民（彼らにフランス語を教えたのはわれわれだ）が読むのである。原住民たちは権威には従順であるべきことを教えられてきた人たちである。長い間そうやって生きてきたのだ。ところが、フランス語新聞が権威というものを貶めることを教え、フランス本国、そして現地行政府への尊敬を打ち砕くような記事を書くのを目にするうちに人々は疑念をもつようになり、ついには植民地事業そのものの価値を疑い、貶めるようになる。原住民にとって植民地政府は外国勢力であって、当然、何でもハイ、ハイと受け入れるわけではない。また原住民たちは人から何か言われるとすぐさまそれを鵜呑みにもしやすい。つまり、プレスがばらまく挑発的言辞に簡単に左右されやすいのである。

これは植民地現地においてフランス人自身が犯している過ちである。しかも、嘆かわしいことにこの過ちは植民地だけではなく、本国でも犯されているのだ。それはまた同化主義政策という誤った概念に基づく法律のせいでもある。この同化政策を定める法律では多くのことが規定されているが、その最後の条文には「この法律は植民地及び保護領に適用される」と記されている。これこそが植民地それぞれに異なる政治経済状況や財政的・社会的状況などを考慮に入れることもなく、十把一絡げ《じっぱひとからげ》にまとめて考えることに起因する馬鹿げたものである。同様に、植民地それぞれの活用にあたってなすべき努力に関わる法律がごく少なく、しかもそれらは何とも悠長なものでしかないのも過ちである。植民地事業とは相応の金《かね》がかかるものなのだが本国政府は当初、それに見合った予算をつけようとはしなかった。これこそがじつに大きな過ちなのである。わが植民地のほとんどにおいては現地の経済開発、人的保護・養成のために当初からしっかりした予算を組む必要があったのだ。ところが現実には「値切り」が横行した。その場しのぎのような予算案が細切《こまぎ》れに提出されたのである。結果、各植民地では必要資金を賄うために原住民に重い課税をする必要に迫られた。さらに悪いことに、現地での土地開発にあたって行政府は民間会社に土地を払い下げ、そこの開発を任せたのである。開発会社はろくに給料も払わず、原住民を過重に働かせる。すると住民はその土地を放棄し、人の住まない森林部に逃げ込むというようなことが起こったのである。開発政策の過ちである。こんな無法、かつ無益なことがなされたのだ。行政府によって止められたとはいえ、植民地にとって全く有害無益なことであった。民間開発会社に代わって植民地行政府が開発事業を受け持ったが、それでも現地住民に良い結果をもたらしたとは言えない。なぜなら、開発の遅れを取り戻すという口実のもと植民地行政府自身も道路建設や鉄道建設にあたって現地住民を不当に労働徴発したり、強制労働させるといったことが時には起こったからである。

わたしはこれまでフランスの植民地事業を心から称賛、支持するものとして述べてきた。そのような人間の手からこれほど厳しい言葉が記されることに驚かれたかもしれない。まさにわがフランスの植民地事業は総体的に言って真に見事、かつ最も美しく、人間的な事業であるからこそ、そこに誤りや落ち度、欠陥があるのであればそれは修正されなければならないという思いからなのである。植民地統治という壮大にして称賛されるべき大事業に過ちがあるとすれば、それは正されねばならないのだ。過ちの修正には努力が必要であり、その努力は惜しむことなく、直ちになされねばならない。それが必要なことについては、わがフランスの植民地だけではなく他国の植民地についてもつらつら述べてきた通りである。ヨーロッパ諸国の植民地いずれについても原住民による不満の動きが共通して見られる。それはまさに植民地すべてに共通であるが、その原因については本章中で詳しく記してきた通り各々に共通のものもあれば、ある植民地に特有のものもある。それらにこれ以上無関心でいるわけにはいかないのである。

植民地各地での不満の動き、臣民たちの声、それは日々高まっている。大戦以前、こういった声は未だ不分明なものであったが、大戦においてヨーロッパ諸国が互いを引き裂くような戦いをした結果、植民地人たちが一気に立ち上がり始めたのだ。ヨーロッパは戦いにより体力を失い、精神的にも弱々しい存在になってしまった。力にあふれた若年層の多くを失ったばかりか、出生率までが下がり、「魂のペルセポリス」〔古代において栄華を誇ったアケメネス朝ペルシャの聖都ペルセポリスはその後崩壊に至った〕は荒れ果て、長年をかけて蓄えてきた資本を失い、産業の活力ももはや過去のものだ。聞こえてくるのは植民地解放を要求する人々の叫び声だけである。それも一か所からではない。世界の多くの地からなのである。

これらの声に耳を貸さないのは誠に危険である。他国のことはいざ知らず、わが国に限っては心配するに及ばずなどと考えるのは犯罪的でさえある。わが国も他国同様に植民地からの声を真剣に聞かねばならない。植民地人の暴動に最も悩まされているのがイギリスであるのは事実なのだが、イギリスこそは過去において大洋を制する女王であり、世界に経済覇権を轟《とどろ》かせ、陸地の四分の一を支配下に置いた大帝国であった。そのイギリスが今や自分の娘であるアメリカ合衆国に依存するようになり、カナダ、オーストラリア、ニュージーランドはイギリスと同等の権限をもつ自治国家となった。そしてエジプト、インド、南アフリカ、香港からは激しい突き上げをくらい、大英帝国の足元が揺らいでいるという具合である。もし、この大英帝国が崩壊するようなことがあれば、わが国、いやヨーロッパの命運やいかにと言わずにはおられないだろう。実際のところ、もしも大英帝国が崩壊すれば地球全体が震え上がるだろう。大英帝国周辺の土地いずれにも大きな裂け目が走ることになるのは必至である。リュシアン・ロミエ氏の言葉を借りれば「万が一、大英帝国が滅びるようなことがあれば、ヨーロッパはその肺臓を失うことになる」[★8]のだ。

かつてイギリスは、どの地を植民地にするかでわが国に対していくつもの難題、困難を課してきた国ではある。そのことを理由に、現在、同国が植民地問題で苦しんでいるのを見て喜ぶ人がいるとすれば、それこそ大きな誤りである。わが国とイギリスとはヨーロッパ文明防衛のために行動を共にすべき不可欠の共同体として団結しなければならないのだ。ライバル意識をむき出しにして争っている場合ではない。両国間の分裂などもってのほかなのである。フランスが弱体化すればイギリスも弱る。逆も当然またしかりである。英仏両国が団結し、一体化してこそヨーロッパの救済につながり、世界の平和に貢献することになるのだ。ギヨーム・フェレロ氏の言葉をよく嚙みしめよう。彼はこのように言っているのだ。「ヨーロッパとアジアが病んでいる現在、世界中が不眠状態にある。アジアにおける沸々たる動き、それゆえに不安定化し弱体化しているヨーロッパ、それが地球全体の動きを狂わせているのだ。世界のあちこちで人々は互いに憎しみ合い、互いを恐れているようである。そのことはとりもなおさず互いは互いを必要としているということでもあるのだ。互いに相手を恐れ、憎しみ合っている現状、そうでありながらじつのところそれぞれの国は相手を必要とし、相手なしには生きていけないという状況は不幸という他ない。ヨーロッパがこれほどまでに引き裂かれた状態にありながら、これほどまでに互いを必要としているといった状況がかつてあっただろうか」[9]。

ここで言われていることには多くの真実が含まれている。そのことを次の最終章で検討しておこう。

★8　Lucien Romier, *Qui sera le maître, Europe ou Amérique?*, Paris: Hachette, 1927

★9　Guillaume Ferrero, *L'unité du monde*, Paris: Simon Kra, 1927

終章　白人の責務

さて、大いなる海洋のかなたでわれわれが実施してきた植民地開拓、植民地経営のそこかしこでいくつもの荒波が立っていることについて、さまざまに述べてきた。それも終わりに近づこうとしている。結論という港に帰り着く前に、あちこちの寄港地の状況についてもう一度、振り返っておこう。航海用語で言うところの「現在位置測定」というわけだ。

まず、ざっと見渡して言えること、それはヨーロッパの支配は地球上の大部分の地域に及んでいるという事実、これである。地球上の全陸地の一〇分の八ほどの面積は白人の植民地支配下にある。われわれにとって、これほど誇りとなるものが他にあろうか。

しかし、表面的には確かにかくも壮大な事業ではあるのだが、その奥に隠された現実を細かに検証してみるとそこにはいくつもの心配の種、秘かに進行する不穏な動きが隠されていることに気づくのだ。それが、われらの誇りを高らかに謳い上げることを逡巡させる原因になっている。

そこでまず、偉大なる植民地所有国は過去においていかようであったか、またその現状はどのようであるか、ざっと振り返ってみよう。

まずはスペインである。スペインこそは最初の植民地所有国であった。その領土は「日沈むことなし」と言われるほどに広大なものであったのだ。それが今や、支配下に置くのはモロッコの一部のみとアフリカの土地ごくわずか、面積にして三七万平方キロ、それらの地に住む人口は一〇〇万に満たない状況である。ポルトガルはどうか。ポルトガルもかつてはスペインと覇を競った国であるが、今やアジアとアフリカのあちこちに飛び地のような領土をもつのみ、面積にして二〇〇万平方キロの土地、そしてその人口はあちこちかき集めても八五〇万程度というだけである。両国ともかつては植民地帝国として世界にその名を轟《とどろ》かせたものだが、その令名は何と短期間であったことか。両国とも植民地各地からの揺り戻しの大波をまともに受け、もはや立ち直るのは難しい状況にある。

スペイン、ポルトガル両国にとっての好ライバルはオランダである。少なくとも、過去においてはそうであったのだが支配領域は次々に減少し、今やオランダ領東インド〔インドネシア〕と南米ギアナの一部のみである。今から四年前〔一九二七年〕に起こったジャワでの暴動はその地の将来について不安を起こさせるものであったのみならず、オランダ本国そのものの将来についても多大の不安を生じさせるものであった。その不安は未だ取り除かれてはいない。というのも、オランダ本国の経済と財政は面積で言えば二〇〇万平方キロ、六〇〇〇万の人口を擁するこのオランダ領東インド地域からの収入に大きく依存しているからである。オランダ本国には七〇〇万の人口しかなく、そのオランダがこのオランダ領東インドという資産を失えばどうなるか、そこには未知の部分が多くある。

さて、イギリス、これはもう言うまでもないが、イギリスこそライオンの獲り分をもっている大植民地帝国である。イギリスこそ世界最大の植民地帝国であってその支配は世界の大洋すべて、陸地面積の五分の一に同国の国旗がはためいている。四億人からの人間が大英帝国の一員なのである。文字通りの巨大帝国。そしてその巨大さが今や危機を生む要因になっている。この巨大帝国の基礎を揺るがす事態についてはすでに記した。あちこちの有色人種たちがざわめき立っていることに加えて、カナダ、オーストラリア、ニュージーランドという自治領では遠心力が働き、事実上の独立国化していることも事態を悪くしている。大英帝国は大いに揺らいでいる。そして、そのことは白人世界全体にとっての深い憂慮の種になっているのである。

ベルギーが支配する領土は一つのみであるが、アフリカ中央部のコンゴであって、その領土たるや面積は二四〇万平方キロ、人口も二五〇〇万に及ぶ。ベルギーはこの唯一の領土を勇敢、かつ賢明に支配してきた。[45] しかし、ここも問題がないどころか、宣伝活動に乗せられた黒人どもの騒動に揺れている。支配継続のためには最大限の慎重さが要求されるところであろう。

イタリアはエリトリア、リビア、トリポリタニア〔現トリポリを含む地域〕、キレナイカ〔リビアの東側地域〕を支配し、面積では約一五〇万平方キロ、人口はほぼ二〇〇万を擁する。イタリアは支配面積を広げたいと渇望しているようである。イタリアはかつてアビシニアで痛い目にあっている。現在、アフリカの領土でいろいろな困難、心配を抱えているようであるが、それは他の植民地所有国と同様の問題である。

さて、わがフランスはどうか。わが国はその支配面積からして世界第二の植民地所有国であり、そこで起こっているさまざまな問題、その原因などについてはすでに詳しく述べた通りである。ただし、問題が起こっている地域は限定的であって、その理由はわが植民地政策が寛大なものであるということに尽きよう。

白人種による植民地事業という観点からは、ヨーロッパではない白人国アメリカについても述べておく必要がある。アメリカも植民地事業に伴う隷従という一般法則を免れることはできておらず、フィリピンの臣民たちが独立を要求して何度も騒ぎを起こしている状況である。

これがざっと全体を見渡した現況であって、これで理解されるように植民地経営はいたるところで危機にさらされている。その事実を糊塗するのは無益である。危機は特にヨーロッパの植民地所有国に顕著であって、ほとんど悲劇的状態にまで至っている。ヨーロッパの命運はヨーロッパみずからが作り出した動きが不可避的にもたらす結果に追い込まれている。つまり、初めは自分たち自身の主導で動いていたものがやがて相手方の反応に巻き込まれ、それに対応せざるを得ないような動きに取り込まれているのである。ヨーロッパは遠く海外へ進出することにより産業を発達させ資本主義文明を作り上げてきた。がしかし、今や海外での事業を充実させることによりみずからを発展させるか、あるいは海外事業が断ち切られ、死に至る道を歩むのかの瀬戸際に追い込まれているのである。ヨーロッパはヨーロッパ内だけでの資源ではもはや食べてはいけない。海外領土からの諸産物はヨーロッパ人の日々の食事を支える必須の食料であり、そのことは産業領域でも商業領域でも変わりはないのである。ヨーロッパ人の胃袋とヨーロッパ産業を支える機械にとって植民地各地からの食料、原料はもはやそれなしにはやっていけないものになっている。われわれの口にとって、砂糖、米、コーヒー、茶、カカオ、ピーナツ、キャッサバ、ラム酒、タバコは欠かせないし、それと同様に木綿、羊毛、絹、各種植物繊維、ゴム、各種の鉱物資源、木材、パルプ、皮革、石油、食用油、工業用油、リン鉱石、これらの他にも多くの自然資源はわが工場でのもの作りや商業に欠かすことはできない。こういったものはすべてあちこちの植民地からもたらされ、われわれヨーロッパ人の日々の生活を支えるものであるが、今後、これらの産品がいつまで、またどれだけの量でもたらされるか分からない状況にある。ヨーロッパの産業は植民地産の原料に支えられており、そのおかげでヨーロッパの人口は大きく増加した。その増加した人口はそれだけより多くの資源を必要としている。大戦によりヨーロッパの人口にはかなりの空隙ができた。その空隙を埋めるかのようにヨーロッパの植民地から労働力としての人間が入り込んできている。たとえば、わがフランスには一〇万人からのカビール人〔アルジェリア、カビール地方に住む民族〕やアフリカ黒人が、またアジアからは数千人の黄色人が労働者として来ている。このように植民地出身者は数多くわが国本土に来ているわけだが、彼らは平時におけるわが国の経済活動に参加しているだけではなく、将来起こるかもしれない戦争時には彼らの手助けを必要とするかもしれないのである。わが国では兵役期間が短縮され若者たちの負担を軽くしているが、これも植民地出身兵士がいるおかげなのである。考えたくはないことであるが、万が一、またもや戦争が起こった場合、植民地からの人的貢献、また植民地からの物資なしにどうやってわが国防衛のために必要な食料、物資を賄えるというのか。[46]

かくのごとく植民地は人的、物質的資源の供給地としてわれわれに貢献しているのだが、植民地の利点はそれだけにとどまらない。わが産品の市場としても植民地の存在はわれわれにとって死活的に不可欠である。植民地がわれらの経済、産業の強化に寄与すればするほど、それと並行してわが国の産品を売り捌《さば》く市場として重要になる。植民地の人口は膨大であるのみならず、その植民地周辺地域も市場になり得ることを考えれば、市場としての植民地の重要性は一層よく理解されよう。わが国が植民地を失うというような事態があるとすれば、それはまず一次資源の供給地を失うことを意味し、次いで本国経済そのものが不調に陥り、やがては沈滞から無気力、ついには麻痺状態に至ることを意味するのである。

これを要するにヨーロッパという建物は植民地という柱に支えられているのだ。それはイギリス、フランス、オランダ、ベルギー、イタリア、スペイン、ポルトガルという植民地大国と言われる国々にとって特に事実である。では、植民地をもたない国、かつてはもっていたが今はもっていない国、それはドイツに代表されるがそのような植民地非所有国は無傷でいられるかと言えばそうではない。世界の大国が植民地獲得競争、拡大競争を猛烈な勢いで繰り広げた結果、非所有国にも植民地崩壊の影響は重くのしかかるのである。

ここまで有色人種たちがヨーロッパを脅かしている動きがもつリスクについて、二つの面に限って述べてきた。一つは植民地からの人的、資源的供給が受けられないことに起因する政治的な弱体化、二つ目は市場としての植民地での需要を失うことによる経済的な弱体化である。問題はこれにとどまらない。有色人たちが連帯しヨーロッパ各国の本国領土そのものを包囲、攻撃するような激しい動きがないとは言い切れないこと、これである。もちろん、今のところこれはあり得る可能性という仮定でしかない。しかし、それだけに今のうちに考えて態勢を整えておく必要がある問題だと思うのである。

ロスロップ・ストッダード氏の著書についてはこれまでに何度も言及してきたところであるが、彼が言う「有色人の上げ潮」がヨーロッパの白人に及ぼす危険、このことに注目する必要がある。ストッダード氏の推論、彼が結論として述べていること、これらについて綿密に検討することが肝要であると考える。ストッダード氏が主張するところ、彼が結論として述べていることにはアメリカ人としての彼の出自や思考法が強く関わっているのは間違いない。ストッダード氏はアメリカ人としてアメリカの利益擁護という観点から考えているのである。ではあるが、彼の思索は多くの資料を探索し、深い考察を重ねた上で得られたものであって、われわれに多くの示唆を与えるものである。真に傾聴に値すると言わねばならない。

白人種が有色人種地域において開発、展開した植民地経営という事業が後者との衝突をもたらし、その衝突は白人種にとっての脅威となっていることについてストッダード氏は三つの差し迫った危険を挙げている。一つは市場が失われるということ、次に有色人たちが武力をもって対抗してくる可能性であり、そして三つ目の危険としては有色人が移民として流入してくることによる白人の人種的・民族的劣化ということである。これら三つの危険のうち、ストッダード氏が最も懸念しているもの、それは第三番目に挙げた有色人たちの移民による白人の劣化という問題である。この問題は誠にアメリカ的な関心に基づいているのだが、要するに「優生学」上の危険と言うべきものであり、有色人種、特にアジア人との混血による劣化から白人種を守るということが問題になっている。黄色人が白色人の領域に流れ込んでくること、これは植民地化とその結果としての帝国主義が生み出した現象なのだが、この点こそはストッダード氏のみならず彼の同国人たちの目からすれば有色人がもたらす最大の危険であって、他の二つ、つまり市場の喪失、武力攻撃の可能性をはるかに上回る現実的な危険なのである。ストッダード氏の言を聞こう。「この点が危険であるのはそれがわれわれ白人の経済的繁栄を脅かし、われわれの優越性を失わせるというにとどまらず、われら白人種の存在そのものに傷をつけ、われらが子孫の純粋性を汚し、白人種の存立そのものを脅かすということにある」。彼が説明するところは、グレシャムが貨幣について言うこと、つまり「悪貨は良貨を駆逐する」という法則はそのまま人種間の関係にも適用できるということであり、劣った人種が優れた人種に取って代わる、要するに上層の人種が下層の人種の血を受けると必然的に上層の人の血は劣化するというものである。つまり、下層の人種がより優勢になっていくというのである。

この最大の危険をくい止めるためにはどうすればよいのか。ここは思い切って一部を犠牲にするというやり方しかない。つまり、黒人種についても、黄色人種についても、白人種の「専用」領域である土地への侵入を禁止する。その代わり、もともと有色人種が住んでいた地域からは白人は撤退する。こうするしかない。ストッダード氏も悲観的に述べているが、ヨーロッパ人はいつまでもアジアで権威を主張し続けるわけにはいかないのだ。「アジア人のルネッサンスとはつまるところ白人種の優越を排するということである。これはアナトリアからフィリピンに至る全域に及ぶ。白人種の支配がいつまでも続くという幻想は捨て去らねばならない。アジア人の家の鍵はアジア人に返す、これしかない」。ストッダード氏が言うところは、白人はアジア人と暫定合意を結ぶ必要があり、それによりわれわれ白人側はアジアにおける支配が永続的に続くものではないと認める一方で、アジア人側は白人地域への流入という夢を放棄し、またアフリカや南米地域に進出するという野望も捨て去るということである。自由意思主義を標榜した地理学者であるわがフランスのオネジム・ルクリュ氏も「アジアはもういい、アフリカを死守しよう」[★1]と彼らしい簡潔な言葉で言っている。

ところで、わたしはロスロップ・ストッダード氏の説はいかにもアメリカ的であると述べた。

彼の言葉はその精神からしていかにもアメリカ的であると同時に、利害という観点からもそうである。まず、彼の言は優生学的見地からして有色人に対する偏見として表れているという点でアメリカ的であり、アメリカ人はこの点については厳格極まりないのである。また、白人専用の狩猟地というか、自分たちだけの縄張りとして守り通すことによってアメリカの権益を守ろうとしているという点からもアメリカ的である。アメリカはアジアにおいてイギリスやフランス、オランダがもっているような大きな権益は有していないのであるから、ストッダード氏がアジアはアジア人に返せと言うのも容易にうなずけるところである。他方、黄色人どもがアメリカの地を侵したり、アメリカの権益や影響が及ぶ地の周辺を侵したりすることには同氏は耐えられないのである。それゆえ、アジアの褐色人、つまりインド人が大西洋を挟んでアメリカの対面にある黒人アフリカ地域に進出することは頑《かたく》なに拒否している。アフリカ黒人がインド人に押されるかのようにアメリカ南部に来るなどというのは耐えられないのだ。一五〇〇万ものアフリカ人がアメリカにやって来るなどという事態になれば深刻な黒人問題が起きると考えているわけである。同様に、中央アメリカ、及び南アメリカに対してアジア人が進出することもアメリカは拒否している。モンロー主義の原則からしてこれらの地域はアメリカ合衆国の前庭であるかのように考えられているからである。ストッダード氏の言葉では「これらの地域を実質支配しているのは白人であって、そこは死守しなければならない。ここで譲歩などできることではない」ということになる。

ストッダード氏の言は極端なように見えるが、アメリカの立場に立てば理解できるのである。

アメリカに根付いたと言える黒人と黄色人という二つの人種問題、これがアメリカにとっての頭痛の種と言えるのだ。まずニグロであるが、これはアメリカ人にとってじつに厄介極まる問題なのである。ニグロたちはかつては南部のプランテーションだけに特有の人々であったのだが、アメリカ東部での産業が一大ブームというほどの隆盛の時代に入ると南部黒人たちの多くがこの東部に向かって移動していった。産業の大発展が多大な人手を必要とし、それに南部黒人が応えたという形である。他方で、アメリカ西部には黄色人が移民労働者として入ってきた。特にカリフォルニアが顕著であった。流入者の数が増え、アメリカは突然、アジア人排斥法をもって制限した。しかし、黄色人はハワイ諸島に入植した。アメリカはパール・ハーバーに代表される太平洋に向かう軍港をハワイに作っていた。黄色人はさらにメキシコへの入植を目指し、パナマ運河地域にまで進出、アメリカ合衆国の南部州にも進出した。これはアメリカにとってはアジア人によるアメリカ進出、いやそれどころかアメリカ包囲になるとして脅威ととらえられた。ヨーロッパではアジア人人口が爆発しているとまでは感じられなかったが、アメリカではそれが恐れられたのである。

ヨーロッパについて言えば、他の二つの危険、つまり武力による攻撃の可能性と市場を失う危

★1 Onésime Reclus, *Lâchons l'Asie, prenons l'Afrique: où renaître, et comment durer?*, Paris: Librairie universelle, 1904

険であるが、これらについてもストッダード氏はさほど差し迫ったものとは考えていない。植民地現地人側からヨーロッパに対して向けられる武力による攻撃の可能性、これについてはストッダード氏同様、わたしたちも少なくとも現時点では、そしてまた今後相当の時期についても現実になるとは考えていない。武力による攻撃、つまり有色人たちが連合して植民地連合といった軍組織を作り原住民軍をもってヨーロッパに対抗するということだが、これは当面あり得ないだろう。実際のところ、ヨーロッパ人以外の人種が住んでいる地域は一様ではない。騒動が起こっているのは具体的にはアジア、つまり膨大な数の黄色人、褐色人が住んでいる地域の中にヨーロッパ人が取り込まれているといった感じになっている地域である。ヨーロッパ人は取り込まれながら支配しているわけだが、取り囲む人々の数は文字通り膨大である。しかも、植民地として支配しているか保護下に置いている地域のすぐそばには日本のような国があり、その軍は見事に統制され、軍事力の観点からも侮《あなど》れるものではない。とはいえ、これらアジアの黄色人、褐色人、つまり日本、中国、インドシナ、インドといった国々が連合してヨーロッパを軍事的に侵略する可能性が差し迫っているとは言えないだろう。将来、どうなるかは分からないということを考えると、現時点でそのような可能性がないとは言えないと心に留め置くだけで十分だろう。ストッダード氏の言葉では「アジアが連合し、無数というほどの黄色人、褐色人が一時の熱狂にとらわれ、束になって白人世界に襲いかかって来るという考えはほとんど妄想の産物だと言うべきであろう」ということになるが、わたしもそう考える。エチエンヌ・デネリ氏の著書『アジアの群衆[☆2]』

は大変綿密な調査に基づいて書かれており素晴らしいものだが、同氏も結論的には同じことを述べている。アジアではとどまることなく人口が増えており、その人口を武器にアジアが西洋世界に敵意を向けるようなことがあれば、それはじつに恐るべき危険になり得るということを頭に入れておくことが大切というのである。デネリ氏は述べているのだが、幸いなことに「アジアが有する資源はアジア人が抱いている暴力的意思に匹敵するものではない。人間の数だけが事を決するわけではない。その人口を統率する力と、それを支える資源がなければならないのだが、その点でアジアにはまとまりと組織力が欠けている」。デネリ氏の分析は明晰であり、現在の時点では全アジア的な戦線を組めるような状況にはない。インドは民族間の宗教的な争いやカースト間の紛争を抱えており、中国は政治的な分裂が激しく、また地域間の軍の主導権争いも激しい。また、アジア全体に経済的な秩序が保たれておらず、行政組織にも混乱があり、こういったことに関してまさに西洋に援助、指導を求めている段階にあるというのが事実である。西洋はこれを受け入れ、諸部門の専門家を派遣しているのみならず、近代的な諸物資、つまり機械類、さまざまな武器、自動車、鉄道、航空機などを送り、援助している。こういったことを考えれば、アジアが政治的、社会的に一つにまとまり、経済・財政的にも大きな力になっていると考えることはで

☆2 Etienne Dennery, *Foules d'Asie: surpopulation japonaise, expansion chinoise, émigration indienne*, Paris: Armand Colin, 1930

きない状態にある。しかも、こういったものすべてを揃えるには多額の資金を必要とするが、その資金は「一般的にはイギリス、特にアメリカの市場を通して得られる借入金」で賄われているというのが実情だ。アジア諸国のうち、最も体制が整っている日本にしてからが産業発達、経済開発のためにはアメリカからの借り入れに頼っているのが現状である。

以上、記してきたことから理解できるようにストッダード氏同様、デネリ氏もアジアの諸人種が西洋諸国に攻撃をかける危険というのは差し迫ったものではないと結論づけている。危険が差し迫っていると叫ぶのは現状を分かっていない人だけである。ただし、他方でストッダード氏同様、こういった危険は絶対に起こり得ないというのではない。時がアジアに味方しているからである。黄色人種の国、そしてインドが日々、西洋諸国文明に向かう歩を進めており、力を増しているのは確かである。現在見られるようなアジア諸国における混乱がおさまったとき、西洋諸国にとってどのような危機が起こり得るか誰にも分からない。アジア地域の誠に密なる人口が彼らを取り巻く障壁を取り除こうと立ち上がったり、あるいは障壁を押し付けた文明に対して団結して立ち向かおうとしてきた場合、それが世界平和にどれだけの脅威になり得るか、その予測は容易ではないのだ。数億人にもなるインド人、中国人、マレー人が日本ただ一国、いやもしかするとロシアの指揮のもとで軍事的に動くとしたら、その脅威がどれほどのものになり得るか、ストッダード氏やデネリ氏は真剣に考えているのである。ロシアは近代的な軍事規律や戦略に精通しているのだ。ストッダード氏は言っている。「極東の軍事的エネルギーが一つにまとまって向かってきたら、その脅威たるや尋常のものではない」。

有色人がもたらす禍《わざわい》について特にアジア人のそれ、いわゆる黄禍について強調してきた。というのもヨーロッパ人の所有域において反西洋を表に出した動きは黄色人であれ褐色人であれ、まさにアジア人の地域で最も顕著だからである。また、アジア人にこそ西洋に敵対する力があると思われるからでもある。ただ、だからといって黒人はヨーロッパには何の脅威ももたらすことはないというわけではない。アフリカではイスラムが勢力を伸ばしており、彼らがアラブ・イスラムの拡張を掲げて現地人を焚《た》きつける可能性があるからである。とはいえ、アフリカ人がアジア人のようにまとまってヨーロッパを脅かすような力になるというのはまだずっと先のことだろう。要するに、黒人による武力禍は当面はない。

ストッダード氏が言うように、有色人による軍事的な危険は差し当たって心配するほどのものではないとして、では有色人による三つ目のリスク、つまりヨーロッパ人にとって不可欠な市場の消失という経済的リスクはどうかと言えば、これはそう簡単に解決できるものではない。この点に関する危機には強い現実性がある。これは明日問題になるというのではなく、まさに今日の問題なのである。アジアにおいて騒擾《そうじょう》が一般化し、その結果ヨーロッパがアジアを失うといった事態が生じた場合の危険については先にも触れておいたが、アジアにおけるヨーロッパの植民地、保護領からは多大の資源や食料がヨーロッパに送られて来る反面、ヨーロッパはアジアの植民地、保護領で毎年数十億もの額を売り上げ、多額の収入源となっている。これを失えば、ヨーロッパは直ちに不況に陥り、数世紀来苦しんできた停滞状況に見舞われるであろう。経済の不調はやがてはヨーロッパ文明の衰退につながるかもしれないのである。

ヨーロッパ文明の衰退というのはやや大袈裟であるかもしれないが、ヨーロッパが広大なアジアを植民地化したことによって同地域にもたらした技術やさまざまな知識、これが経済的な危機としてヨーロッパに跳ね返ってくる危険は常にある。要するに、ヨーロッパはこの巨大なアジア大陸をして経済的に目覚めさせる原動力になったという事実があり、これによりアジアは今世紀〔二〇世紀〕初め以降経済の歩みを加速しているのである。先にも述べたが、日本の発展、インドの躍進、中国の今後の動き、そういったものには注目する必要がある。たとえば、中国でのヨーロッパ製品ボイコットの動きなどは、ヨーロッパ経済に大きな痛手になり得るのだ。この点は特に重要で、ロシアが植民地各地で抵抗運動や暴動を組織化していることは先に述べたが、そのロシアは五か年計画を実施に移し、低価格のロシア製品をわが植民地の市場に大量に流そうとしている。これが計画通りにいけばどうなるか。この点に関する情報は今のところさまざまあり、様子を見る必要がある。ではあるが、アジアには膨大な自然資源の蓄積がすでにあること、それに加えて無限の海というほどの人手の多さ、この二つをもってアジアがロシアの発展を手本に経済発展の道を突き進んだ場合、数世紀にわたってその支配下に置かれてきたヨーロッパに激しい一撃を加える力をアジアはもつだろうと考えざるを得ない。ストッダード氏も次のように述べている。「アジアの産業が変質すれば世界の他の地域で強力な反応が起きるであろう。つまり、アジアの産業が真にしっかりした基礎の上に成立する状況になると、アジア諸国は国内市場を完全にみずからの手中におさめるだけではなく、白人世界の市場に進出してくるであろうことは必定である」。

有色人種地域における経済はこれまで長い間ヨーロッパ資本主義によって支配されてきたのだが、アジア、アフリカの産業や農業部門における自立の動きを見ると、いずれは「有色人資本主義」が勃興してくると考えるべきであろう。日本が経済の領域でいかにして西洋支配の軛《くびき》から脱し、西洋諸国のかつての市場に乗り出してきたかについては先にも述べた。インドでは資本主義の発達に伴い鉄鋼産業を充実させ、木綿加工産業部門や茶製造部門、石炭産業部門などを完全にみずからの手中におさめている。マレーシアの鉱山やオランダ領東インドにおける農場経営についても現地資本の参加割合は非常に大きなものになっている。フランス領について言えば、北アフリカ地域では現地人による農業経営面積は拡大の一方であり、アラブ人、チュニジア人、モロッコ人の手に渡っている。また、フランス領インドシナを見ると、農業経営においても、また現地産業部門のいくつかにおいてもアンナン人の資本参加はますます大きくなっている。つまるところ、有色人は年ごとにヨーロッパ経済の強さの秘密を知るようになっており、それをもって自分たち自身の資本蓄積、そして植民地状況からの解放に向かうナショナリズムの動きへの歩みを強めているのである。

ヨーロッパが直面し得る危機についてあまりに暗い予測をしてきたと言われるかもしれない。

ただ、いずれにせよヨーロッパの権益を守り、みずからの防衛をしっかり確立するためにわたしがここに述べてきたことがいささかなりとも役立つとすれば幸甚である。というのも、差し迫る危険に今対応すればまだ間に合うからである。今ならまだ間に合う。わたし自身、先にも述べたが有色人たちがもたらし得る衝撃は今直ちにというものではない。その攻撃に備える時間はまだある。ただ、そのことは同時にヨーロッパとしては自分たちが成し遂げたこと、自分たちの精神、運命を守り抜くために今こそ連帯し、共に努力しなければならないということでもある。

ヨーロッパの精神、ヨーロッパの運命とは何か。これこそが世界のあり方を変えたヨーロッパの精髄とも言うべきものなのである。ヨーロッパ精神、それこそはポール・ヴァレリー氏の表現に従えば世界にとっての珠の輝き、広大なる地球一家の頭脳とも言うべきものであって、あらゆる領域における人類進歩を司る精髄なのである。ヨーロッパに衰退は許されていない。ヨーロッパは明晰であらねばならず、その文明が息絶えるようなことがあってはならない。人類の栄光、人類の美、人類の高貴さ、それを守るためにヨーロッパはみずからを救い、生き残らねばならないのである。同様に、ヨーロッパはその作品を守らねばならぬ。その作品、つまり偉大なる植民地事業である。これを守らねばならぬ。植民地事業によってこそヨーロッパは他人種社会における悲惨や暗黒に光をもたらし、善を成してきたのだ。それだけではない。この植民地事業によってヨーロッパは世界の統一を準備したのだ。言い換えると、人類家族の偉大なる連帯の基礎、これを作り上げたのだ。これこそ偉大なる事業ではないか。ヨーロッパ人が植民地事業を開始した当時、人々にはこの偉大さが意識されていなかったであろう。それは問題ではない。要するに、それを成したという事実、これが重要なのだ。世界の統一とはどういうことか。植民地事業によって世界の諸人種、諸国間にあった距離が縮められた。人々は自分たちが住む地域をはるかに超える範囲で交流し合い、物資の交換をする。それだけではない。さまざまな人々の間で伝統や文化、喜びや悲しみといった感情、そういったものの接触が起こり、交換、交流がなされた。こうして世界は一体化し、人類同胞という一つの巨大な粘土細工を作り上げたのである。「そんなことがあるのかね」と皮肉屋は笑うかもしれない。植民地化というものが最初におこなわれた時の暴力、あれは何だったのかね、というわけである。それに対してわたしは「そんなことがあるのだ」と断言しよう。わたしは心底そう思っている。こう確信するに至るには当然ながら大きな苦しみを経なければならなかったのは事実である。植民地の善、その生みの苦しみというものであろう。この苦しみは植民地化される側のものであると同時に植民地化する側のものでもある。つまり、両者双方にとっての隷従であり、征服する側の人質であり征服される側の人質でもある。征服される側の隷従というのはそれまでの無気力、無為の状態を脱し、より良い人間の条件を手にするにあたっての生みの苦しみであり、征服する側の隷従とはみずからがおこなう事業に伴う責任の大きさに押しつぶされそうになる苦しみのことである。[47]実際、征服者側がおこなう事業には数え切れぬほどの妨害、邪魔があり、その有為転変は測りがたいほどなのであるが、それでも征服者はみずからを勇気づけ、正義と人類愛、至高の理想とをもって支配する側と支配される側とが共に力を合わせるという協同事業を実現するのである。これこそが植民地化という大事業においてなされる平和裏の相互援助の形である。それを実現するためにどれほどの苦しみを経なければならないことか。

植民地化とは最大の称賛に値する事業、知性と科学の集大成、ヨーロッパ人の最高の能力と最大のエネルギーを総合した結果である。植民地化によりヨーロッパ人は頭脳を膨らませ、視野を広げ、生命力を若返らせた。ヨーロッパ人は真の偉大さの何たるかを知り、大胆さ、危険を恐れず立ち向かう豪胆さをもって、最も優れた兵士たちと最も偉大なる行政官たちを育てたのだ。自然の障害との絶えざる戦いに不屈の精神で立ち向かい、その障害を克服するための科学的な発明と創造を重ねた。地峡を切り開き、岩山をも砕いてきたのだ。科学と医学の領域における探求、それは人類をさまざまなる災害、病害から守るための英知を増大させた。征服の過程にあって破壊したものは多かったが、ヨーロッパ人はそれらを再創造し、さらに豊かにし、人類文化のさらなる発展に寄与した。かくしてヨーロッパは人類の繁栄と福祉の増大に大いなる貢献をしたのである。植民地化の根本には人類すべての利益と福祉の増大という真の道徳性があり、常により良い結果を求めてなされるものである以上、この努力を防衛、維持、存続させることこそはわれわれの使命と言うべきものである。

ところで、植民地の防衛、これは誰が、どのようにして、具体的にいかなる手段をもってなすべきことであるのか。問題はまさにここにあるのであってこれを隠蔽、ないし忌避するようなことがあってはならない。ではあるが、これらの問いすべてについてわたしに答えがあるわけではない。わたしとしてはむしろ問いを投げかけておきたいと思う。じつに難しい問いであって簡単に答えられるものではない。共に前進する者として一緒に考えたいと思うが、ヨーロッパが一体となっていずこに救いがあるのか真剣に検討し、しっかりした答えを得たいと思う。

繰り返すが、植民地事業の防衛にあたるのは誰か。答えは誰か一人に帰すべきことではなく、多くの人がその義務にあたらねばならぬということである。まず、植民地事業を実施しているヨーロッパ諸国すべてがその任務にあたらねばならない、これが第一である。植民地経営諸国が直面している危機はすべてに共通であり、したがって問題はこれら諸国に共通に存在している。その解決には諸国が当然連帯してあたらねばならない。しかし、連帯は困難なように見えるというのが現実である。今ここで連帯する以外に方法はないはずであるにも拘わらず、ヨーロッパ諸国間には分裂が見られるのが事実である。ヨーロッパ諸国は植民地争奪で争った時代の諍《いさか》いを今なお続けている。表立った争いをする国々、表面には出さないが互いに快く思わない国々、そういった争いを植民地化された地の原住民たちは高見の見物とばかりに見つめ、どちらに利があるかを見極めようとしている。誤解していただきたくはないのだが、わたしはこのような争いを楽しんで見ているのではないし、焚きつけようというのでもない。しかしながら、現実の場での具体例を挙げよう。イギリス植民地省はあのローレンスとやらの人物をうまく操ってシリアにおけるわがフランスの権益をどれだけ侵害しようとしていることか、また同様の事案がアジアにおいても、アフリカにおいてもどれだけ発生していることか。中国ではヨーロッパを相手に共産主義勢力が中国人民を盛んに煽《あお》っているが、その背景にはアメリカ人宣教師たちが扇動しているという事実がある。実際、広東、上海、北京では「中国人民からの収奪を繰り返し、人民を搾取し続けているヨーロッパ人を追い出せ、彼らを殺せ」といった内容のビラを撒いているのである。こういった例は他にもあるがそれはさて措くとして、アジア人が束になってヨーロッパに対抗しようとしている時にあって、われわれヨーロッパ人はいつになったら争いを止められるのであろうか。

　連帯が必要なのは防衛のためだけではない。むしろ、こちらからの積極的行動のためにこそ必要なのである。無益な争いをやめ、協調して前に進まねばならない。アジアとアフリカというじつに広大なる地において実現した植民地事業にあっては各々が孤立して事に当たるのではなく、まさに連帯して事業を成さねばならない。われわれは一刻も早く連帯し、相互に意見を交換し合い、必要であれば合同会議を開催し、互いの事情を検討、審議し、互いの経験を交換し合うことによって相互に助言を与え、植民地現地住民にとって最も良い政策、行政手法、経済・社会的方策とはいかなるものかを求めなければならない。[48]

　植民地防衛については植民地所有国それぞれが関心をもっているわけだが、ヨーロッパ全体としてもその命運がかかっている。ヨーロッパの将来は植民地の維持に依存していると言うべきなのである。したがって植民地事業実施国がそれぞれ努力すべきであるのはもとより、植民地所有諸国が連合し、一つの連盟《フェデラシオン》として全体でこの問題に立ち向かう必要がある。このヨーロッパ連盟はその発案者の考えでは国際連盟の一地方組織として成立するものであり、したがって国際連盟の監視下で、また同連盟の支援を得て機能するものである。ということは、植民地化された人々の間に沸き起こる大きな揺り戻しの波、この事態を前にして植民地化した側と植民地化された側の諸国、諸人種がいかに協調的な関係を築いていけるかに関わる研究については国際連盟自体も深く関わるべきではないのかと思われる。国際連盟という組織の大目的は、先の世界大戦という悲劇を経験した人類がいかにして平和を確立するかということにあるはずである。同連盟は特にヨーロッパにおける平和問題に深く関わってきた。ヨーロッパが平和であること。これは世界平和を実現するための準備段階、第一段階でしかないが、それでもまず何としても成し遂げねばならないことである。西洋諸国すべてが戦争放棄を実現できたとして、ではアジアの無数の人々がヨーロッパに戦争を仕掛けてくる危険はないと言えるだろうか。アジア人にヨーロッパと対抗し得る技術、戦術を教えたのはまさにヨーロッパ自身なのである。国際連盟という組織は、世界の国々の歩みや相互の交渉に関する新秩序形成の基盤を創造できない限り有効なものとはなり得ない。有色人種たちがこぞって見せている激しいうねりのような反撃の動き、植民地化された地域における暴動や秘かに進行しつつある政治的な動き、これはかつてダーウィンが唱えた生存競争、適者生存の法則を過度に信用した人類に対する回答のようなものである。ダーウィンの説に内包されるような強欲と暴力が支配する世界ではなく、合意と協調に基づく諸人民の関係を築くための新しい国際道徳というものが創造されなければならない。諸国民の卓越した才能を尊重し、世界人民は一体として生きるものであり、したがって人類は連帯しなければならないこと、正義に基づいて世界人民が協調しわれらが地球の資源を全人類の善のために活用することである。地球上には未だ活用されていない資源は無限にある。これを無益に費消したり、ましてや破壊するようなことがあってはならない。人類すべてにとっての善になるべく活用すべきなのである。

ここで述べたような未来を建設するために、国際連盟がまず手掛けるべきこと、それは西洋諸国とアジア諸国との間で生まれている表立った衝突の原因は何なのか、その解決のために何をなすべきか、これらの問題の分析に着手することである。アジアの問題こそ、現在の最重要課題であるからだ。一九二四年九月の総会において、いわゆる「ジュネーヴ平和議定書」の条約案が検討された際、日本は修正案を提出し、それが理由で条約案の議決に大きな障害が生じた。その修正案とは、国際連盟は戦争勃発の危険がある状況においては、そのあらゆる場合において同連盟は介入する権利を有するというものであった。その意味するところは当時日本はアメリカとの間でアメリカへの日本人移民問題をめぐって紛争に至る危険を抱えており、これに諸外国が仲裁介入してほしいというものであった。アメリカ合衆国はこの問題を単にアメリカの国内問題として位置付けていたのに対して、日本はこの問題はアメリカとの間での戦争になり得る危険をはらんだものとして国際連盟に訴えようとしたのであった。日米間の戦争という事態になれば諸外国にとっても一大事である以上、無関心でいることはできない。これは国際連盟理事会にとってアジアの問題、言い換えると有色人の問題がまさに国際連盟という大組織の前面に出てきた瞬間であったのだ。その国際連盟としてはこの問題をいつまでも先送りにはできない。真に人種間の平和を成し遂げようとするのであれば世界の主要国が自国利益をあまりに表に出した主張をしないよう圧力をかけるべきであるし、その圧力にあまりに抵抗することのないよう、また自国利害ばかりを主張するあまりに関係諸国すべてが損害を被るような結果に陥ることのないようにすべきである。もちろん各国には主権というものがあり内政干渉は避けねばならないが、国際連盟には諸国間の紛争を知り、仲裁する権限をもたせるべきである。大動乱は何としても避けねばならない。具体的には紛争当事国間各々の主張を聞き、相互が問題とする点を知った上で仲裁するためには理事会の権限をより強くする必要がある。また、アジアの人口が膨大であることを鑑み、それに見合った発言権を与えるべきであろう。実際のところ、理事会では人口数百万というような小国が優先権をもっており、アジアの数億人を擁する国が存在感をもてないような状態は正常とは言えない。こういった点の改善は是非必要なことである。

各国の軍縮を検討する会議が始まってはいるが、これは地球全体の運命がかかっているような大問題解決のためとしては誠に不十分なものと言わざるを得ない。実際のところ、軍縮会議はワシントンでの会議に始まり、次いでロンドン、ジュネーヴで開催されてはいるがそのたびごとにさまざまな障害、予断が交錯し、順調に進んではいない。各国の軍備状況に関して曖昧さ、計算方法の違いがあり議論が進まないのである。互いに相手方の軍備縮小ばかりを主張し、自国の軍備については手の内を見せないという状況である。軍備拡張とか軍備縮小を語る前に、軍備の存在理由そのものをなくせばよいというのは理想論でしかない。このような軍備拡張競争は根本的な不善であるが、フランスは軍縮会議の裏でさまざまにおこなわれている取引の犠牲になっている面がある。フランスには常に譲歩が求められている状況で、フランスが譲歩しさえすればヨーロッパの平和は保たれるなどという議論は詭弁でしかない。アメリカはヨーロッパの海軍力減少を常に主張しているが、これは要するにアメリカが所有する海外領防衛力を保持しようという帝国主義的政策を維持するためであって、力によって現地に起こり得る不平を抑えつけようとするものである。そういった要求を認めることはできない。来年〔一九三二年〕、再度ジュネーヴで軍縮会議が開かれ、それにフランスも参加するよう要請されている。そこで関係国全体の軍縮の具体的方法が検討されるという。その場合、われわれには次のような問いを投げかけることが許されるであろうか。つまり、「軍縮をめぐって国際会議が開かれるのはいいが、その次の段階として道徳的軍縮、つまりある国々から提出される訴えの正当性如何が国際間の協調のベースを探る幅広い議論の場で検討されるような国際会議が開催される可能性はあるのか。その会議において一体としての人類の連帯を確立し、正義を求め、何よりも生存を求める諸国民の権利を確立することを検討する、そのような国際会議開催の可能性はあるのか」という問いである。

この道徳的軍縮というのはヨーロッパの現状を考えた場合、特に重要と思われる。諸大陸間で相互に釣り合いのとれた合意に基づく永続的な平和を打ち立て、ヨーロッパ文明の将来を危機に陥れることのないようにするためにも重要なのである。周知の通り、西洋の没落ということが議論されている状況を鑑みればなおさらのことである。ただ、このような提案をすると反対意見が噴出するであろうことについてはわたし自身、分かりすぎるほどによく分かっている。ヨーロッパ諸国間には相互の利害の対立、競争、不和、相手方に対する不満、そういったものが鬱積している。こういった状況の中で西洋文明を衰退や没落から救うという共通の望みを達成することはできるだろうか。ヨーロッパ諸国のすべてが努力すべき時にあるのだが、共にその努力をすることができるであろうか。国際連盟という組織によって、あるいは何か別の方法でもいいのだが、われわれはこの目的を達成できるであろうか。

今やわれわれヨーロッパの文明は危機に直面している。ヨーロッパ各国はその起源は言うまでもなく、みずからの活力、輝き、そういったものすべてをヨーロッパ文明の総体に負っていながら全員の意思を結集するには二重の困難がある。国際連盟の中核にヨーロッパ文明があり、その文明はヨーロッパ共同体として位置付けられているが、たとえばヨーロッパ文明にとって死活問題とも言えるこの植民地問題についてドイツはどのような態度を見せているか。ドイツは今や植民地というものを全くもっていない。植民地非所有国である。一九世紀、ドイツは植民地開拓に乗り出したものの、他の諸国には大きく遅れをとっていた。ゆえにドイツはその遅れを取り戻すべく多大の努力をした。そのためドイツは近東地域、中国、オセアニア地域、アフリカ中央部、そしてモロッコでの権益を手にせんものと熱情を燃やした挙句、それが一九一四年の世界大戦へと発展する根本的な原因になった。大戦で敗戦国になったドイツはヴェルサイユ条約によって海外領土すべてを失うことになった。ヨーロッパ諸国がもっていた植民地の近くにあったドイツ領植民地の原住民はドイツが敗戦国になったことにより暴動などを起こし、それは当然、周辺の他の植民地へも波及した。ドイツは敗戦国であった以上、その植民地を戦勝国側が奪ったことは正しいことであったのだろうが、旧ドイツ領で起こったことを思うとき、その経済、社会的影響の大きさを思わずにはいられない。ドイツはその植民地からの資源供給と市場を失い、その結果、ドイツは自国周辺に必要であれば武力行使も辞さない姿勢で進出することを考えるようになったのである。しかし、もっと重大なことは植民地経営という大事業に不可欠な諸国間の連帯、協力関係からドイツという国を除外してしまったこと自体にある。ヨーロッパが総体として植民地を守るという使命からドイツは外されてしまったのだ。西洋文明を共に守るという使命にドイツが背を向けたとしても仕方がないであろう。大戦に敗れたドイツはシュペングラーやカイザーリングといったドイツ人哲学者が言うところの西洋の没落やラテン文化の衰退、それに対するアジアの知恵の勃興という説に強く影響を受けている。今や衰退に向かうヨーロッパを破滅させんとする勢力に加担するロシアが侵略を繰り返していることに、ドイツも加担しようとしていると言うべきではないだろうか。

ここでわたしが挙げた問いに答えられる方には是非とも教えていただきたいものだ。この問いはドイツに向けられたものであるが、同時にイタリアに対しても向けられている。イタリアは大戦後のヨーロッパ諸国間での植民地分割に大いに不満をもっているからである。イタリアは国際連盟の中でどのような態度をとるであろうか。ヨーロッパ諸国はそれぞれの輝かしい歴史と伝統を表に掲げて、ヨーロッパ文明の影響力を増すことにはもはや興味がないかのように見える。ローマ文明を基盤に据えるイタリアこそはヨーロッパの文明に最も核心的な力と精髄を付与した国であるはずなのだが、そのイタリアもヨーロッパ文明の拡大にもはや興味はないかのごとくである。イタリアもドイツ同様に、人口問題を抱えると同時に一次資源の供給という問題を抱えている。両国ともに自国産品の流通先と市場拡大について何とかしなければならない状況にある。ロシアはヨーロッパの経済的覇権から競争相手を離反させようと目を光らせているが、イタリアもロシアに加担しようとしているのである。先にも述べたがヨーロッパは諸所に危機を抱えた状態にあり、どこかの国だけがうまく窮地を脱し得るような状態にはない。一国だけがうまくやろうとしても、周りは死屍累々というのではお話にならない。イタリアはこのことが分かっているのだろうか。イタリア、ドイツをヨーロッパの共同体内にとどめ置こうとした場合、両国が直面している人口問題や経済状況の改善についてヨーロッパも注意を払う必要がある。つまり、両国を含む利益共同体の創設とか植民地産品の配分に関する協定を結び、ヨーロッパ全体としての植民地問題に両国も何らかの形で関与するようにしなければならないであろう。ここで述べていることはわたしの個人的な考えであって、ヨーロッパ連合のあり方については別の考え方もあるかもしれない。ただ、もしもヨーロッパ連合というものが経済的な合意を基盤にするのであれば、そこには必然的に植民地経済も含まれなければならない。ヨーロッパが全体として植民地を維持することに利益を見出し、植民地経営が市場の拡大に寄与し、さらには植民地が発展することにより生産を増やし、そのことによりいずれは植民地で生産されるものがヨーロッパ全体に益をもたらすようにしなければならない。この問題はそれだけで一冊の本になるほどの多くの問題や検討事項を含むものであり、ここではこれ以上深入りはできない。結論を急ごう。

ヨーロッパの救済に関してヨーロッパ連合、ないしは国際連盟という組織が直面し得る困難について述べたが、この国際連盟に加入してはいない白人種の国に起こっている、あるいは将来起こり得る障害について予測的に検討する必要がある。

まずはアメリカ合衆国である。実際のところ、ヨーロッパの現状、特にヨーロッパの生命線を脅かすような危機に配慮を払うべき国、それはアメリカ合衆国をおいて他にないと言ってもよいだろう。実際、アメリカ合衆国はヨーロッパの直系の娘と言うべき国である。ヨーロッパ人の血を分けた国、したがってその精神においてアメリカはヨーロッパでもあり、同国の科学や制度もヨーロッパのおかげをもって誕生したものである。アメリカ合衆国はその誕生の時点においてヨーロッパにこれだけの借りがあるわけだが、その後のアメリカの驚異的な経済発展にもヨーロッパは大いに寄与している。リュシアン・ロミエ氏が述《の》べている通り、今世紀〔二〇世紀〕初めまでアメリカ合衆国はイギリス、オランダ、ドイツ、そしてフランスが供与したあふれんばかりの資本を吸収するだけの国だったのである。[☆3] アメリカは鉄道、港湾施設といった国家的施設の建設、また諸産業設備を完成させるにあたって巨額の費用を必要とした。コロンビア大学教授のエドウィン・セリグマン氏の表現によれば、アメリカ合衆国は「ヨーロッパ世界で最大の債務国」であったのだ。そのアメリカ合衆国は現在、世界最大の債権国になっている。そこには先の大戦が関わっており、この大戦によりヨーロッパは破産状態に陥ったのに対し、アメリカ合衆国はヨーロッパの資産を奪うかのように巨額の富を手にしたのである。アメリカは多分、このことを自覚はしているのだろう。

ヨーロッパが大戦で疲弊したこと、これはヨーロッパが巨額の金《かね》を浪費し、経済的にも人的にも弱体化したことを意味しているが、そのことが植民地における大きな揺り戻しの波を引き起こすことにもつながっている。ではあるが、惰眠状態に陥っていた植民地での民族運動を再び活気づかせ、暴動を起こさせるほどの刺激剤になったものとしてウィルソン大統領が発した言葉[49]ほど効果が大きかったものは他にないだろう。ヨーロッパはアメリカからの商業的、財政的な責め立てに苦しめられるだけではなく、政治的にも弱体化させられているのである。アメリカは一九二九年に端を発する金融危機によって世界における投資活動に一時的な陰りを経験したがその帝国主義そのものは衰えてはおらず、西洋を「植民地化」する夢は放棄していない。アメリカこそが西洋が生んだ最も美しい植民地であるにも拘らずである。ヨーロッパが植民地問題で苦しんでいる状況にあること、またその結果としてヨーロッパに対する抵抗が少しでもある場合、それをア

☆3　Lucien Romier, *L'homme nouveau: esquisse des conséquences du progrès*, Paris: Hachette, 1929

メリカはうまく利用することはできるだろう。だが、こうしてヨーロッパの運命から身を引こうとすれば、有色人たちは今度はまとまってアメリカに対して立ち向かおうとするだろう。西ヨーロッパ世界は衰えたりとはいえ今なお推進力、瞬発力は残っているのであって、アメリカはそれを無視すべきではない。

アメリカは、有色人たちが引き起こし得る危機が白人世界にとってどれほどの意味をもつか、分かってはいる。アメリカの学者たちはそのことをよく理解しているのであって、だからこそ移民法といった法律で有色人の到来を抑えようとしているのである。そこに記された「有色人への偏見」はあからさまなもので外交的配慮などは見えない。であるならば、有色人にいかに対処するかという問題について、なぜヨーロッパと共に考えようとしないのか。アメリカは自分の力だけで何事も解決できるという自信、盲目的と言っていいほどの自信過剰状態にあるのだろうか。ヨーロッパが沈没する、とまでは言わないが、ヨーロッパが衰退の危機にあることなど意に介しないという姿勢をなぜ見せるのか。アメリカが所有する島々、それをアメリカは完全に防御しているかもしれないが、いかにアメリカの防衛力が優れているとはいえ、いつまでもみずからを栄光ある孤立の中に置き続けることができるのか。「一匹狼」や「唯我独尊」といったやり方に真の救いはあるのだろうか。アメリカは中国がヨーロッパ諸国に抱いている嫌悪感を助長し、中国人の民族主義を掻き立てるようなことをした。これは中国市場をみずからに有利なように開けさせるための方策であった。つまり、ヨーロッパを差し置いて自国優先主義を実施しようとしたものである。しかし、こういったやり方は中国の排外主義、つまりアメリカをも対象にした排外運動を起こさせる結果に終わっただけではないのか。アメリカはイギリスの立場を弱いものにしようという意図のもと太平洋域のイギリス自治領と手を結び、これが奏功してイギリスは日本との間に結んでいた同盟協約を破棄するに至った。イギリスは日英同盟によってインド、及び極東地域におけるイギリスの軍事的、政治的安全を確保していたのだが、その同盟をアメリカは破棄させたわけである。日本は日英同盟の破棄によってむしろ束縛から解き放たれ、望むならば白人世界全体に対する陰謀を企てることさえ可能になった。その場合、むろんアメリカ合衆国もその攻撃対象になる。アメリカはまた海軍力縮小を提案したが、これもイギリスの力を減衰させ、それに伴って他のヨーロッパ諸国の海軍力をも弱体化させようとしたものであった。それは当然ヨーロッパの植民地所有国の植民地防衛力を弱めることになる。

ウィルソン大統領は植民地における民族主義を鼓舞するような発言をし、それをロシアの共産主義勢力は巧みに利用しており、植民地原住民たちはここぞとばかりにあれこれと策動している。それはアメリカの前哨基地とも言えるフィリピンやハワイについても同様なのである。

アングロ・サクソン人の特質として、論理的であるというのは彼らの最大の長所などとは到底言えないことはわたしもよく理解している。しかし、それにしてもアメリカはどこまで事態を軽視しようとしているのだろうか。最終的にアメリカは何をしようとしているのか、それがよく分からない。世界は西洋の知恵を必要としている、まさにそのような時代にあって、しかもアメリカは幸運に恵まれているという状況の中で、ヨーロッパからは身を引こうとするばかりか、ヨーロッパの力を弱めようとさえしているのである。そのような状態にあるアメリカはみずからの責任ということについて考えたことがあるのだろうか。アメリカは表向きには理想主義を掲げ、事あるごとに平和、平和と説教を垂れようとする。平和を希求するのは当たり前のことで、これに逆らえる者はいない。そんなことは百も承知である。問題は具体的にいかにして国家間、民族間、人種間に恒久的な平和を打ち立てるかということにある。平和を建設するのはアメリカのみだとでも言うのか。アメリカは世界に覇権を轟《とどろ》かせようとでも言うのか。アメリカという新世界からは何がやってくるのか分からない。ただ、世界にアメリカの覇権を行き渡らせようなどと言うのは冗談ならまだしも、まともに議論する価値さえないだろう。現代の世界において覇権を云々《うんぬん》するのは愚かしいことである。世界には次々に新生国家が生まれているのだ。今後、アメリカはさらなる拡大をするであろう。しかし、そのことはアメリカが世界を支配するようになることを意味するものではない。具体的にも、人々の心性においてもそうである。アメリカは世界人類の平和を打ち立てるためにヨーロッパ諸国と協同して努力する意思があるのか、そのためにはどうすればいいのかとまでわたしは言うのではないが、ともかくアメリカにその意思はあるのか。ヨーロッパとアメリカはそれぞれが代表する文明というものをもっているが、その文明が勝利するためにはどうすればいいのか、互いに胸襟を開いて議論する気がアメリカにはあるのか。リュシアン・ロミエ氏も言っているが、われわれはいつまでわれわれ両者間に存在するいかにも不確かな議論に付き合わなければならないのか。[☆4] ヨーロッパとアメリカは両者に共通する利害に気づき、共に協力するようになれるのか。その場合、植民地原住民が民族主義的色合いを強めている今、われわれにとって最も気がかりなことである西洋の影響力を残そうというわれわれの意思にアメリカが寄り添い、人類がより大きな連帯を築くことによって生まれる新秩序体制ができあがるとき、アメリカは有色人に対して彼らがもっている激しい敵意を乗り越えることができるのだろうか。

　ここで検討している問題には多くの困難があること、また多くの反対意見があることをわたしは承知しており、それから逃れる気などない。困難については率直に、正面から対処する勇気をもつべきである。ヨーロッパを救う、言い換えるとヨーロッパ文明を救うためには困難に立ち向かう雄々しい勇気が必要である。そのために必要な努力を惜しむようなことがあってはならない。その第一歩はここでわたしが述べたような率直さをもって問題を直視することである。

　ここで、国際連盟からは距離を置いている国として、アメリカ合衆国と並ぶもう一つの大国について述べる必要がある。ソヴィエト連邦となったロシアについてである。ソ連は数世紀にわたってアジアにおけるヨーロッパ拡大の先兵として活動していた。ところが、そのソ連は今や急旋回してアジア諸国の先頭に立ってヨーロッパに矛先を向けているのである。オリエント地域にお

☆4　Lucien Romier, *Qui sera le maître, Europe ou Amérique?*, Paris: Hachette, 1927

けるロシア・ボルシェヴィズムが過去において、また現在においてもおこなっている活動、また同地域におけるヨーロッパの基盤を揺るがすためにいかなる策動をおこなったかについてはすでに述べた。ソ連の企みは悪魔的とさえ言えるが、彼らがしっかりと先を見越した計算に基づいているのは間違いない。植民地所有諸国はそのことにすでに一〇年ほど前から気づいている。であるる以上、植民地所有諸国はいずれもが具体的方策を考えねばならないのである。ソ連のやり方をこのまま放置しておいていいのか、各地で革命的プロパガンダがなされるたびにそれをどうにかこうにか抑え込むだけでいいのか、堤防に穴を開けられるたびにそれを塞《ふさ》ぐだけでいいのか、主権に傷をつけられるたびにそれを修復することに終始していればいいのか、このままその場しのぎのようなことをしていていいのか。いずれソ連の力にも陰りが出てくるだろうといった楽観的な見方で、時が解決してくれるのを待っていればいいのか。

ヨーロッパの植民地所有諸国はいずれもが同様の危機に直面し、攻撃にさらされている現状にあって、ロシアの脅威に対し各国がばらばらに対処するような現今の状況を脱し、諸国が連帯して歩調を合わせて対処すべきではないのか。一九一七年以降、ヨーロッパとソ連との間には数々の歩調の乱れ、矛盾、誤り、態度の豹変といったものがあったが、それを今さらあげつらうことに意味はない。問題は今である。ソ連はその共産主義拡大の目的をもってヨーロッパが保持する植民地を攪乱する活動を続けているが、ヨーロッパはそれを座視していていいのか、また各国ばらばらに行動していていいのかということである。ヨーロッパ諸国は植民地保持国として一致して対処する必要がある。解決法は二つに一つ。つまり、ソ連と合意するのか、武力をもって対抗するのかということである。

まず、合意という解決法、それは可能であろうか。ソ連がかつてのようにヨーロッパと歩調を合わせて行動するように仕向けるという希望をもつのは無駄である。その希望は捨てた上で、ソ連の共産主義体制とヨーロッパの資本主義体制とが争うことなく共存する、言い換えると互いが相手方の体制を尊重し、ソ連にはヨーロッパの存在に敬意をもってもらう、いわばソ連とヨーロッパの間でのモドゥス・ヴィヴェンディ、つまり相互の和解的協調体制といったものを作り得るであろうか。これはじつに難しいことである。しかし、わたしは個人的にはいかにそれが困難なことであろうと、この解決法を強く望むものである。ソ連は一億六〇〇〇万という人口を擁する大国であり、ヨーロッパとアジアをつなぐ架け橋のような位置にある。そのソ連は地図上に紛《まぎ》れもない大国として存在していると同時に、ヨーロッパの運命の永続性を占う上でそれを除外して考えることなど到底できない国である。ソ連がそこにあるという事実、これは動かしようのない厳然たる事実であって、そのソ連はみずからの考えに基づいて行動している。過去一四年来、ソ連はわれわれとは異なる政治体制のもとにあるのであって、そのことは認める他はない。わたし自身は耐えがたい体制であると考えるが、ここで個人的な好き嫌いをもち出したところで意味はない。ソ連とはそういう体制の国なのだ。今、重要なのはソ連という国はヨーロッパを敵視し続けるのか、あるいはヨーロッパと協調するのか、協調するのであればヨーロッパ、及びヨーロッパの植民地を脅かすようなことをやめるのか、それを知ることである。その答えは双方があらゆる手立てを尽くして合意に至ることができるか、その結果を見ない限り分からない。そのためには明確にして、過《あやま》つことなく、十分に審議を尽くした政策が必須となろう。ヨーロッパはそのような政策のために諸国がまとまって審議し、検討し、合意に達しているであろうか。現実はそうではない。「鉄条網」体制をとったかと思うと、全体でまとまるのではなく、各国がばらばらにソ連と交渉し、商業協定を結んだり、一国だけで譲歩したりといった具合で共同歩調など一切ない状況にある。ヨーロッパ諸国は互いに競い合うのが常であるが、その競い合いがプラスに働くのではなく互いに足を引っ張り合う状況にある。それはここでも同様であって、ある国は隣の国の攻撃に使われる武器をソ連に供与し、他のある国もやはり隣の国を出し抜くためにソ連と手を結ぶといった状況にある。いかにも愚かしく、これではヨーロッパ全体の利益になどならない。ソ連はこういった状況を活用し、ドイツ、イタリア、アメリカ、フランスの資本や技術を自由自在に利用してヨーロッパ全体に攻撃を仕掛けるような五か年計画を策定するといった次第である。それが現実にどう資するかと言えば、ある国々は恐ろしさに震え、他の国々はただ肩をすくめるばかりでなす術を知らない。[☆5] 五か年計画を見れば分かる通り、ソ連の姿勢はヨーロッパ経済に誠に攻撃的なものである。これで不十分と判断されればさらなる一手を打ち出してくるであろう。

　要するにヨーロッパは現在の無気力状態、個々別々ばらばらな姿勢、そういった状況を脱し、現に今ある問題、不安な状況に対処すべきである。わたしとしては先にも述べた通り、ソ連との協調の道を探り、アルベール・トマ氏の表現で言うならソ連の「腕をつかみ」、ヨーロッパ陣営と共同歩調をとるように仕向けるべきと考える。もちろん、ソ連にすべて譲歩するというのではなく主張すべきは主張しつつであるが、それらのうちで最も重要なことはソ連がヨーロッパの植民地について敵対的な立場をとらないという確証を得ることである。西側諸国は一体となってソ連との間に合意を取り付ける必要がある。もしその合意の取り付けが不可能であるというのであれば、その場合はヨーロッパはやはり一体となってソ連との戦いをも辞さずという姿勢が必要になろう。

ここでわたしは「戦い」という表現を用いた。ヨーロッパはまたしても戦争をしなければならないのか。そうではない。戦争を意味しているのではない。ヨーロッパは戦争をもはや望んではいないし、わたしも同様である。わたしが言うところの「戦い」とは国際連盟が定義する通りの自衛権の行使のことである。ソ連はヨーロッパがソ連に対して敵対的姿勢をとることを非難するが、これはいつものことであり重視する必要はない。ヨーロッパはソ連の地を侵略する意思もないし、兵士の動員をする意思、ましてや戦争を始める意思などない。ヨーロッパが望むこと、それはヨーロッパが有する植民地についてソ連が共産主義拡大のための策動を仕掛けないよう、ヨーロッパ全体としてソ連から合意を取り付けるという植民地保護、植民地防衛のための行動であ

☆5　M. O. Rosenfeld, dans le *Populaire*, mars 1931

る。万が一、ソ連がヨーロッパ諸国との和解をあくまでも拒み、われらが植民地への侵略意思をもち続ける場合、ヨーロッパとしては一体となって植民地防衛を果たす以外にはない。ヨーロッパ各国はばらばらに個々が勝手な行動をしている場合ではない。互いに協調し、連携し、植民地防衛のための共同計画を具体化しなければならない。ヨーロッパ各国は各々がなし得ることを互いに妨げることなく、ソ連の政治・経済的な攻撃を無力化すべく力を合わせなければならない。そのためにはまず各国間の相互理解を深めるため、代表を出し合って会議を開く必要があろう。植民地防衛のための協同戦線はしっかりとしたものでなければならず、共産主義勢力が忍び込むことなど不可能なものにしなければならない。ヨーロッパ諸国は全体で文明を共有するものであり、その文明はわれわれ全体で守り、また全体の利害をも守るというのはわれわれ相互の義務であるという意識をもたねばならない。ヨーロッパをこのまま衰退させてはならない。そのための戦闘態勢をしっかり組み立てるのはわれわれの義務である。

ここに述べたことすべては、人間としての進歩という事業を一時たりとも止めることなくおこなわなければならないということに尽きる。すべてはこの人間としての進歩というものを正当化し、その歩みを確かなものにするためになされるべきことなのである。この点に関してはリュシアン・ロミエ氏が言っていることが参考になる。彼は次のように言っている。「現在、ヨーロッパ諸国が一体となって立ち向かうべき敵、それはかつてわれらが陸の国境を脅かし、海の要衝を襲う敵であったあのサラセン人のような一つの敵ではない。われわれがなすべき戦いとは、ヨーロッパがみずからの防衛策を講ずることなく、自分たちの文明を守ろうという意識を失うことがないように一体化して戦う、そのことである」。このロミエ氏の言葉こそ現在のヨーロッパ全体に課せられている義務がどのようなものであるかを明確に、しかも端的に述べたものである。そのことを明言した上で言えば、ロミエ氏の言葉を吟味し、各々の語が意味するところを深く探ると、彼の言葉にはヨーロッパに課せられている義務を集約した二つの提案がなされているように思える。彼の言葉を深読みしすぎることになるかもしれないが、わたしが思うに植民地支配に訪れている危機に際してなすべきことが述べられていると思うのである。その二つの提案とは「ヨーロッパがみずからを放棄したりすることがないように」というのが一つであり、もう一つは「自分たち自身の文明という意識をはっきり自覚すること」[★6]というものである。すべてはこの二つに集約されており、わたしはここで敢えてロミエ氏の言葉を発展させて次のように述べることをお許しいただきたいと思う。

まず、ヨーロッパは自身が所有する植民地についてその権利を放棄するようなことがあってはならないということである。植民地経営にいかなる危機があろうとも、また植民地経営にはいかなる隷従が伴おうとも、さらには植民地を放棄せよという声がいかに大きなものであろうとも、ヨーロッパは植民地支配から決して手を引くようなことがあってはならない。植民地はわれわれ

★6 Lucien Romier, *Qui sera le maître, Europe ou Amérique?*, Paris: Hachette, 1927

ヨーロッパのものであり、われわれはそこにとどまり続けねばならぬのだ。西洋諸国が植民地から手を引くといった事態を想定させるようないかなる政策についても、わたしは全身全霊をもって反対する。わたしはわたし自身がもつエネルギーすべてをもってわが理性が訴えるところを主張する。これはヨーロッパ全体のためであると同時に、わが国自身のためでもある。そのことをわたしは全力をもって訴える。[50]

　現在、植民地についてはさまざまな問題、困難が生じており、世論の大方もこれらの問題、困難を認識している。そのような状況の中、ある人々はわが植民地を譲渡、ないしは売却せよなどと声を挙げている始末である。こういった考え方ほど的外れ、かつ我慢のならないものはない。全く論外の考え方という他はない。わが植民地をアメリカなり、イタリアなり、あるいはイギリスなりに譲渡、または売却する？　これほどに馬鹿げた考えがあろうか。植民地問題はわが一国に関することではなく、ヨーロッパ全体が直面し、共有しているものである。であるならば、所有権を他の国に移譲することは何の解決にもならないことなど明白ではないか。その上、植民地を譲渡、ないし売却するなどというのは口にするのも憚《はばか》られることではないのか。かつて黒人の売買という行為がなされたことがあった。植民地の売買とはそこに生きる人々すべてを金銭をもって譲渡するということである。植民地を家畜飼育の場、あるいは食料倉庫のごとくであるかのように考えでもしない限り、このような考えが生ずるとは思えない。いかなる金額を積まれようとも、また政治的にいかに得策であろうとも、これほどひどい考えに与《くみ》することなどできるわけがない。黒人奴隷売買のような行為を繰り返そうというのか。われらが生きる二〇世紀においてこれほど恥ずかしい行為を敢えてする国があろうか。さらに考えても見よ。先の大戦において、これら肌色の黒い人々、褐色、あるいは黄色の人々は何十万という単位でヨーロッパの地の防衛のために駆けつけてくれたのだ。彼らが払った多大なる犠牲、それを忘れるほど恩知らずの国があるであろうか。これら植民地からの兵士たちは子が親の恩に報いるように、宗主国の苦しみを救うために駆けつけてくれたのだ。その献身的行為に報いるにあたって彼ら全体を金銭的売買の対象にしようというのか。それに、そもそものことであるが、一国であれ、一個人であれ、みずからに預託されたもの[51]を売却する権利などないのである。大戦中、ある国々からの軍事的援助の見返りにインドシナをフランスが手放すことを考えた人がいるが、そのような人には次のことを申し上げたい。わがフランスが極東地域において有している植民地のうち、フランス独自の植民地と言えるのはコーチシナとラオスの大半の地域であって、保護領として有している三つは真の植民地ではないのである。これら三つについてフランスが有している権利はそれぞれの真の所有者、つまりカンボジアの王、アンナン・トンキンの王、そしてルアンパバーンの王それぞれとの間で結ばれた保護協定の結果によるものでしかないのである。協定にはそれぞれの王は各々の国について至高権を有していることが明示されている。この協定は「ただの紙切れ」のようなものに過ぎないとしても、フランスはそれにきちんと署名している以上、協定条項を破ることなどできない相談なのである。「ならば、これらの植民地には独立を認めよ」と植民地反対派の人々は言うであろう。それは確かに一つの解決法ではある。ロスロップ・ストッダード氏もそれが一つの解決法であることを認めていることをわたしは先に記した。では、そうした場合、どうなるであろうか、検討してみよう。

ロスロップ・ストッダード氏が独立を一つの解決法としているのは事実であるが、そのストッダード氏自身認めているように、植民地の人々にとって白人による支配はじつに無限なほどに有益なことであって、その有益な支配が終焉を迎えた場合に植民地が陥るであろう混乱状態、無政府状態についてはストッダード氏自身否定などしていない。たとえば、この件に関して今まさにわれわれが目にしていることであるが、インドが独立すればアラブ人地域で起こっている独立後の混乱、民族間の不和、さらには内戦状態といった状況に陥るのはまず確実であろう。その点について、なぜならばとしてストッダード氏は言っている。現在、アラブ人地域で起こっている諸民族間の連帯という現象は決して良いものではなく、マイナスの効果を生むものだと言うのである。同氏のこの観察は誠に的を射ていると思う。彼の言葉では「古くから敵同士であった人々が、お互いにとっての共通の敵であることのみを理由にして、宗主国に対する戦いに際して手を結んでいるだけであって、ひとたびこの共通の敵に勝てば、再び彼らは昔の敵同士の関係に戻って戦い合うのは必定である。それと同様に、インドはヒンドゥー教徒、イスラム教徒、シーク教徒、グルカ人、その他もろもろの集団同士で競い合い、戦い合うことになろう。その戦いは次の戦いを生み、止まることなくインドの人口を急減少させることになろう[★7]」。

アンドレ・フィリップ氏はヒンドゥー教徒に対して強い共感を抱いていることが理解される人であるのだが、彼はその著『現代インド』において結論としてはストッダード氏と同様のことを述べている。[★8] フィリップ氏の考えるところではインドでは広範に暴動が起き、それが独立につながると想定するのだが、その結果として起こるのはまずは農業革命、つまり農民たちが土地所有者や高利貸しを農地から追い出し、農地を自分たちのものとすることであろうという。「農民と労働者大衆の支持を受けたスワラージ党は外国資本の大企業を国有化し、農業部門において協同組合組織を発展させることを考えるであろう。つまり、社会主義体制化するのである。言い換えると、かつてロシアで起こったのと同様のことが生じるであろう。つまり、資本主義のごく初期的段階にあった国がいきなり社会主義化しようとするのである。地域経済の段階からどうやらやっと抜け出したような国が、資本主義の初期段階を飛び越していきなり社会主義化することなど可能であろうか。ロシアの経験から判断するに、それは到底不可能なように思える」。

インドのヒンドゥー世界は巨大な混沌と言ってもいいような世界である。そこにイギリスは支配を及ぼし、秩序と平衡、科学と組織化、そういったものが支配する世界を作り上げた。その秩

★7　原著に註はなく、復刻版でもフランス語訳の書名のみが記されているに過ぎないが、Lothrop Stoddard, *The Rising Tide of Color against White World-Supremacy*, New York: Charles Scribner's Sons, 1920, p. 85 にこの文章がある。訳註9を参照

★8　André Philip, *L'Inde moderne: le problème social et politique*, Paris: Félix Alcan, 1930

序だった世界が立ち去ったのちに起こるのは何か。政治的分裂であり、宗教的分裂、さらには人種的な分裂、そして経済・社会的な分裂ではないのか。それがインド人民が経験する残酷な、しかも不可避的に、かつ長く続く結果ではないのか。インドは広大な面積をもち、そこに生きる人々はじつに多様、その上に現代社会が必要とするさまざまな社会内の動き、変容があり、その結果として起こる諸問題の複雑さは想像を絶するほどのものであるが、それをイギリスという長い歴史の経験を通して多くを学んできた国がみずからのもつ知恵と賢明さにより何とかまとまりをもつ社会として統一支配してきたのだ。それが崩れたとき、いかなる社会勢力がイギリス支配に代わるものとしてインド総体の一体性を維持する力としてまとめていけるのか。そのような社会勢力がインドに存在するとは到底考えられない。

独立とはことほど左様に一筋縄ではいかないものである。イギリス領インドについて述べたことは、そのまま同じくフランス領インドシナについても言えるのである。ジョルジュ・デュアメル氏のいささか身もふたもない表現によれば、「この山ほどの隷従に苦しめられる独立」というものにインドシナも苦しめられる他はないと思われる。[★9] われわれの保護下にある人々も過去の教訓、そして現在を注意深く観察すれば、ここで言われていることが正しいと本能的に了解するはずである。独立という考え、それは植民地に生きる人々を魅惑するものではない。恐怖を与えるものなのである。インドシナ、そこでは太古の昔から文化が栄え、社会を律する行政組織もはるかな昔から存在し、輝かしくも高貴、かつ豊かな精神文化をもつ人々が暮らす地であった。そのインドシナの人々は、見たところヨーロッパ人の支配から脱することを望んでいるかのように見えるかもしれない。しかし、その地にあって真にエリートの地位にある思慮深い人々にあっては独立という言葉は馬鹿げたことの代名詞、いやもっと端的に言えばナンセンス以外の何物でもないのである。なぜなら、このエリートたちは真にインドシナというものができたのはフランスの支配のおかげであることを知っているからである。フランスはこの地域のさまざまに異なった国と人々を一つにまとめ、それらが相互に助け合う共同体を形成し、ある国の努力は全体の益となり、全体の努力はある国の益となる、そういった共同体、それがアジアにおけるフランスのおかげで存在するのだということを知っている。これらの国々は互いに異なり、互いを結び付ける絆をもたず、したがってばらばらな存在であり、自分たちがもつ力だけではとても弱い存在でしかなく、孤立しているがゆえに他から攻撃されればひとたまりもない、そういった存在であった。現代という動きの激しい世界にあって、これらの国々はともすれば力の強い国にその存在を左右されるような従属的地位に甘んずる他はない、そういった国々であった。そこにフランスが到来し、国々を強い団結力で結ばれた束にまとめ、強力なブロックを作り上げた。そのブロックは一つの共同体であり、各々がもつ力、能力が状況に応じて存分に発揮され、一つにまとめられることによって力はさらに増大していった。自然資源の豊かな国はそうではない国を助け、でありな

★9　Georges Duhamel, *Scènes de la vie future*, Paris: Mercure de France, 1930

がら各自はみずからの場を守り、かつ全体として抵抗力、持続力に満ちたしっかりと結ばれた共同体、そういうものを作り上げたのだ。

コーチシナ、カンボジア、アンナン、トンキン、そしてラオスの五つの国、これらはフランスの優れた統治のもと、各々の力を合わせることによって強力な共同体を形成した。フランスは各々の国がもつ特色を生かし、全体として調和のとれた共同体に仕上げることで全体の発展を促しているのである。ここでのフランス統治は基礎をしっかり固め、各々の部材が全体をしっかりと固定する骨組みのように機能している。今、ここでフランス統治を放棄すれば、全体は崩壊し、互いに脈絡のない部材がばらばらに地上に残るだけであろう。要するに、フランス支配あってのインドシナなのである。先にも述べたが、インドシナという構成体は三つの保護領下の王国からなっている。アンナン・トンキン王国、カンボジア王国、そしてルアンパバーン王国であり、この他にコーチシナとラオスという二つの植民地がある。インドシナがフランス支配を離れて独立したとして、ここに述べた二つの植民地と三つの保護領下王国のいずれが他のすべてを統治し得るであろうか。いかなる王、いかなる権力、あるいはいかなる個人がそのような統治能力をもつというのであろうか。三つの王国のうち、いずれが他の二つの王国、そして残る二つの植民地を支配下におさめる力、あるいは手段をもつというのか。それは口にするも虚しい問いという他あるまい。もし、万が一、これらの国のいずれかが言うところの自由を手にしたりすれば、それは何を意味するであろうか。それは過去への回帰であり、つまりは死を意味しよう。孤立し、絶えざる危機に見舞われ、敵の攻撃にさらされ続ける、そういった国に戻るであろう。それを避けるためにこそ、各々の国はフランス支配下に身を置くことでみずからの安全を保障しようとしたのである。いずれにせよ、われらフランスが手を引けば、それはすなわちインドシナの衰退、各々の国の崩壊、混乱、無政府状態の再来となるであろう。しかも、その時訪れるのは混乱に乗じて新支配権を手にせんものと到来するどこか別の新しい勢力ということになるであろう。

ここで述べた最後の点に関して、これは正しい判断をしていると思われる人々が言っていることに注意を払っていただきたいと思う。このような判断をする人々の中には植民地に反対の立場をとる人もあるが、その反植民地派の人々でさえ次に述べる点に関してはわれわれと一致しているのである。まず人類社会の平和を何よりも重視するということを大きな前提とした上で、現在の世界にあってフランスがインドシナにとどまることこそが世界平和にとっての基本的条件であるという重い事実に耳を塞《ふさ》ぎ続けることはできないであろうということ、これである。つい先ほども述べたことであるが、インドシナ地域からフランスが手を引くようなことがあれば、それはすなわち同地域が歴史を逆戻りさせること、言い換えるとかつてのような無政府状態に逆戻りし、不和と無秩序、対立が続き、相互にいがみ合い、引き裂き合う状態に戻ってしまうだろうということである。フランス統治のおかげで現在のような平和の状態にあるわけだが、それが終わればこの広大な領域は分裂し、防御能力をもたない状態に陥る。そうなれば太平洋の周囲をうろついている野望をむき出しにしたいくつもの勢力の望むところ。ごく簡単に餌食になるであろう。ヨーロッパにも、アジアにも野望をむき出しにしている国がある。それらの国はみずから新しい開拓地を手にしようとし、どこか別の国がその地に手を出そうとしているのではないかと目を光らせている。ヴェルサイユ条約によって植民地を失った国、あるいは同条約で植民地を割譲されたものの、それは十分ではないと思っている国があるのはご存知の通りである。フランスがインドシナから手を引いた場合、これらの国がフランスに代わってこの地に手を出そうとするのは明白、容易に理解できることではないか。それらの国はインドシナを手にすることによってみずからの富を増大させたいという意向はもちろんのこと、さらには一五〇〇キロにも及ぶ海岸線をもつこの地が中国という広大な市場――そこには五億人からの消費者がいるのである――への入り口になっていることを活用しようというわけである。さらに、現在互いに覇を競い合っているイギリス、日本、アメリカの三国がこの中国のすぐそばに新しい帝国主義勢力が手を伸ばすことなど到底容認しないであろう。このように、フランスが手を引いた場合の危険はあまりに大きい。それに比して、フランスがインドシナに残ることを不都合に思う国などどこにもないのは明白である。なぜなら、フランスにはインドシナ開発という意志こそあれ、その他の野望など何一つ抱いてはいないからである。それに引き換え、先に述べた国（明確に名を記さなかった国も含めて）のいずれかがこの地域に手を出せば、結果は全く違ったものになろうことも明白である。そうなると、ヨーロッパとアジアの国の間での戦争は不可避。それを待っていたかのように、戦火の開始にすぐさま介入しようとする国が出てくる。結果は申すまでもなかろう。アジアは火の海。火はアジアのみにとどまらない。今度こそ人類すべての運命が危うくなることは必定である。もうお分かりであろう。フランスにはインドシナから手を引く権利などないのだ。世界の平和の鍵を握っているのはまさにフランスだからである。

フランスには今いる地から撤退することなど許されていない。それがフランスの益になるからという理由だけではない。人類平和の維持、文明秩序の防衛という観点からして、フランスはとどまらなければならないのである。文明秩序の防衛、これは先にも名を挙げたリュシアン・ロミエ氏が言っていることでもある。彼は植民地という大事業はヨーロッパの義務であるとして次のように言っている。「ヨーロッパはみずからの文明の重さに気づかなければならない」。ロミエ氏が言う文明、それはその本質において、その伝統において、そしてそれが理想とするところにおいて、人類の偉大さと公正さを実現する大計画そのものなのである。少し詳しく述べてみよう。わが西欧文明、それはギリシャ思想、ローマ思想、キリスト教思想、それらにかてて加えて民主主義という思想と理想主義とをじつに驚くほど調和のとれた状態に融合させた大思想体系であり、理性と科学、法のもとでの正義をもって総体としての人類の幸せと、法によって定義された自由と平等のもとでの個人の開花とを実現せんとするものである。この西洋文明はその精神からして普遍を目指すものである。したがって西洋がその精神を地球上にあまねく拡散させること、そうしてこそ至高の善が地球の隅々にまで行き渡ることになるのである。

ただし、この西洋文明はみずからの力を過信するあまりに物質的な富の追求に走り、技巧を弄するあまりに倫理を置き去りにした面があることも事実である。経済の躍進は帝国主義的進出に陥り、理想主義を日陰に追いやった。機械が精神を貶めたのである。技術文明がもたらす奇跡が偉大であればあるほど人々はそれに慣れ、当初の感動を忘れていった。西洋文明が救うはずのものであった人々、隷従から解放し、欠乏と苦しみから救うべきであった人々を、何ということか奴隷化し、苦しめたのであった。産業と商業が一体化して独裁者になった結果である。このことについてジョルジュ・デュアメル氏は、哲学すべてが不敬虔なものになってしまった、人は飽くことなく欲望の充足に走り、魂の欲するところを忘れてしまったのだと痛恨の思いを込めて記している。

それはヨーロッパ、いや世界にとっての大いなる痛恨事そのものであった。物質主義が行き着いた果ての残酷なメダルの裏面。物質主義が最高の地点に至ったアメリカ産業の上にただよう「死の悲しみ」とデュアメル氏は述べている。そこでは結果至上主義のもと、その結果を得るための一要素、一材料に過ぎぬものに堕してしまった人間、その人間に真の喜びなどあろうはずもない。人はただ機械的に一生を送るに過ぎず、ヨーロッパは植民地化に当然内包されるべき精神と形態を失い、その結果として植民地事業にあるべきはずの人間性の開花という目的を見失い、ただ物質的繁栄のみを求めるようになってしまったのである。

植民地化とは何であったか。それは人類を連帯と愛で結びつけ、共に歩むことですべての人が自己を自己として開花させることに貢献するということではなかったのか。であるにも拘らず、現実に起こったことは、富の集積に走り自然の力をひたすらわがものにせんとする競争、つまり結果的な力の勝利を求めることのみに心を奪われたという事実ではないのか。これが西洋物質主義の偽らざる姿であった。ラビンドラナート・タゴール氏は次のような感動的な言葉を述べている。「ある文明の完成度を測る尺度、それはその文明がどれだけの力を集積したかではなく、その文明によって作られた法や制度がどれだけ人類愛の増大に貢献したかということにある」[★10]。ヨーロッパ哲学の本質、それは人間性の探究、精神的価値の考究とその増大ということであったはずである。それあらばこそヨーロッパ哲学には心があり、深い美徳というものがあったのだ。労働管理を売り物にするテイラー主義がヨーロッパ哲学の心を蝕んだという他はない。

しかし、ヨーロッパ文明がその過度の技術的発展がもたらす破綻状況にストップをかける時が来た。ヨーロッパ文明はみずからが伝統とするものに立ち返らなければならないことに気づいた。二つの約束、それを果たして初めて植民地事業の正当性が保障されるという約束に立ち返る必要があることに気づいたのである。自然資源を活用すること、それは植民地事業の一つの側面でしかない。人的豊かさを活用すること、これが第二の、しかも重要な側面である。この第二の約束を厳密に実行すること、それこそが肝心である。植民地において人間としての理想を実現するこ

★10 Discours prononcé le 2 avril 1920 au Gujarati Sahiya Parishad. Le texte fut publié trois ans plus tard: "Dr. Tagore's Reply" dans *Chhaththi Gujarati Sahitya Parishadano Report-1920*

と、これこそは人類という大家族が精神的に一体となるために成すべき最も重要なことなのである。

植民地化によって世界は一つになった。こうして一体化した世界がより激しい人種間の別離を用意するものであっていいはずはない。植民地化によって世界の政治、経済は連帯という絆で結ばれるようになった。その世界はそこに生きる人々すべての連帯を形作るためにこそ尽力すべきものとして存在するのである。それに反する行為などあり得べきものではない。世界のすべての人間が調和のとれた共生状態に生きる、まさにその調和を求めるという義務を実行するためにはいかなる予断も、いかなる先見も、またいかなる思い上がりも許されない。諸人種間には互いを分け隔てる絶対的な障害など何一つないことを知らなければならない。歴史を振り返るとき、ヨーロッパ人の優越という事実はあるかもしれないが、その感覚を振りかざすあまりに他の人種がもつ価値を貶めるようなことがあってはならない。他人種の文明の中にはわが西洋文明が多くを負うものさえある。たとえばアジア文明、それは数千年の歴史をもち、かつてわれわれに教えるところ多々あった。アジア文明をずっと遡れば、あのギリシャ文明が芸術的にも思想的にも花開くための種を宿すものであったのは間違いない。古代中国、それは印刷術、火薬、羅針盤の基礎になるものを発明し、以降の世界の歩みに大きな影響を与えたことをわれわれは知っている。イスラム教徒のサラセン人はアラブとペルシャの優れた文学、詩学、美学をもってわが中世の、あの重く暗い時代である中世ヨーロッパ文明に活力を与え、再び豊かなものにしてくれたのであった。現在、イスラムが再活性化しているという事実そのものがかつてイスラムがもっていた素晴らしい生命力、それが今も生きていることを証明している。こういった他文明の過去の栄光を前にして、そして日本という国が今現在われわれの眼前に示している輝きを前にして、それでもなおヨーロッパ人は劣った人種というものがあるのだと口にし、肌色にまつわる偏見を意固地なほどにもち続け、彼らを貶めようとするのであろうか。

アジアに生きる褐色肌の人、黄色肌の人、彼らは文明発展の歴史において輝かしき足跡を残しているのは間違いない。一方で、彼らに引き比べアフリカの黒人たちはヨーロッパ文明の前に示すすべきものをほぼ何も手にもっていない。彼ら黒人は人類進歩に寄与するところがないというかのごとくである。そういった観点からすると、黒人は、少なくともこれまでのところは「後れたる兄弟」であった。しかし、だからといって優秀なる人種は劣った人種とは当然別扱いされるべきものだと、黒人を前にしたヨーロッパ人はそれがあたかも教義であるかのごとく頑《かたく》なに言い続けるべきであろうか。このような教義を口にするのはアングロ・サクソン人特有のものであるかもしれない。われわれフランス人はそのような教義を認めるものではない。フランス人は特定の人の肌色の具合がどうであるといったことを理由にその人の人格、能力を測ったりはしない。フランス人は人間としての尊厳を重んじ、個人としてその人がもつ資質、美徳に価値を見出すものである。ある人が知的、道徳的な高みを確実に証明し、その能力を見せさえするなら、われわれフランス人はその人がより良い人生、より多くの幸運を享受し得るべく配慮するものである。このことはフランスが領土とする地すべてにおいて真実であって、それは大原則として存在し、あらゆる法律がそのことを保証している。

植民地においてフランスを代理している人々、具体的に言うなら植民地行政官であり、行政府の一般職員、そして入植者としてその地に暮らす人々であるが、こういった人々はわたしが先に定義したようなフランスの名誉とはその地に暮らす後れた人々の人間性を最大限に尊重し、その人がもつ人間としての価値を忍耐強く最大限に引き出すこと、それがまず第一の、最も大切なことだということをよく理解し、片時も忘れてはならない。わたしはここで「忍耐強く」と述べた。これこそは植民地に生き、フランスを代理する人々にとって最も重要なことなのである。「忍耐強くあること」、これは植民者として生きる者にとって最も高貴にして、かつ最も難しいことなのである。繰り返して言うが、忍耐強くあること、これこそが植民者にとっての第一の美徳でさえあるのだ。植民地事業を十全に達成するに際して「忍耐」こそは鍵となる言葉なのである。植民地事業という経済的創造を成功させるために、未知の領域で、時間をかけて、手探りで進む際のわれわれにとっての規範となる言葉、それが忍耐である。同時にまた、忍耐こそ、目に見える結果を手にする近道なのである。考えてもみられよ。ある地域の人々は何世紀にも、何世紀にもわたって野蛮、未開、悲惨の暗い時代を生き抜いてきたのであって、そういった人々がダイヤモンドの輝きを内に秘めているとしてもそれは厚い外被の中に固く閉じ込められているのは当然である。一朝一夕にしてその固い外被を打ち破ることができるなどとは誰も思わないであろう。そのような地にあって、われら保護者、指導者たるものは優しく、決して焦ることなく、忍耐をもって、この固い外被を少しずつ、少しずつ取り除いていき、中にある輝くばかりの原石を取り出さねばならない。そうして取り出した原石を割り、削り、しっかりと磨き上げ、磨いた側面の一つひとつが美しき人間性として輝き出すようにするのである。この仕事はじつに辛苦に満ちたものである。困難でありながら、報われるところ少ない。それを成し遂げるための秘訣、それが忍耐であるが、その忍耐を支える柱は思いやり、つまり他者への愛の心である。そして、想像してほしい。途方に暮れるような日々を乗り越える忍耐の末、長く、長く続いた暗い世界から引き出してあげたその人の顔に、新しい世界が開けた喜び、そこに導いてくれた人への感謝の思い、人間としての尊厳に目覚めた喜び、そういったものが輝き、はじけるのを目にした時のわれわれの喜び、これに勝る喜びがあろうか。その人の人生が変わったのだ。われわれはその大きな変化に貢献したのだ。

わたしは自分の経験をもとにして言うのだが、黄色人の住む地であれ、黒色人の住む地であれ、われわれはその地に暮らす人々の人生が変わるという奇跡を成し遂げた。これこそが植民地事業の正当性を最も強く、最も高貴に証明する事象である。その地に暮らす人々の人生を大きく変える、これこそがわれわれの支配を最も力強く後押ししてくれる理由であり、これあればこそ長続きするものなのである。また、それゆえにこそ、われわれには植民地から手を引くことなど許されてはいないのである。わたしは固くそう信じる。さらに敢えて付け加えるなら、ヨーロッパ諸国がその海外領土を支配する際の根拠として、ここにわたしが述べた理由こそ、いかなる利害や力をも超えて、最も強く意識されている理由なのである。

ヨーロッパ諸国は植民地という重荷を背負い、大変な隷従を知ることになったが、この隷従にはさらに痛切なる側面があり、その側面とは植民地から手を引けばみずからの死と不名誉とが待っているという事実である。ヨーロッパの血脈は今や植民地とは切っても切り離せない。植民地という絆を切り離したりすれば、ヨーロッパはみずからの動脈を切るも同然、死に至らざるを得ないのである。今、ここにおいて植民地を手放すこと、それは外科医が手術の途中にあって肉を切り開いたまま患者を放置するも同然、患者、つまり植民地はようやく開花し始めたところで突然、放置されることになる。ヨーロッパにとってこれほど不名誉なことがあろうか。これが真実である。真実から目をそらすことは許されない。ヨーロッパによる植民地化とは物質的・技術的な大改革、そして精神における革命――わたしは確信をもってこの言葉を用いている――なのであって、植民地に暮らす人々の存在のあり方、思考のあり方、それらを根本的に変革する大事業なのである。植民地化によって植民地に生きる人々はかつての生活の軸から解放され、新しくもたらされた優れた軸によって生活を始めた。しかし、そのより新しく、より良き軸は未だ完全に調整されきってはいないのだ。植民地化によってそこに生きる人々には新しい生活の形がもたらされた。人々は新しい欲望、新しい必要を知るようになり、新しい習慣、新しい考えをもって生きるようになった。人々は新しい希望を抱いて生きるようになった。そしてその新しい希望は今、実現途上にある。実現までにはまだ長い道のり、辛抱強い努力が必要なのである。その途中において、いきなり手を引く？　いきなり彼らを放置する？　それは文明化という複雑にして、息の長い努力を必要とする仕事場にいきなり彼らを放置するに等しいことではないのか。さまざまな機械が動き、モーターが唸りをあげている巨大な工場にあって、未だいかにして機械を動かし、メーターを調整すべきかも会得していない人々を危険な工場に放りっぱなしにすること、そんな無責任な仕業がわれわれに許されているというのか。いきなり手を引くこと、それは今ある植民地を破壊し、無秩序に陥らせ、かつてあった無政府のような状態に横すべりさせることではないか。それが無責任な行為ではないというのか。インドであれジャワであれ、アフリカであれ、いやインドシナでさえも、これらの人々は自分たちだけで近代文明の諸装置を運転し、自分たちの利益のためにその装置を動かす能力を有する段階には至っていない。ボイラーやエンジンを吹き飛ばそうとする輩《やから》たちがその計画を実行に移そうとしたことはあった。万が一、そのようなことを許せば爆発によって死者の山が築かれるのみならず、生き残った人々がもう何もかも諦《あきら》め、未来に何の光も見えないままバンヤン樹の下にただじっと座っている、そういう世界が現出するのである。それはあの素晴らしいアンコールワットの栄光が死者を包む布のような森の木々に覆われるかのごとくである。一つの文明が崩れていく姿がここにある。そのような事態を許してよいのか。

ヨーロッパは間違ってもそのような事態の到来を望んではいない。第一、そのような事態を望むことは許されていないのだ。ヨーロッパは植民地の人々に生きる活力を与えたのであって、せっかく火をつけた松明《たいまつ》の火を再び奪い返すようなことが許されるわけがない。そのようなことをすれば、人々はあっという間にまたもや原始の本能が赴くままの生活に戻ってしまうであろう。実際、進歩に向かう規律あるエネルギーから解き放たれた途端に元の状態に戻ってしまうケースをわれわれはすでに目にしているのである。ところがである。ここに植民地ジレンマとでも言うべきことがある。テュルゴーが言っている次のような言葉を思い出していただきたい。彼は言っている。「植民地というものは木になる果物のようなものだ。熟れたと思うと落ちてしまう」★11。これは何を意味しているのか。われわれは植民地の人々を物質的、精神的な貧窮状態に置き続けておくわけにはいかない。すると、彼らはわれわれと共により良き生活、より良き自由な生に向かって上昇することになるが、ある時点でテュルゴーが言うような「熟れた」状態になる時が来るということになろう。われわれが植民地から手を引き、彼らを自分たち自身の歩みに任せるとき、それは政策の如何によって早くもなれば遅くもなるかもしれないが、科学であるとか、自立した精神であるとかといった活力を目覚めさせる手立てを講じた結果として、いずれそのような時は必ず来るのではないだろうか。その時、彼らの精神は暗くまどろんだような状態から脱していると本当に言えるであろうか。ここには二つの障害がある。つまり一つは原住民を自立させることの危険、そしてもう一つは、ではその危険を避けようとした場合、われわれは人間性を重んじるという伝統を否定することになるのではないかというものである。原住民を自立させるとわれらの利害に支障が生じるかもしれない。他方で、原住民をわれらの支配下に置き続けることはわれら自身の尊厳に関わる事態をもたらすかもしれない。

植民地を独立させるという解決法、これについては現地のエリートたちは少なくとも現時点ではそれを望んではいないという現実があり、なぜそうなのかという理由は先にも記しておいた。わたしはここで今後起こり得る動きを越えがたい壁で囲い込み、変化など起こり得ないようにするのがよいといった考えをもっていると思われるだろうか。将来、何が起こるかを予測するのは難しいことであり、簡単に答えは出ない。現在時点、また近い将来という見地からすれば、植民地を手放すという政策は賢明ではないとする考えが大勢を占めるであろうと考えられる。しかし、孫子《まご》の世代の人々もこの問題に直面することにはならないであろうという保証はない。その時、われらが有する植民地のいくつかは保護領といった一般的な形になっているかもしれないし、イギリス領植民地がそうなったように自治領というような形になっているかもしれない。自治領の場合、独立しているとはいえ本国との関係は完全に途切れてしまうわけではないのは周知の通りである。しかし、想定はきちんとしておく必要がある以上、ここで述べておくが、植民地に完全な統治権を与えた場合、本国の延長である植民地が本国からは完全に別個の自国統治権をもつ国になるかもしれない。

★11 D'un discours prononcé à la clôture des Sorboniques, 27 novembre, 1750

このような事態が起こった場合、そうなのだ、確かにそのような事態が起こり得ることは考えておかねばならないのだが、その事態が起こるとしても、現在の時点ではわれわれにはその将来が委託されている地[52]を統治するという使命を完遂する手を緩めるわけにはいかない。むしろ逆であって、われわれにはその使命を完遂する意思を倍加する義務がある。なぜならば、フランスがその長い歴史と世界における地位を通して身につけた偉大さと至高の尊厳からして、フランスはみみっちくも小作地から上がる小作料の計算に憂き身をやつすようなことをしたことはないからだ。フランス人の口から洩れる言葉、それはかつてウェルギリウスが述べたというもの、つまり「あなた方はみずからのためではなく、他者のためにこそ働くのだ」[★12]というものであって、この言葉を苦々しい思いからでも、諦めからでもなく、誇りをもって語ろうではないか。フランスが入植した地いずこにおいても、われわれはその地に暮らす人々の力と自由とを最大限に引き出すことをみずからの栄光としてきたのではないか。こうしてわれわれは後れたる人々が暮らしていた暗き泥土をもとに、新しい郷土を作り上げ、震えるような喜びと笑顔に輝く地を作り出したのではないか。こうしてわがフランスの言葉、伝統、先祖からの教え、歴史の記憶、そしてまさにわれわれの魂、そういったものを力強く備えた国〔Etats と記されている〕、あるいは社会が、われわれの本国から遠く離れた海外に存在し、それらは多少とも影響力を発揮するようになったではないか。こうして成長した子どもたちは今後、長く忘れることなく抱くであろう謝意と好意とをもってわがフランス本国との間に強い絆をもち続けることになろうではないか。その絆によってもたらされる政治、経済的利益はわがフランスにとって誠に有益なるものではないか。しかも、植民地経営に伴う巨大な経費、重い責任、そういったものからはもはやフランス本国は解放されているのである。

こうして考えてみると存分に理解していただけたであろう。いかなる事態を想定しようとも、考えつく限りの可能性を想定してみても、われわれは現在の植民地政策を厳守し、あくまでも任務遂行の覚悟を忘れてはならないと思うのである。そこにこそフランスの利益と義務が調和よく実現する道がある。

ヨーロッパ各国はわれわれと考えを同じくしているはずである。現在、確かにヨーロッパ各国が実行している植民地支配については疑義が呈され、ある種危機の様相を呈してもいるが、この困難な事態に打ち勝つためにはヨーロッパ総体としての文明の意識を覚醒させなければならない。ヨーロッパ文明には優れた文明がもつ権利というものがある。それを認識せねばならない。同時に、ヨーロッパ文明には優れた文明がもつ義務がある。それを認識せねばならない。権利は義務を遂行することによって初めてわれらがものとなる。いかなる地においても、この義務を放棄したり、ましてや万が一にもその地から逃げ出すようなことがあってはならない。ヨーロッパには

★12 *sic vos non vobis* 原著ではラテン語のみで、フランス語訳はない。復刻版にフランス語訳が註として付けられている

諦めることは許されていない。ましてや、みずからがなすべきことを放棄することなど許されてはいないのだ。

ヨーロッパの国が何かその場しのぎのようなことをしようとも、できることはせいぜいのところいずれは訪れる決定的な敗北の時を何とか遅らせるように時計の針を動かすことぐらいでしかないであろう。いかにも無駄、その上不正なことと言う他ない。避けがたい真実の時が来るのをいかにして遅らせるかということだけである。ヨーロッパは植民地開発に巨大な投資をおこなってきた。こうしてヨーロッパはそれまでの世界を覆っていた固い均衡を打ち破ったのである。ヨーロッパは新しく生まれ変わった均衡の世界を建設するべく運命づけられている。新しい均衡の世界、それはいずれかの国が覇権を誇ることによって打ち立てられる世界ではなく、諸人種間、諸民族間の偉大なる協力によって作られる平和を希求するような規律、世界が等しく受け入れるような規律によって支配される世界である。

いずれにせよ、ヨーロッパにとっての植民地問題がどのように解決するか、これは力による解決ではなく、正義が決することになる。植民地活動によってヨーロッパは、技術的進歩を一致して発揮することにより世界を物質的に一つにまとまった形に仕上げてきたが、それを最後に道徳的に一つのまとまった世界に仕上げるのは正義、まさにこれである。ヨーロッパは技術の進歩によって他に勝る力をもつものとして立ち現れてきた。しかし、今や植民地を支配するに技術進歩の優勢だけでは不十分なのである。今必要なのは、賢明さ、道徳性の高さ、そして公正さにおいて他に勝ること、これである。これらの使命の達成はヨーロッパがその高貴な人間主義、ユマニスムの何たるかをはっきりと意識し、ヨーロッパがみずからの伝統として備えている栄光ある愛他の精神、それらを伝道することによって初めて可能となる。そのためには、他の人種に属する人々を教育し、その人間性を高め、完成域に導かねばならない。人間としての運命、人間としての精神、その尊厳、そして何よりも人間としての幸福、そういったものを常に心において事にあたらねばならない。

ヨーロッパの伝統をより良く発揮するためにヨーロッパはみずからがもつ力を大同集結し、規律正しく行動することによって初めてヨーロッパは他に勝るものとして存在し得る。分裂し、ばらばらな状態にある限り、ヨーロッパはその古くも輝かしき西洋文明がもつ精髄を発揮するはおろか、維持することさえ難しくなるであろう。西洋文明、それは輝きと自由に満ちた文明であり、古来、優秀なる人物、数々の英傑を輩出し、理性と科学、そして正義の価値を存分に引き出し、それらをもって個々人が十分に自己実現を達成するための支えとする、そのような文明である。ヨーロッパが互いに引き裂き合い、弱体化するようなことがあれば、ヨーロッパが誇る文明は未だ正体不明とも言うべきアメリカ——そこでは機械が人間の魂の飛翔を妨げ、圧倒している——、あるいはまたこれまた神秘に満ち、正体不明のアジア——そこでは個人は涅槃とやらの瞑想的受け身の生き方の中に身を沈めている——の前に席を譲らざるを得ない日が来るであろう。このような譲歩、それは人類の将来にとっての大悲惨事と言うべきであるが、一致団結したヨーロッパというもののみがこの悲惨事を回避し得る。現在の世界には諸人種間、諸民族間の争いが渦巻いている。これらの紛争を沈め得る助言、正義と公正さに満ちた真の助言を与え得るのは団結することによって力に満ちたヨーロッパのみである。

連邦化することによって力強くなるヨーロッパ、わたしがこれを口にするのは戦うためではなく、人々の間の和を進めるためである。先に述べた二つの正体不明の勢力、これらの勢力はヨーロッパの出方をうかがっているかのようである。しかし、わたしは連邦化したヨーロッパがこれに戦争を仕掛けよと言っているのではない。ヨーロッパはアメリカ、アジアの双方に対して平和、協調、そして調和を呼びかけねばならない。そんなことをしても無駄だとどうして言えるであろうか。アメリカ人が理想とするところには行き過ぎた物質主義があり、それの行く末には気がかりなところがある。アメリカ国内においても高貴な精神をもち合わせた人々は、ヨーロッパの理想主義の真髄である精神的価値の重視にこそ重点を置くべきだと強く主張している。一つの連邦にまとまったヨーロッパがその真正の魂を強く発揮すれば、ヨーロッパとアメリカという二つの大陸が寄り添い、白人種の運命を危険から守るという共通の仕事に寄与することができよう。また、われわれと植民地現地住民との間で道徳的一体性と利害の共同性の上に立脚する固く結ばれた連帯の組織を打ち立てる平和的、かつ豊かな結果をもたらすような方法、様式が奈辺にあるかについて、われわれ白人種はわれわれに独自の才能、資質が教えるところに注意深く耳を傾けようではないか。わたしは決して妄想的なことを述べているのではない。そのような努力は無駄だとどうして言えようか。

フランス領植民地で活動する多くの人々にとって、現地で沸き起こっている植民地化への反動——これについてなぜなのかをわたしは本書中で分析してきたのだが——、それは確かにあまりにも急激に起こったことでもあり、ひどく当惑せざるを得ない面があるのは事実である。わが海外帝国たるもの、それが誕生してわずか半世紀にしかならない。しかるに、われわれが今、目にしているのは「付き従う人であるはずのフライデーが主人であるはずのロビンソンを指図する」といった状況である。ガブリエル・アノトー氏がこの状況を嘆いて次のように言うのも理解できようというものである。「われらが植民地事業に乗り出したのは確かに第三共和政の栄光であった。しかし、その植民地事業を開始した人々のうちの最後の人々が未だすべては表舞台を去ってはいないという状況にあって、彼らの事業の原則や価値がまさに彼らの保護下にあるはずの人々の批判的判断と管理のもとに置かれようとしているとは、これは一体どうしたことか。かくも短期間のうちにこんなことになろうとは、すでに亡くなった植民地創始者たちも草葉の陰で嘆き悲しんでいることであろう[13]」。

アノトー氏は失望し、落胆しきっているのではない。そのように考えるのはアノトー氏を全く

★13 Gabriel Hanotaux, *Histoire des colonies françaises et de l'expansion de la France dans le monde*, 1er tome, Paris: Plon, 1929

理解していないことになる。彼が嘆き悲しむのはフランスの植民地事業の輝きと寛大さとを知り尽くしているからこそである。われらが国フランスはわがフランスの人道精神が教えるところを固く信じ、困難を乗り越え、さまざまなる人種間の思考様式、行動様式の違いゆえに起こる摩擦、不和を取り除くべく努力しなければならない。人種間に起こるさまざまな不和、摩擦は決して乗り越えられないというものではない。人種間での考え方の違い、道徳的な観点からの相互の矛盾、そういったものは人が生きる環境の違い、人種的な要因、遺伝的な要因などに起因するものであるが、他方でわれわれ人間すべては人間としての感情を同じくするという基盤の上に立って、互いに分かり合い、寄り添い合うことができるものなのだ。わたしは何度かの機会においてわれらの保護下にある原住民たちが人間としての感情をわれわれと同じくしており、それが最も美しく、高貴に現れる瞬間を目にしている。彼らがもつ心の善良さ、人に良くしようと思う心、他人と喜びや悲しみの気持ちを分かち合おうとする姿勢、そして他者への感謝を表そうとする思い、そういった思いの度合いはわれわれがもつそれと何ら変わるところはないのだ。そのような場面をわたしは何度も目にしている。そうして、思い出してもいただきたいが、先の大戦においてわがフランスの植民地から一〇〇万に上らんとする数の兵士たち[53]がわがフランス防衛のために駆けつけてくれたこと、このことほどに彼らがわれわれと変わらぬ心性をもつものであることを力強く見せてくれるものがあろうか。彼らのうちどれだけ多くの者が彼らの上官の眼の前で自分たちがもつ勇猛果敢さ、英雄心、犠牲心をいかんなく発揮したことか。彼らは公正さと善良さをもって自分たちに接してくれる白人の上官を心から愛し、敬い、その上官のためなら命を投げ出すことさえ厭《いと》わないことを身をもって証明してくれたのである。戦時、わが植民地においてはその地に植民者として暮らしていた若者たちのほとんどすべてを戦いの前線に呼び戻していた。つまり、植民地原住民たちはやろうと思えばいとも簡単に現地に残っていたフランス人入植者たちを襲撃し、海に投げ入れ、わがフランスの支配の象徴たる事物を破壊することさえできたはずなのである。そんなことが一か所ででも起こったであろうか。事実はそんな例は皆無であったということである。フランスの善き支配、それがもたらす真に道徳的な力、それがフランス国旗を高らかに掲げさせ続けたのだ。

この道徳的な力、それこそわれわれが守り抜かねばならぬものであり、それに少しでも揺らぎが見られるようなところでは立て直さねばならない。フランスにはそれができる。ヨーロッパにもそれができないはずはない。そしてフランス同様、ヨーロッパもそれをなし得るためには人道に基づく寛大な心とその義務を完遂するための努力、これをたゆまずもち続けることによって初めて可能になろう。忍耐、誠実さ、そしてあらゆる苦難に耐える忍従の精神、さらに正義の心が絶対の条件である。

ヨーロッパにその義務完遂の意志あらんことを。それはヨーロッパの隷従、同時にそれこそはヨーロッパの偉大さ。

1　本書中、「隷従（servitude）」という語は何度も現れる。隷従とは、ある種の力によって、そうせざるを得ないという意味で「拘束」でもある。本書中で使われている「隷従」が具体的に意味するところはその都度、少しずつ異なっている。ここで現れた「隷従」が最初のものであるが、ヨーロッパは植民地開発を進めた結果、今やそれ（植民地）なしにはみずからの存在そのものまでが危ぶまれる状況にあるということを「隷従」という言葉で表現している。「それ（植民地）に絶対的に依存している」という意味で、ヨーロッパは植民地に隷従しているのである。別の言い方をすれば、「それ（植民地）を所有せざるを得ない」という意味でヨーロッパは「拘束」されている。絶対の必要条件に従わざるを得ないという意味で「隷従」であり、「拘束」なのである。

2　ここで「植民地化」、及び「植民地統治」と二つに分けて訳した語は、原著ではcolonisationという一語である。colonisationという語は原義的には「植民地化」ないし「入植」といった意味をもつが、ここでは新しく植民地を作るということのみならず、所有する植民地をどのように統治するかといった側面も含まれているので、敢えて「植民地化、ないし植民地統治」と訳した。

3　原著では、この部分はsi l’acte d’usurpation commis au détriment des ra- の後、行が変わってl’angle des morales abstraites となっている。これは植字上での明らかな誤りであり、多分、一行分の欠落がある。そのことを鑑み、復刻版では前後の文意を勘案した上でサローが書いたもともとの文章はsi l’acte même de la colonisation considéré sous l’angle des morales abstraites, ne mérite pas d’être plus sérieusement considéré なのであろうと推定の上、修正されており、わたしの訳もこの修正された文章をもとにしている。

4 サローが言う隷従の一つの意味。人が生きていく途上ではさまざまな必要が生じる。その必要を満たすためには行動を起こさねばならなくなる。必要を充足しようとする行動、それは止むに止まれぬものである以上、隷従の一つの形なのである。

5 原著ではこの引用書について何の註も付けられていない。しかし、二〇一二年刊の復刻版において、註として以下のように記されている（同復刻版一七頁）。つまり、これはサローの勘違いで、サローが引用しているのは *Histoire des colonies françaises et de l'expansion de la France dans le monde*, Paris: Plon, 1929–34（『フランス植民地と世界におけるフランスの拡大の歴史』）という全六巻本のうち、サローが本書を出版する以前に公刊された何冊かのうちのいずれかの巻からの引用であり（どの巻からの引用なのかは記されていない）、サローがここでG・アノトーのものとして言及している著書名に似たタイトルをもつものとしては Gabriel Hanotaux, *Pour l'empire colonial français*, 1935（『フランス植民地帝国のために』）があるとなっている。しかし、この復刻版の註は誤りである。本書中でサローが言及している *L'empire colonial français*, Paris: Plon, 1929（『フランス植民地帝国』）という著書は実際に存在し、G・アノトーはその著において「序文」（Introduction）を書いているのである。本文中でサローが「ガブリエル・アノトー氏の見事な著書『フランス植民地帝国』」と述べているためにこのような誤りが生じたと思われる。サローがガブリエル・アノトーの著書として言及している『フランス植民地帝国』という本は二五人の著者が各章を分担執筆してできているものであり、その序文をガブリエル・アノトーが執筆している（アノトー自身も一つの章を書いている）。二五人の著者名は本の背表紙はもちろん、表の表紙にも記されておらず、表紙を開けて内側の扉に記されるのみで、表紙にはタイトルの下にガブリエル・アノトーの名が大きく記されているために、サローが誤って「ガブリエル・アノトー氏の見事な著書」とアノトーだけの単著であるかのごとく記したと考えられる。復刻版を作成した責任者はサローが言及している著書 *L'empire colonial français* を直接手に取ることなく、推定で（不必要な）註を入れたためにこのような誤りが生じたものと思われる。サローが引用している文章はアノトーによる序文、冒頭の文章である。

6 原著本文（三五頁）中では Herbert H. Gowen と記されているが、その頁下部にある註においては Herbert

W. Gowen, *Histoire de l'Asie;* Payot, éditeur と著者名を誤って（Herbert H. が Herbert W. になっている）記されている。そのためと思われるが、二〇一二年刊の復刻版（一九頁）において、その著者は Herbert H. Gowen ではなく、Herbert W. Gowan（ここでは Gowen が Gowan になっている）である旨、記されている。これは、復刻版の註の方が誤りである。サローが原著の本文中で記す通り Herbert H. Gowen が正しく、この本は実際にパリの Payot 社から一九二九年に発行されている。この本はもともと原著英語からのフランス語訳であるが、翻訳者の名前（Commandant G. Lepage）が記されるのみで、本のどこにも英語原著の書名は記されていない。しかし、その内容を調べてみた結果、英語原著は *Asia, A Short History from the Earliest Times to the Present Day,* Little, Brown and Co. 1926 であることが分かった。

7 原文では le ‹petit Jap› と引用符付きではあるが、「ちびのジャップ」と記されている。

8 断るまでもないかと思うが、第一次世界大戦のことである。フランスでは la Grande Guerre（大戦）と言われる。

9 原著は Lothrop Stoddard, *The Rising Tide of Color against White World-Supremacy,* New York: Charles Scribner's Sons, 1920 であるが、サローはそのフランス語訳 *Le flot montant des peuples de couleur contre la suprématie mondiale des blancs,* Paris: Payot, 1925, Traduit de l'anglais par Abel Doysié を参照している。なお、この著は日本ではアメリカでの原著出版の翌一九二一年には『有色人の勃興』（長瀬鳳輔譯、政教社）として出版されている。

10 これは原著の註であり、原著の印刷時点での公式統計ではインドの人口は三億五〇〇〇万である旨、記されている。

11 この部分、フェリー／クレマンソー論争については本書の「序に代えて」の中で詳しく説明したが、「ヴォージュの青い山脈」とは普仏戦争でのフランスの敗戦によってヴォージュ山脈がドイツとフランス間の新しい国境線として設定されたことを指し、フランス人はヴォージュ山脈の青い線の向こう側を取り戻すことを強く望んだ。そのために国内産業を強く推進する必要があると考える人々と、海外の植民地開発が重要と考える人々との間で論争があった。ジュール・フェリーはまさにヴォージュ県選出の国会議員であり、「ヴォージュの青い山脈の向こう」に埋葬されることを望んだ人であるが、植民地を求めての海外進出を強く推進した。

12 この部分の原文を直訳すると「沿岸国、あるいは海へ通ずる出口をもったいかなる国もその運命を避けて通ることはできないし、できなかった。つまり、そういった国には海軍力が必要なのであり、その海軍力をもって植民地への進出が必要なのである。これがわたしが言う第一の植民地への隷従である」となる。サローが言うところの「隷従」の一つの意味であるが、海への開口部をもつ国は絶対的に植民地をもたざるを得ないのであり、その「もたざるを得ない」という事実は逃れがたいもの、それに従わざるを得ないという意味で隷従だというのである。いかにも都合のいい言い方であるようにも思われるが、当時の知識人の考え方の一つの「典型」であったのだろう。

13 サローはこの少し前の部分で、「フランス人は自分たちとは異なった人種に属する人々と接し、その人々を助け、その人々に気に入られ、また愛されること、それを望む」と述べている。その上で、「暴虐王の苛酷なる圧政に苦しむ人民ありとなれば遠近を問わず赴き、敢然と武力を行使する」と述べ、西アフリカで「血の饗宴をほしいままに」していた狂王であるサモリやラバー、エル・ハジ・オマールらを武力をもって斃したと誇らしく述べているのである。敢えて断るまでもなく、これらの王は西アフリカ現地ではフランス植民地勢力の進出に激しく抵抗した人として英雄視されている。

14 二〇一二年刊の復刻版（五二頁）によると、フランス国立図書館所蔵の資料中にPaul Longnonという著者名は存在しないといい、サローが言及しているのはAuguste Longnon, *Atlas historique de la France depuis César jusqu'à nos jours*, Paris: Hachette, 1884のことであろうという。

15 アダムがその息子セトに残したとされるもので、シリアで発見されたという碑文に記されている。救世主が現れること、また大洪水が起こることが予言されている。

16 世界大戦が開戦に至る直前期、フランス領西アフリカ植民地出身兵士をフランス軍に「編入」して戦わせるよう主導したのは西アフリカ植民地での経験が長かった軍人シャルル・マンジャンである。大戦が開戦するとすぐに西アフリカからの兵士がドイツ国境の前線に送られている。一九一七年、ドイツとの戦線が

17 膠着状態に陥っていたとき、時の首相クレマンソーに西アフリカ植民地、及び赤道アフリカ植民地からの兵士召集を進言したのもマンジャンであった。西、及び赤道アフリカでの兵士召集の実務に直接あたったのは西アフリカ植民地（セネガル）から選出されていた国会議員ブレーズ・ジャーニュであり、彼は当初計画されていた召集予定数より多くの兵士を集めたことで知られる。詳しいことについては小川（二〇一五）を参照していただきたい。

18 植民地学校（Ecole coloniale）とは、一八六三年にフランス保護領下に置かれたカンボジアの青年をカンボジア現地での行政官として養成することを目的に、一八八五年にパリに創設された教育機関ミッシオン・カンボジエンヌを起源とする学校である。当初、一三人のカンボジア人青年がここで教育を受けたという。一八八八年、植民地学校と名称変更し、すべてのフランス植民地出身者向けの高等教育機関になった。さらにその翌年には植民地行政に携わるフランス人向けの教育もおこなうようになった。エリート校であり、優秀な教授陣を誇った。教育期間は三年で、そこでの教育後は植民地現地での行政業務にあたることになる。時代が下り、一九三四年になるとこの学校は「国立フランス海外領土学校」（Ecole Nationale de la France d'Outre-Mer）と名称変更し、より一層充実した教育機関になっている。やはり教授陣には高名な人が多かった。その後、植民地からのエリート層を高級行政官として養成する学校として発展し、現在、フランスのグランゼコール（国家のエリート養成のための高等専門学校）の一つで政治家養成学院として知られる国立行政学院（Ecole Nationale d'Administration）にもつながっている。

19 フランスが普仏戦争に敗れ、国民すべてが意気消沈しているような中にあって、古典学者であるが社会的に強い影響力をもっていたエルネスト・ルナンは『知的・道徳的改革』（未邦訳）という一書を著し、フランス国民に厳しい言葉を投げかけつつ、国民意識の再建に向けて鼓舞しているが、その著の中で植民地開発の必要性を強調している。このことについては本書「序に代えて」中で詳しく述べた通りである。この直前の部分で一八七一年の普仏戦争における敗戦について語り、「それからほぼ半世紀」と述べており、したがって一九二〇年、あるいは一九二一年頃にサローが植民地学校においておこなった講演であることが分かる。その時期、サローは植民地大臣の任にあった。

20 原文では races attardées となっている。フランス語には「遅れた」、ないし「後れた状態」を表す語として retardé と attardé とがある。retardé が「時間的な遅れ」を意味するのが普通であるのに対し、attardé の方には「時間的な遅れ」の意味もあるが、その場合は「時代に遅れた」といった語感があると同時に、発展・発達の程度や精神的、知的な発達において「後れた状態にある」を意味することが多いようである。ただ、サローはフランス語で文明などの発達の程度が後れていることを意味する arriéré という語は用いていないことにも注意しておこう。

21 文明化という標語の裏でさまざまな過ちがなされたということがサローの口から発せられたばかりであることを思うと、このような言い方にも危ういものを感じざるを得ない。特定の土地にある資源、しかもその資源の多くは白人が住むヨーロッパではなく、植民地の住民が住む土地にあるとサローは言っており、その資源をその土地に住む人々（現地住民）が独占してよいというものではないという理由を旗印として掲げて、ヨーロッパによる資源収奪がなされたことはなかっただろうか。そのことはサロー自身にもうすうす分かっており、もう少し先の部分でサローは統治の仕方として現地住民との協同という概念に触れているが、このあたりの言い回しにはいささかの苦しさ、言い訳がましさがあるように思える。

22 「殲滅」と訳したサローの表現は décimation méthodique である。ナミビアを一八八四年に植民地化したドイツは一九〇四年以降、「ヘレロであれば一人残らず殺す」という方針のもとで、地域の「平定」をおこなった。この民族殲滅作戦について二〇〇一年にヘレロの人々がアメリカでドイツに対する訴訟を起こしている。水野・永原（二〇一六）を参照。

23 ここに現れた隷従という言葉、これが本書中ですでに何度か現れているサローが言うところの植民地化に伴う隷従のうちで、最も重要な意味をもつものであろう。権利の行使にはそれが正当であることをあらゆる手立てをもって説明しなければならないという義務が伴うこと、これこそが植民地化に伴う隷従であり、その義務を果たすことにこそ植民地化という事業が内包する最大の栄光があるということであろう。

24 一八四〇年頃に生まれ、フランス植民地主義に抵抗、戦いを続けた。一八八五年、セネガルにおいてイスラムを掲げて戦い、一八八七年に没している。

25 一七七六年、現マリに生まれたフルベ人でマシナ帝国を創設したとされる。

26 一八三〇年頃に生まれ、イスラムを旗印に西アフリカの広大な地域を支配し、サモリ帝国と言われるほどの支配地を形成した。一八八二年頃からフランス植民地支配に激しく抵抗し、それは一八九八年にフランス軍に捕らえられるまで続いた。フランスにとっては暴虐の支配者ということになるが、現地では英雄である。

27 一八四〇年頃に生まれ、現カメルーン北部からチャドに広がるボルヌ帝国のスルタンになった。フランス軍への抵抗は激しく、それはチャドがフランスに征服されるまで続いた。

28 原著ではキャメロンとだけ記されているが、イギリスの軍人ヴァーニー・ロヴェット・キャメロン（一八四四－九四）のことであり、彼の探検・征服記は Verney Lovett Cameron, *A travers l'Afrique*, Paris: Hachette, 1878 としてフランス語訳が出版されている。

29 アルベール・サローの主著である『フランス領植民地の活性化』（未邦訳）は一九二三年に出版されている。その著においてはフランスが有する広大な植民地各々について、そこでの産出物、それらの開発状況などが細かく記され、今後の展望、問題点などが述べられている（Sarraut 1923）。

30 いかなる地でこのようなことが起こり、いかなる行政官の報告にそのようなことが記されているのか、その問題がいかにして解決されたのかなど、サローは記していない。赤道アフリカ地域のどこかで、あたかも人肉食が日常的におこなわれていたかのように読者に思わせたいかのような記述になっている。

31 ここでサローはそれまで用いていた強制労働（travail forcé）という表現は使わず、労働の義務化（obligation au travail）という表現を用いている。これは travail obligatoire（義務的労働）よりもさらに婉曲の表現と言えよう。

32 サローがこのように記した前年の一九三〇年六月にジュネーヴで開催された第一四回国際労働機関総会において強制労働の禁止が議論されたとき、フランスはその禁止に賛成せず、意見表明を留保している。小川（二〇一五）の二八五－二八八頁を参照。

33 ここで「他からの影響を受けやすい」と訳した語は、原著での表記 ductible である。しかし、この語はリットレ（le Littré）をはじめ、さまざまなフランス語辞書にあたってみても載ってはいない。ductileの誤記ではないかと思われ、そのように訳した。実際、サローの前著（一九二三年刊）中、植民地現地民に安易に独立を認めるようなことをすれば、その地は混乱に陥るだけだと述べている個所で次のような文章がある。「（植民地現地民中、ものの分かる人は）独立を望むどころか、独立を怖れている。最も進歩し、物事をよく理解し、また最もductile（従順で、他の人が言うことを受け入れやすい）である人々が住む地域でこそ、現地民はこのような詭弁を嫌悪するのである」（Sarraut 1923: 120）。この文章の例によっても、ductileの誤記であると解釈するのが適当であると考えられる。

34　ジュール・フェリーがフランス本国では公教育における宗教教育を禁じた一方で、植民地政策の一大推進者であったことをサローは述べている。第三共和政期のフランスにおいてフランス本国と植民地とは一にして不可分のものとされていながら、本国における施策と植民地における施策との間には多くの齟齬があった。植民地に係るフランス人エリートの中にも、その齟齬を乗り切り、「世渡り」上手な人も多かった。この点については柳沢・吉澤・江島（二〇一九）に詳しく、参照されたい。

35　ここでいう「高等専門学校」とは、grandes écolesと呼ばれるもので、フランス独自の制度であり、一般の大学よりも高等な専門教育を施し、国家エリートを養成する学校として知られるものである。

36　ここでは翻訳上、「留学生」と記したが、原文では「アルジェリア人、チュニジア人、アンナン人、マダガスカル人」となっており、学生とも留学生とも記していない。要するに、植民地はフランスの領土とされているわけで、それらの地からの学生は、その他の外国からの留学生とは異なるからである。日本語では「留学生」とした方が分かりやすいと考え、そうした。

37　相当に問題含みの発言であると思う。サローは西アフリカなどで広く見られる奴隷制が一般的であった社会などを想定しているようである。その場合、彼は奴隷層など社会の下層に位置付けられている人を高級官吏に仕立て上げると深刻な社会問題を引き起こす可能性があると言っているわけで、これは現地社会にある差別の構造を拡大再生産する結果になるのではないだろうか。

38　実際、西アフリカのセネガル植民地で教育を受けたブレーズ・ジャーニュはアフリカ出身黒人として初のフランス国会議員になり、植民地における黒人とフランス本国人が同等の権利をもつべく努力した。小川（二〇一五）を参照。

また、サローはインドシナ連邦総督時代の一九一七年に教育改革をおこない、同年、ハノイ大学を創設している（Meynier 1990: 161–162）。そういった高等教育機関で教育を受けたインテリ層が自治意識を高め、反フランス植民地主義的になるというジレンマ、これはフランス植民地行政にとっての大きな悩みであったはずである（Cf. Wilder 1999: 33–55）。

39

一九二九年刊の『フランス植民地帝国』の中で、パストゥール研究所副所長のカルメットという医師が「原住民保護」という章（Dr. Calmette 1929）を執筆しており、そこで次のように言っている。彼の言葉では、「すべての植民地経営国の中で、われわれほど植民地原住民を苦しめている病気から守ることに全力を傾けている国はなく、そのことは十分に誇ってよい。われわれほど原住民の命を救い、その健康維持に注意し、恐ろしく高い幼児死亡率を下げることに力を尽くしている国はない」（一四七頁）。カルメット医師によると、さまざまな植民地において猛威を振るっていた病気、コレラ、ペスト、結核、梅毒、レプラ、赤痢、脳脊髄膜炎、チフス、腸チフス、パラチフスについて、その病因が何であるかは現在では分かっており、治療効果を十分に上げているという（一四五頁）。熱帯地域における強烈な風土病であるマラリアについても、蚊の一種であるアノフェレスが媒介する原虫によるものであり、キニーネが特効を有することも分かっている。また、セネガル、西アフリカ沿岸部地域、ギュイアンヌ、アンティーユ諸島において猛威を振るっていた黄熱病についても、その原因はステゴミアという蚊の一種が媒介するものであることが分かっており、しかもこのステゴミアは夜にしか活動しないので、蚊帳が有効であることなどが記されている（一四五–一四六頁）。実際、さまざまな病気へのワクチン接種のための地方巡回の努力もなされており、一九三〇年、フランス領西アフリカ全域について男性四人に一人は天然痘のワクチン接種を受けていたが、イギリス領地域では一〇人に一人の割合であったという（Meynier 1990: 157）。

　他方でカルメット医師は、植民地原住民と外部から入って来る人との混交について、たとえば南アメリカのインディアン、メキシコのアステカ人、南アフリカのブッシュマンが死滅したように、外部人との混交には注意しなければならないが、カルメット医師自身はこの点について悲観的であり、混交を防止しきれないだろうと言う。さらに続けて、「現今のフランス（一九二〇年代）には外国人種（des races étrangères）の侵入が激しく、今後、一〇〇年ほどでフランス人は一人もいなくなるであろう」（一四四頁）とも述べている。この文章を読む限り、フランス本国に植民地人が流入することによる病害の危険が述べられていることが分かるが、他方、フランス本土から植民地にもたらされた病気があることにも注意しておく必要がある。大戦（第一次）に召集された西アフリカ人兵士が、戦後、アフリカにもち帰った病気も多かったのである。たとえば性病、天然痘、シラミが原因の回帰熱、そして結核である。一九二〇年代、セネガル、ダカールの病院での死者の二〇パーセントは結核が原因であったという。一九一四年、西アフリカでの結核罹患率は人口の八分の一（一二・五パーセント）であったが、一九三〇年の時点では人口の五分の二（四〇パーセント）にもなっていたのである（Meynier 1990: 156）。

　しかし、メイニエが述べているが、一九二〇年代、フランスは植民地における衛生と文化の面で大きな努力をしたのは事実である（Meynier 1990: 133–179）。

40 ここでサローが言う隷従は本書中に現れる四番目の隷従であるが、その意味するところはフランス以外の他の国がおこなっている誤った植民地統治の結果をとばっちりとして受けざるを得ない、そのことを隷従と表現している。サローにはフランスの植民地統治のやり方に誤りはないという確信があったのであろう。

41 サローが言うところの隷従の第五番目である。ヨーロッパが文明を携えて、植民地の人々を開化した結果、植民地の人々は学び、それを武器にヨーロッパに対抗するようになり、ヨーロッパはその矛先を受けざるを得ない状況にあることが意味されている。

42 フランス語で nègre と記されている。フランス語で黒人を差別的に意味する語である。

43 サローが言うところの隷従の第六番目である。ただ、ここでの隷従の意味はそれまでのものとはいささか異なるように思える。これまでは植民地経営という偉大な事業に伴うさまざまな困難を意味しているが、ここでの隷従は責任あるポストにそぐわないような行政官がいることを受け入れつつ、事業をする他ないという意味で隷従という言葉を用いており、しかもサローはこの隷従こそが植民地事業に伴う最も重大なものの一つだと記している。

44 新聞などで批判されること、これも隷従の一つだと言う。こうしてみると、サローはみずからを高みに置いて、みずからの意に添わない事物、自分たちの力ではどうすることもできない物事を隷従としてとらえている観がある。

45 ベルギーによるコンゴ支配について、原文では valeureux et intelligent（勇敢、かつ賢明に）となっているが、レオポルド二世の私領であったコンゴでなされていた現地民の苛酷な扱いについて、サローが本書を出版するよりずっと早い時期において、すでに国際的に激しく批判糾弾されていた。詳しくは藤永（二〇〇六）を参照。

46 この部分、直前の文章ではフランス本国に植民地から多くの人が来ることについて、それを危惧するかのような記述がなされている。しかし、戦争になれば、その植民地からの人手が必要であると述べており、植民地からの人々の到来に関してサローの考えが揺れていることが感じられる。

47 ここでの隷従はサローが本書中で言及している隷従のさまざまな形の最後のものであるが、サローはここで初めて征服される側の隷従に言及している。

48 ここでサローは「植民地現地住民にとって最も良い政策」と言っており、それまで植民地防衛のためにヨーロッパが力を合わせなければならないと強調していたことを考えると、いささかの違和感を与える表現になっている。

49 一九一八年一月八日、つまり大戦が未だ終わってはいない時点で、アメリカ大統領ウィルソンがおこなった演説において、諸国間の自由交易、海上交通の自由、民主主義の確立、秘密外交の廃止など一四項目にわたる提案がなされたが、その中に諸人民の自決権という項目がある。

50 本書の最終章であるこの章のタイトルは「白人の責務」である。この白人の責務という語のもともとの意味は、優れた文明をもつ白人は後れた段階にある人々の土地を植民地化し、それらの社会を開化し、それをもって白人社会と同等に歩むべくするのが白人の責務であるということであったはずである。しかし、ここでのサローはヨーロッパ諸国の不統一を嘆き、ヨーロッパによって生み出されたはずのアメリカの不実を嘆き、ヨーロッパの一員であるはずのソ連がヨーロッパを脅かすような行動をすることに不平を言い、その上でヨーロッパ諸国は植民地を死守しなければならない、それが白人の責務だと言っているように聞こえる。

51 サローは「預託されたもの」と言っているが、ヨーロッパ諸国は征服によって植民地化したのであって、現地住民側から植民地化していただきたいといった要望に基づいてなされたわけではないだろう。

52 「地」と訳したが、原文はpays、つまり「国」とか「地方、郷」と訳される語である。ここでは「国」と訳すわけにはいかず、「地」とした。

53 サローは「一〇〇万に上らんとする数の兵士たち」と述べているが、いささか誇張しているようである。正確な数は分からないというのが正しいのかもしれないが、サロー自身が前著（一九二三年刊）において、北アフリカ地域、インドシナ、中国、アフリカ、古い植民地（アンティーユ）などの植民地から兵士として六〇万人、労働者として二〇万人、総計で約八〇万人という数字を挙げている（Sarraut 1923: 43）。さらに、兵士、労働者の総計を八〇万人から九〇万人と見積もるものもあり（Cf. Meynier 1990: 77–79）、サローの表現にはいささかの誇張があるとはいえ、全くの誤りというわけでもない。

訳者あとがき

アルベール・サローの著書の翻訳が刊行に至ったことについて、まず深甚の謝意を表したく思うのは、共同研究「『プレザンス・アフリケーヌ』研究　新たな政治＝文化学のために」（代表：中村隆之［当時は大東文化大学］、副代表：佐久間寛［当時は東京外国語大学］、二〇一五－二〇一七年度）、及びそれに続いておこなわれた「『プレザンス・アフリケーヌ』研究(2)　テキスト・思想・運動」（代表：中村隆之［早稲田大学］、副代表：佐久間寛［明治大学］、二〇一八－二〇二〇年度）という二つの研究班に対してである。両代表、及び班員の皆様のご発表、討論から受けた刺激は多大であったのみならず、わたし個人の研究の中でアルベール・サローのこの原著との出会いを準備してくれることになった。

二〇一八年一一月二日、誰に言うともなく、ふとしたことからまったく個人的に始めた翻訳には相応の時間がかかったが、一応の翻訳終了後も放置したまま何か月もの時が経った。何の折であったか、先にお名前を挙げた佐久間寛さんに翻訳原稿があることを話したところ、「何をうじうじしているんですか」と叱責され、それからは佐久間さん、及び「プレザンス・アフリケーヌ」研究班員である久野量一さん（東京外国語大学）のご協力も得、東京外国語大学出版会編集委員会の審査を受けた上で、同大学出版会からの出版に向けて急展開することになった。佐久間寛さんには深い感謝の念を覚える。また、共同研究班の勉強を進める間、小綿哲さん（京都大学大学院生）には文献に関して多くの便宜を図っていただいた。記して謝す。小綿さんとは京都大学学生食堂で昼食をいただきながら、互いの研究について何度も議論を交わした。

東京外国語大学出版会の大内宏信さんとそのチームの方々には、じつに丁寧な校閲・校正の仕事をしていただき、何度も目の覚める思いをした。あつく御礼申し上げます。

二〇二〇年一一月一一日　記

小川了

事項索引

か行

さ行

た行

な行

や行

ら行

人名索引

ア行

カ行

サ行

ラ行

ワ行

著者＊アルベール・サロー（Albert Sarraut）

一八七二年（普仏戦争敗戦の翌年）七月、フランス、ボルドーにて生まれる。パリに進出後、急進社会党に属し、植民地統治問題に関心を深める。インドシナ植民地連邦総督を二度務め、その後植民地大臣、海軍大臣、内務大臣、国務大臣、さらに首相の要職を各々数度にわたって歴任した。第三共和政期フランスを代表する植民地理論家であり、一九二三年に発表した『フランス植民地の開発（*La mise en valeur des colonies françaises*）』は六七五頁に及ぶ大著であり、その中でサローはフランス領植民地各々の資源、開発状況等を詳説しているが、植民地での衛生環境、社会教育環境を充実させる必要を強調している。一九六二年一一月、パリにて没した。

訳者＊小川了（おがわ・りょう）

一九四四年生。東京外国語大学名誉教授。西アフリカ、セネガルを中心にした民族学・歴史を専攻。著書に『第一次大戦と西アフリカ――フランスに命を捧げた黒人部隊「セネガル歩兵」』（刀水書房、二〇一五年）、その他。

Grandeur et servitude coloniales
Albert Sarraut

植民地の偉大さと隷従

二〇二一年一月六日　初版第一刷発行

著　者　アルベール・サロー
訳　者　小川了
発行者　林佳世子
発行所　東京外国語大学出版会
郵便番号　一八三-八五三四
住所　東京都府中市朝日町三-一一-一
TEL番号　〇四二-三三〇-五五五九
FAX番号　〇四二-三三〇-五一九九
Eメール　tufspub@tufs.ac.jp

装訂　間村俊一
本文組版　大友哲郎
印刷・製本　シナノ印刷株式会社

Printed in Japan　ISBN978-4-904575-84-0